CARTE
•• EN ••
MAINS

Éloïse Mehard • Illustré par Aurage

CARTE
•• EN ••
MAINS

Le guide pour apprendre à lire
les lignes de la main et se découvrir

SOLAR ÉsoPop

◆ SOMMAIRE ◆

◆ AVANT-PROPOS ◆

Je m'appelle Éloïse sans H, je suis franco-camerounaise et, le 9 octobre 2018, j'ai créé le compte Instagram @highfive_paris sans trop d'ambition. Un compte dédié à ma passion naissante : la chirologie et tous les mystères de la main ! Contre toute attente, lui et moi, nous avons fait un sacré petit bonhomme de chemin, chemin qui nous a menés jusqu'à l'écriture de ce livre aujourd'hui.

J'ai toujours été fascinée par les mains, d'aussi loin que je me souvienne. J'aimais les mains épaisses et calleuses de mon grand-père Maurice, le bricoleur, qui avait d'ailleurs un nécessaire à manucure très perfectionné. J'ai passé des heures et des heures à scruter les mains biscornues et pleines d'arthrose de mamie Jacqueline, dont les doigts sentaient toujours la pomme et l'ail. J'ai vu les mains de mon père architecte au travail, celles de ma mère à l'ouvrage tenant du fil et une aiguille. J'ai toujours observé les mains de tout le monde, surtout dans le métro : tatouages, ongles vernis, bagues ou autres bijoux. Je me disais déjà à l'époque que les mains en disaient long sur une personne, sans savoir qu'un jour j'en ferais mon support et mon outil de prédilection.

Très jeune, j'ai développé un appétit certain pour les sciences occultes et l'ésotérisme. Par chance, mon père, amusé, sans doute, a nourri cette curiosité et m'a offert de nombreux livres sur l'astrologie, le tarot ou encore les runes, mais rien concernant la chirologie.
Après une presque licence de sociologie, j'ai décidé de m'orienter vers le soin, je suis devenue esthéticienne spécialisée dans le *nail art*.
La naissance de mon deuxième enfant m'a poussée à me renouveler une fois encore et, quelques années plus tard, je me suis transformée en pâtissière – je voulais littéralement mettre les mains à la pâte –, puis en cheffe spécialisée en alimentation végétale.

Et puis, en 2016, une succession d'événements inconfortables a chamboulé ma vie. J'ai notamment changé de région et vécu en colocation un très court laps de temps. Heureux hasard, finalement, car c'est dans la bibliothèque de mon amie que j'ai ouvert pour la première fois un livre sur la chiromancie. Qu'il est étrange de constater, parfois, que la personne que nous avons été n'est plus… Où étaient passées mes amours de jeunesse, la cartomancie, la magie ? Je fus vraiment heureuse de tomber sur ce livre à ce moment-là. Principalement car j'étais en quête de sens, mais aussi parce que j'avais désespérément besoin d'une nouvelle activité pour m'extraire d'un quotidien maussade qui ne me convenait pas du tout. Quelle déception, pourtant… Le contenu de cet ouvrage, dont la couverture et la promesse m'enchantaient, était confus, tortueux et pénible. Les tournures de phrase alambiquées, les dessins très peu lisibles, et j'ai même cru y relever quelques contradictions. Je me suis finalement résignée à refermer ce bouquin pour toujours, pas plus avancée qu'au départ.

Mon mal-être grandissant, j'ai fini par redéménager pour retourner vivre dans la capitale après plus de quinze ans passés en province. La vie s'y révéla à peine plus douce ; je sentais qu'il me manquait quelque chose, comme si une des pièces de mon grand puzzle personnel n'était pas tout à fait au bon endroit. Jusqu'à une épiphanie : ce genre de trucs qui n'arrivent que dans les séries américaines et qui te font briller en société quand tu les racontes après. J'ai eu un moment comme ça !

Un beau jour, je me suis mis en tête de trouver une pierre à glisser dans mon soutien-gorge, pour tenter de booster je ne sais plus très bien quoi (on ne sait jamais, après tout). Je redécouvrais Paris, que j'avais quitté à mes 18 ans, je ne savais jamais où aller en dehors des grandes enseignes. Ni pour manger, ni pour kiffer, ni pour m'offrir des choses susceptibles de me plaire. Bref, accompagnée d'une amie fraîchement débarquée elle aussi, nous sommes parties en quête d'une pierre pour moi et d'un pendule pour elle. Après avoir visité plusieurs boutiques, posé moult questions, je suis finalement repartie bredouille mais Sonia a trouvé son fameux pendule. Nous avions déjà bien marché, il était donc grand temps pour nous de prendre un petit remontant, et c'est comme ça que nous nous sommes retrouvées dans un bar. Sonia était surexcitée par sa nouvelle acquisition – normal. Sans surprise, elle n'a pas résisté à l'envie de sortir son pendule, suscitant l'intérêt général. Soudain, j'ai remarqué la beauté des mains de notre voisine de table. J'ai pris l'initiative de la complimenter, et, étrangère, elle m'a répondu en anglais que, si j'aimais les mains, je ferais bien d'aller jeter un œil au travail d'Helene Saucedo sur Instagram. Je notai ça dans mon téléphone et, dès le lendemain, j'ai trouvé le compte @handfulofstars_readings. Je suis restée bouche bée, charmée, époustouflée. J'ai lu toutes ses publications, j'ai écouté TOUS les podcasts auxquels elle avait participé. J'ai eu l'impression que là, tout de suite, tout avait du sens, et voilà. J'ai su que c'était ÇA que j'avais envie de faire de ma vie : lire dans les mains.

Malheureusement pour l'anecdote, je n'ai pas retrouvé le premier DM que je lui ai envoyé sur Instagram, mais il ressemblait à peu près à ça :

« Bonjour, je m'appelle Éloïse sans H, je vis à Paris. J'ai toujours été passionnée par les mains, on m'a recommandé ton compte récemment, et je le découvre avec joie. Je suis tombée en amour pour ta pratique et c'est ÇA que je veux faire ! Si tu as des ouvrages à me recommander, si tu donnes des cours, s'il te plaît, fais-le-moi savoir. À partir de maintenant, tu seras ma superstar. »

Oui, j'étais en totale admiration.
Elle m'a répondu le lendemain, il me semble, en me délivrant déjà pas mal d'informations. Elle a fini son message en me disant que, dorénavant, je serais son Amélie Poulain.
À partir de là, nous avons entamé une série d'échanges, Helene est devenue mon mentor et m'a prise pendant un temps sous son aile. Aujourd'hui, c'est une amie que je n'ai jamais rencontrée dans la vraie vie. Inutile de vous dire que j'attends avec impatience le jour où je pourrai prendre ses mains dans les miennes...

Et voilà comment mon histoire d'amour avec la chirologie a commencé.

DU MYTHE DE LA DISEUSE DE BONNE AVENTURE AU *RADICAL SELF-LOVE*

L'évocation de ma pratique, lorsque l'on comprend ce qu'elle signifie, tend à faire sourire. Et à juste titre. Comment ne pas imaginer une diseuse de bonne aventure devant une boule de cristal à la simple évocation des mots « lire dans les lignes de la main » ? Les productions hollywoodiennes, en quelques décennies, ont largement contribué à reléguer cet art ancestral, dans l'inconscient collectif, au rang de farce, et ce dans le meilleur des cas.
Pourtant, la chirologie n'est pas à confondre avec sa parente, la chiromancie, qui, elle, est divinatoire.

La chirologie nous enseigne au contraire que la main est comme une carte au trésor en perpétuel changement, et qui contient l'histoire de notre vie en cours. Cette pratique met en lumière les grands traits de notre personnalité, nos schémas mentaux et affectifs, et aussi notre potentiel ou nos éventuels blocages. Enfin, encore faut-il pour ça savoir interpréter ce que nos mains ont à nous dire ! J'aime me comparer, quand je m'emballe, à une archéologue du cœur, de l'âme et de l'esprit, déchiffrant les glyphes en parcourant nos paumes.

La chirologie est donc avant toute chose un excellent outil de connaissance de soi. Lorsque j'ai commencé à l'étudier sur moi-même, j'ai été estomaquée par la multitude de secrets que mes propres mains pouvaient contenir, secrets qu'on a parfois même du mal à s'avouer, de ceux qui, tant qu'ils ne sont pas prononcés à voix haute, n'existent pas vraiment. Et pourtant ils étaient là, enfouis dans mes paumes.

Je vois ma pratique comme un acte de radical self-love *: la chirologie m'aide à m'aimer un peu plus, et sert aussi de très bon pense-bête. En effet, d'un simple coup d'œil à mes paumes, je me souviens de toutes les épreuves que j'ai traversées, de toutes les victoires que j'ai remportées, et qui me rappellent que je suis digne d'être célébrée. L'existence de chacun·e mérite de l'être !*

À l'heure de l'injonction au développement personnel, où la société pousse à une croissance exponentielle de soi, la chirologie vient désamorcer ce processus en nous invitant à nous mettre sur pause, et à observer : quel chemin avons-nous parcouru ? D'où vient-on ? Et, le plus important, où en sommes-nous ? Parce que demain, c'est loin, et qu'hier n'est déjà plus, la chirologie nous aide à mettre en lumière nos petites victoires, elle nous permet de comprendre qu'il n'y a pas un modèle type de personnalité valable. La chirologie nous apprend à nous dire « je suis assez ». « Je suis assez » n'a rien à voir avec une pseudo-perfection, « je suis assez », c'est s'accepter avec ses plus et ses moins, que la chirologie met aussi en relief, tout en nous fournissant des astuces pour mieux accepter et vivre ces derniers. Utilisée sur les autres, la chirologie est un outil magique de connexion. En tant qu'êtres sociaux, nous avons soif d'interaction et désirons ardemment être vu·e·s et entendu·e·s. La première étape d'une lecture à deux consiste à observer : on invite son interlocuteur·rice à mettre les mains en l'air, le plus naturellement possible, et on « écoute » ce que la main a à nous dire. Suit l'étape du toucher, où l'on prend la main de l'autre dans la sienne, en conscience, c'est-à-dire en se concentrant sur le moment présent et ce qu'on ressent : c'est un temps d'accueil et de communion. On peut même parler d'échange énergétique si on est à l'aise avec cette expression. Mener une lecture chirologique, c'est raconter l'autre à travers ses lignes et ses monts (nous reviendrons sur ces termes dans les différents chapitres), en gardant à l'esprit que rien n'est figé, qu'il s'agit de suggestions et surtout pas d'affirmations. La pratique de la chirologie appelle à la bienveillance : le soin dans le choix des mots est primordial, il est question de s'oublier un instant pour être complètement concentré·e sur la personne qui nous fait face, et de proposer d'être le ou la traducteur·rice d'un nouveau langage. J'insiste sur la notion d'oubli de soi, puisque, en tant qu'interprètes, nous nous devons d'être les premiers témoins des signes constatés, en évitant autant que possible de projeter nos impressions personnelles sur la lecture.

Quand j'ai commencé à pratiquer la chirologie sur mes ami·e·s très proches, j'ai été très étonnée de découvrir tant de facettes de leur personnalité qui m'étaient jusqu'alors inconnues, moi qui était convaincue de les connaître par cœur. En d'autres termes, la chirologie peut aussi nous donner de bonnes leçons d'humilité.

Autre point important : il serait présomptueux de croire qu'il est possible d'interpréter TOUS les signes reposant dans la main. *Spoiler alert* : certains mystères demeurent impénétrables, c'est aussi ça, la magie de la vie.
Parfois, vous vous trouverez face à une main, à une formation de ligne, à un signe qui ne vous inspire rien, et dont vous ne parviendrez pas à analyser la composition. C'est normal, ça arrive. La meilleure chose à faire, dans ce cas, c'est tout simplement de dire « je ne sais pas ». Avant de me présenter comme chirologue, je me suis longtemps dite « étudiante en chirologie ». Rappelons-nous qu'il faut bien commencer quelque part, aucune honte à ça !

J'ai pris à cœur de dépoussiérer cette pratique riche et dense, j'espère que mon approche vous apportera autant qu'elle m'a apporté, et surtout que vous ne verrez plus jamais les mains de la même manière.

En vous souhaitant une joyeuse découverte !

Maybe we are not born with purpose
but with potential

♦ COMMENT UTILISER CE LIVRE ? ♦

Insistons d'abord sur le fait que la chirologie n'est pas du tout une science exacte, ni une science tout court, d'ailleurs ! Cependant, utilisée sur soi-même, c'est un merveilleux outil d'introspection. Simple à mettre en place : une bonne paire d'yeux et deux mains suffisent. Et ne sont-elles pas les outils que nous utilisons le plus tous les jours ?

La peau est notre plus grand organe, nos mains ne sont ni plus ni moins que l'extension de notre esprit, nous permettant de matérialiser, d'une manière ou d'une autre, ce que nous avons à un moment pensé ou rêvé faire. Ce sont nos mains qui font la jonction entre notre monde physique et intérieur, et le monde extérieur, par le toucher et la préhension. Si l'on considère par exemple qu'en tirant la langue chez le médecin il est possible de voir une insuffisance au niveau du foie, pourquoi ne pourrions-nous pas considérer que nos mains détiennent des informations sur notre psyché, sur nos schémas affectifs ou moraux ? On attribue d'ailleurs à Kant cette citation : « La main est la partie visible du cerveau. » Si l'on est apte à considérer qu'une chose aussi lointaine et abstraite qu'une carte du ciel peut, à un moment donné, avoir une quelconque influence sur qui nous sommes, comment ne pas envisager alors le potentiel contenu dans nos mains, que nous voyons et utilisons tous les jours, et qui sont bel et bien palpables ?
La très grande mission que je me suis fixée, c'est de rendre ses lettres de noblesse à la chirologie en la présentant de manière attrayante et accessible. Aussi ce livre est-il pensé pour qu'on voyage à travers cette pratique des connaissances les plus larges vers les plus spécifiques. Oui, l'étude de la chirologie fonctionne en entonnoir. Chaque chapitre = un niveau de connaissance débloqué.

La chirologie, c'est un peu comme une peinture : il y a plusieurs couches, différentes strates, qui viennent ajouter couleurs et textures à votre lecture. Chaque nouvel élément à analyser dans la main apparaît comme un modificateur

Sur l'illustration ci-contre, la citation est d'Octavia E. Butler.

potentiel – ce qui explique en partie notre complexité –, contredisant parfois même ce qui est a été constaté précédemment. Par exemple, votre type de main peut suggérer que vous êtes une personne très entreprenante, mais votre mont de Saturne indiquer que vous êtes également de nature précautionneuse, et un grand doigt d'Apollo avancer que vous avez pourtant le goût du risque. La chirologie, c'est peu comme une danse, aussi, qui, un pas après l'autre, nous enseigne à trouver et à garder l'équilibre dans ce joyeux chaos qu'est la vie.
À ce stade de la lecture, il est normal que certains concepts vous semblent flous : cette pratique est affaire de patience, d'ouverture d'esprit et d'investissement.

VOTRE CARTE AU TRÉSOR

Mais revenons à l'analogie avec la peinture et les strates. Si l'on considère que nos mains sont pareilles à des cartes, il est important de bien avoir conscience du territoire que nous allons explorer. Dans l'ordre, nous allons :

→ identifier notre type de main et nos types de réseaux de lignes ;
→ identifier et définir nos monts dominants ;
→ analyser et déchiffrer le message de nos lignes ;
→ découvrir la présence de signes particuliers ;
→ repérer et analyser nos éventuels dermatoglyphes.

Vous êtes évidemment libre de faire ce que bon vous semble, mais laissez-moi tout de même vous expliquer pour quelles raisons il est pertinent de suivre le cheminement proposé…

♦ **Le type de main (type élémentaire) : votre territoire :** Commencer par la typologie, c'est avoir une idée générale du territoire que l'on s'apprête à explorer. On ne prépare pas son sac de la même manière selon qu'on se destine à aller en bord de mer ou skier à la montagne ! Il existe quatre types de mains, nommés en fonction des éléments. On retrouve donc les mains terre, feu, eau et air. Cette première classification donne le ton global de notre personnalité et ces types correspondent respectivement à la pragmatique, l'enthousiaste, la sensible et enfin la cérébrale. Chaque élément (nos fameux modificateurs) qui s'ajoute après cette première découverte est toujours à envisager à travers le prisme de ce « territoire ».
Le réseau de lignes, quant à lui, est toujours défini en fonction des quatre éléments, et représente la façon dont les lignes parcourent les paumes et s'entremêlent. Selon leur quantité, leur visibilité et leur épaisseur, elles peuvent

nuancer notre type de main élémentaire, caractérisé, lui, par notre type de paume et la longueur de nos doigts.

◆ **Les monts : votre personnalité :** Une fois que l'on s'est familiarisé avec son territoire, il est temps d'appréhender le relief, et c'est le cas de le dire ! Les parties charnues jalonnant votre paume lui donnent de la hauteur à certains endroits. Vous pouvez à l'instant même constater que votre paume n'est pas plate, rien qu'en y jetant un coup d'œil. Les monts représentent les fondements de votre personnalité, et expliquent par exemple pourquoi vous êtes très bavard·e, toujours dans la lune ou que vous avez une ambition fort développée. On compte sept monts dans la main !

◆ **Les lignes : vos énergies :** Comment survivre sur une terre aride ? C'est impossible, n'est-ce pas ? Considérez que vos lignes sont semblables à des rivières d'énergie dont la fluctuation nous renseigne notamment sur nos schémas affectifs, mentaux et énergétiques.

◆ **Les signes particuliers : vos zones d'ombre et de lumière :** Ces signes viennent enrichir votre territoire. Il peut y avoir des signes très plaisants, comme si vous découvriez par exemple une mine d'or au beau milieu de nulle part, et d'autres dont on aimerait bien se passer, comme lorsque l'on découvre une zone à risque sismique. Mais pas de panique, après tout, une personne avertie en vaut deux !

◆ **Les dermatoglyphes : des pistes pour aller plus loin :** Ici, on est carrément dans l'archéologie. Imaginez-vous en Sydney Fox l'aventurière, prêt·e à découvrir les peintures qui tapissent les grottes de Lascaux. Avec les dermatoglyphes, on essaie de se rendre à la source, à l'origine. Ils font partie des éléments les plus difficiles à analyser. Ils représentent notre essence et ce qui demeure immuable en chacun·e de nous.

◆ **Et en « bonus »...**

À la toute fin de ce livre, vous trouverez un poster conçu spécialement pour vous, afin de concentrer au même endroit tout ce que vous aurez appris au fil des pages : c'est l'étape finale qui vous permettra de procéder à votre lecture globale des mains !

Notez qu'un chapitre « Goodies » existe aussi, avec des propositions d'activités et des tips en rapport avec les mains et la chiro, juste pour vous faire plaisir. C'est une partie que vous pouvez consulter à n'importe quel moment de votre lecture.

AVANT DE VOUS LANCER

Vous êtes à l'orée d'un des voyages les plus passionnants qui soient, une expédition introspective au cœur de vous-même, et vous vous apprêtez à découvrir les « secrets » que gardaient, jusqu'alors, jalousement vos mains ! N'est-ce pas tout à fait excitant ?

Sachez qu'une bonne paire d'yeux suffit le plus souvent pour procéder à une lecture des monts et faire connaissance avec ses mains dans leur ensemble. Cependant, pour aller plus loin dans l'analyse, un peu de matériel est recommandé.

Par exemple, si le type élémentaire se voit généralement au premier coup d'œil, parfois, quand les doutes sont trop grands par rapport à la classification, il sera bienvenu d'avoir recours à une règle ou à un mètre ruban, afin de mesurer différentes parties de ses doigts ou de ses mains.

Le relevé d'empreintes est quasiment, quant à lui, une condition *sine qua non* à l'analyse des lignes en détail.

Sur le papier, il est beaucoup plus facile de comprendre les enchevêtrements, de suivre la trajectoire des lignes, de déceler les signes particuliers et de repérer tous les dermatoglyphes.

LE MATÉRIEL RECOMMANDÉ

→ 1 règle ou 1 mètre ruban, afin de mesurer votre paume, vos doigts et vos phalanges ;

→ 1 loupe, afin de voir en détail ce que comporte votre main ;

→ 1 petit rouleau en caoutchouc d'une dizaine de centimètres de long minimum, qui vous permettra d'encrer vos paumes afin de relever vos empreintes ;

→ 1 flacon de peinture spéciale linogravure de couleur vive ou sombre, ou à défaut un tube de rouge à lèvres mat ;

→ Plusieurs feuilles de papier A4 pour vous entraîner à relever vos empreintes, **avant de les imprimer dans votre poster (présent à la fin du livre) ;**

→ 1 petit plateau pour déposer la peinture (sauf si vous utilisez un rouge à lèvres) ;

→ 1 serviette-éponge, que vous placerez sous vos feuilles, puis sous votre poster, au moment de relever vos empreintes. En effet, les mains n'étant pas plates, cette astuce permettra de faire en sorte que l'intégralité de vos mains soit représentée, appliquées sur une surface moyennement tendre qui permet d'en conserver tous les détails ;

→ 1 table, ou n'importe quelle surface plane où poser votre serviette et vos feuilles, afin de disposer d'une résistance suffisante pour éviter toute bavure et que vos empreintes soient corrompues.

RITUALISER

Souvenez-vous que l'approche de la chirologie que je vous propose s'inscrit dans une démarche d'acceptation de soi et de *radical self-love*. C'est peut-être la première fois que vous allez envisager vos mains en conscience. Dans cette optique, et avant de commencer à relever vos empreintes, je vous invite à désencombrer l'espace sur lequel vous allez « travailler ». Pourquoi pas concrétiser cette étape en écoutant une musique qui vous inspire, afin de vous mettre dans un bon *mood* ?

1♦ Avant de vous attabler à votre surface de travail, lavez-vous soigneusement les mains, séchez-les correctement, et appliquez-y une noisette de crème. Si vous mains sont trop humides ou trop sèches, vous ne parviendrez pas à relever vos empreintes correctement.

2♦ Puis connectez-vous à vos mains. Prenez ce temps pour ressentir l'énergie qui les parcourt en les frottant l'une contre l'autre, puis en les serrant fort.

3♦ Prenez un temps pour exprimer votre gratitude vis-à-vis de ces précieuses mains qui vous accompagnent et vous servent chaque jour.

4♦ Si vous le souhaitez, notez ce qu'elles vous inspirent. Un souvenir marquant, peut-être ? Observez-les : qu'y voyez-vous ? Que disent-elles de vous ? Mettez-vous dans la peau d'un·e chercheur·euse, accueillez vos trouvailles avec bienveillance et une saine curiosité.

5♦ Fermez les yeux et secouez vos mains sans résistance, afin de vous débarrasser de vos tensions et du surplus d'énergies extérieures accumulées.

6♦ Prenez un temps pour respirer : trois profondes inspirations, puis trois grandes expirations. Ouvrez les yeux, souriez à vos mains, et procédez à votre encrage.

♦♦♦ **TIP** ♦♦♦

♦ Vous pourrez vous soumettre à ce même exercice six mois après votre premier essai, afin de voir si vos lignes et/ou signes particuliers ont évolué dans vos paumes.

Notez que prendre vos mains en photo avec un smartphone peut aussi se révéler très utile ! Pourquoi ? Car vous pourrez zoomer et analyser les détails de vos paumes. Cela peut-être une alternative intéressante à l'encrage ou avant de procéder à celui-ci. En ce qui me concerne, j'aime utiliser cet outil en complément de mes lectures. Je vous invite par ailleurs à utiliser un filtre HDR pour toutes vos prises de vue : ce dernier à l'avantage de créer un contraste particulier mettant clairement en lumière les lignes et autres signes de la main.

RELEVER VOS EMPREINTES

LA MANIÈRE PRO

→ Sur un plateau, déposez une petite quantité d'encre. Passez le rouleau plusieurs fois dessus, afin qu'il s'enrobe.
→ Si vous êtes seul·e, vous procéderez une main après l'autre. Passez le rouleau sur l'ensemble de votre paume en veillant bien à le passer entre chaque doigt, et sur les bords externes de la paume, en descendant un demi-centimètre sous le poignet.
→ Il risque d'y avoir un peu trop d'encre au début, c'est normal. Imprimez votre main deux ou trois fois sur une feuille de papier, afin de vous débarrasser de l'excédent.
→ Glissez maintenant la serviette-éponge pliée en quatre sous une feuille A4, placée verticalement.
→ Déposez d'abord votre poignet sur le bord inférieur de la feuille, la main ouverte. Déposez le reste de votre main au fur et à mesure sur la feuille, en veillant bien à garder vos doigts en extension vers l'arrière, afin de faire en sorte que l'intérieur et l'ensemble de votre paume épousent bien le papier.
→ Une fois que toute la paume a été posée, imprimez vos doigts dans la feuille d'un seul coup.
→ Attention, évitez de bouger votre main de gauche à droite, ou de faire quoi que ce soit susceptible de faire baver l'encre et de fausser vos empreintes.
→ Faites la même chose avec l'autre main.
→ Si vous avez quelqu'un sous la main (enfin, on s'est compris), demandez-lui de vous aider en appuyant sur la face de votre main.

Il n'est pas rare que cette opération ne réussisse pas du premier coup, ne vous découragez pas, c'est normal. Recommencez.
Votre empreinte doit être claire, nette, et ne présenter aucun trou en son milieu. C'est d'ailleurs pour cela qu'on utilise une serviette-éponge, souvenez-vous.

LA MANIÈRE DE FORTUNE

Au lieu d'utiliser un rouleau et de l'encre, munissez-vous d'un bon vieux bâton de rouge à lèvres, et colorez l'ensemble de votre paume. Procédez ensuite de la même manière qu'indiqué précédemment.

Le plus important : donnez-vous du temps, toutes les mains sont belles et toutes les empreintes aussi ! Il ne vous reste plus qu'à explorer.

◆◆◆ TIPS ◆◆◆

◆ Vous êtes ici invité·e à relever les empreintes de vos deux mains, cependant, je vous conseille dans un premier temps de vous concentrer sur votre main active, celle qui représente qui vous êtes maintenant et où vous en êtes dans votre vie.

◆ N'oubliez pas de dater vos prises d'empreintes. Vous pourrez comparer leur évolution !

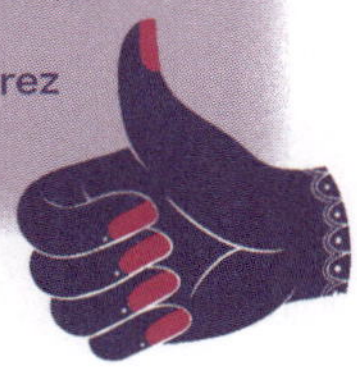

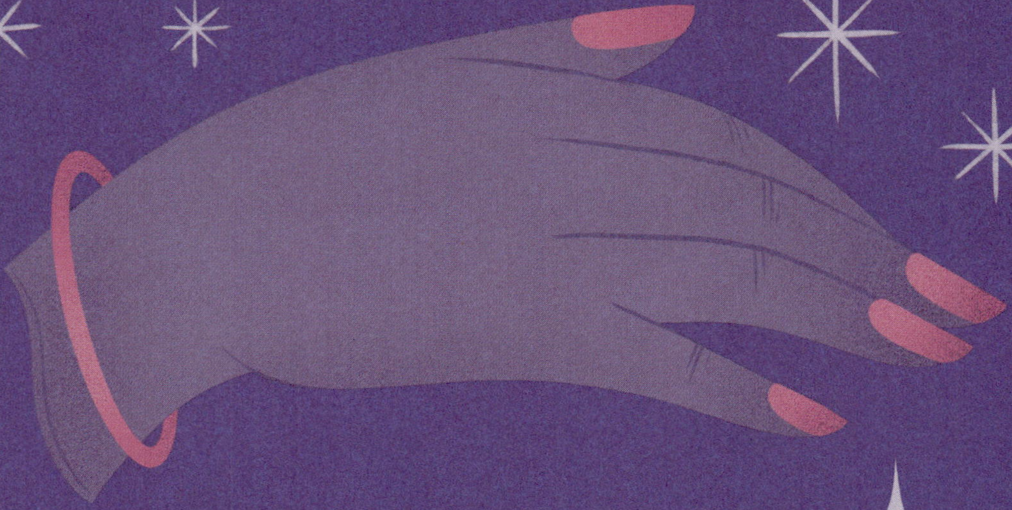

• Chapitre I •

CHIROLOGIE 101

Avant de partir à la découverte de nos mains, intéressons-nous aux origines de la chirologie, à son histoire à travers les âges, à ce qu'elle est et, surtout, à ce qu'elle n'est pas !

POUR EN FINIR AVEC LES PRÉJUGÉS

Chaque activité quelle qu'elle soit véhicule fatalement son lot de stéréotypes. Je vais partager avec vous les refrains les plus communément entendus sur l'art de la chirologie, et comment j'y réponds !

#1 *La chirologie ? C'est prédictif.*

Cette pratique étant peu répandue en Occident, une certaine confusion persiste autour d'elle. Clarifions les choses. La chirologie est une grille de lecture qui se fonde sur l'analyse détaillée de l'ensemble de la main, nous permettant de suggérer des conclusions, et de fait des pistes de réflexion sur notre personnalité. Puisqu'il s'agit d'une grille de lecture, cela signifie qu'il existe un langage spécifique à la chirologie et une méthodologie à suivre. Par conséquent, la chirologie constitue une matière, un champ d'étude et, en ce sens, elle peut être enseignée et donc apprise. La chirologie est accessible à toute personne désireuse de s'en approprier les codes. Elle n'a ni pour vocation, ni pour présomption de pouvoir affirmer quoi que ce soit de manière absolue, et encore moins d'être capable de prédire la date d'un éventuel accident, d'une grosse rentrée d'argent ou encore un nombre d'enfants à venir ou pas. En revanche, sa cousine la chiromancie est, elle, divinatoire. La main n'est pas analysée ici par le prisme d'une grille de lecture : le ou la chiromancien·ne qui la pratique disposerait d'un don, la main incarnant le support de ses visions/intuitions/prédictions. On parle du don comme quelque chose de naturel et d'inné, aussi la chiromancie ne s'apprend-elle pas : soit on a le don, soit on ne l'a pas.

#2 *Y a que les lignes qui comptent.*

On emploie en effet très souvent l'expression « lire les lignes de la main », et celle qui semble intéresser le plus souvent les personnes que je rencontre – dans 90 % des cas – est la ligne de cœur. Bien que les lignes soient extrêmement importantes, ce ne sont pas les seuls éléments à prendre en compte dans une analyse chirologique : toute la main et tous ses détails sont importants.

#3 *On lit dans la main gauche parce que c'est la main du cœur.*

En chirologie, on ne considère pas les mains comme « gauche » ou « droite », mais en termes de « main active » ou de « main passive ». La main active représente son soi de maintenant et l'idée de prendre sa vie main. La main passive correspond à notre subconscient et à notre ressource : c'est la « main de naissance ». Il est donc conseillé de lire les deux mains pour avoir une vue d'ensemble. Pour les départager, rien de plus simple : la main active est celle avec laquelle nous signons, la main passive, c'est l'autre.

#4 *Si ma ligne de vie est courte, alors je ne vivrai pas longtemps.*

Non, si ma ligne de vie est courte, ça ne veut pas dire que je ne vivrai pas longtemps. Une longue ligne de vie (celle qui entoure le pouce, voir page 191) n'est pas synonyme de longévité. Cette ligne nous renseigne sur notre vitalité et notre façon de nous engager dans la vie. Encore une fois, la chirologie n'est pas prédictive !

#5 *Si j'ai un « M » dans la main, alors je serai riche.*

Eh non. Non plus. De nombreux exemples du genre pullulent sur le Net, et je n'ai pas eu l'occasion au cours de mon expérience personnelle d'en vérifier un seul. Si ces affirmations ne sont que des superstitions, voire des blagues apparemment inoffensives, je considère pour ma part dangereux de croire ou de faire croire en des éléments aussi catégoriques. Laisser imaginer que l'avenir financier d'une personne est assuré n'est pas anodin. Je vous invite d'ailleurs à toujours remettre en question ce qui vous est proposé, et dans ce livre également. Ce sont des *propositions* : quoi qu'il arrive, restez maître·esse de vos décisions.

QU'EST-CE QUE LA CHIROLOGIE ?

Le mot chirologie se prononce « kirologie ». Il est composé des mots *kheir*, « main » en grec ancien, et du suffixe « -logie » : « étude de ». La chirologie, c'est donc l'étude de la main.
On parle en général d'une analyse psychomorphologique, puisqu'on considère que l'aspect physique de la main fonctionne en miroir avec l'esprit.

COMMENT CONCEVOIR QU'IL EST POSSIBLE DE VOIR TANT DE CHOSES DANS LA MAIN ?

D'une part, le rapport entre la main et le cerveau n'est pas de l'ordre de la subordination. Il y a une interdépendance de la structure du cerveau et de l'évolution de la main : pour être opérationnelle, la main a besoin d'un réseau

de connexions neuronales très complexe, et il semble notamment que les structures anatomiques du cerveau qui permettent les aptitudes au langage se soient formées après le développement de la main.
Charles Darwin (1809-1882), naturaliste et paléontologue anglais, connu pour ses travaux relatifs à l'évolution, fut le premier à imaginer que le langage pouvait être lié à l'utilisation d'outils, et par conséquent au travail et à la dextérité[1]. Plus récemment, les scientifiques Thierry Chaminade et Dietrich Stout, par l'intermédiaire de deux techniques d'imagerie cérébrale, ont constaté que les régions du cerveau sollicitées par la taille du silex et le langage étaient quasiment identiques, et d'autant plus que la technique se perfectionne, suggérant ainsi une coévolution des deux aptitudes. Une étude approfondie, menée par les chercheur·euse·s Natalie Uomini et Georg Meyer de l'université d'Oxford, parue dans le magazine scientifique *Plos One*, suppose donc que l'aptitude à la parole « serait apparue au début de la période acheuléenne, il y a 1,75 million d'années. Rudimentaire au départ, celle-ci se serait perfectionnée en même temps que les techniques de fabrication de silex se seraient complexifiées[2] ».

La main et l'esprit sont interconnectés. À ce propos, savez-vous que 30 % des fonctions motrices cérébrales sont dédiées aux mains ?
Dans les années 1950, un neurochirurgien canadien du nom de Wilder Penfield et son étudiant Edwin Boldrey proposent leur version définitive de la carte du cortex moteur et d'une carte du cortex sensoriel commencée à la fin des années 1930. Ces cartes permettent de visualiser d'un seul coup d'œil « l'assignation des aires motrices et somato-sensorielles du cortex ».
Vous ne voyez toujours pas où je veux en venir ? Qu'à cela ne tienne : connaissez-vous l'homonculus de Penfield ? En latin, *homonculus* signifie « petit homme ». Plusieurs artistes ont eu la bonne idée de dessiner un être humain dont les proportions physiques correspondraient aux pourcentages occupés dans le cortex, ce qui donne lieu à un humanoïde pour le moins disproportionné ! En effet, qu'il s'agisse de la version motrice ou sensorielle, la bouche, la langue et les mains sont surdimensionnées. Ces membres essentiels à la sociabilisation (parole, goût, préhension, création et matérialisation…) et à notre bien-être émotionnel (caresses, massages, baisers…) sont ceux qui définissent notre expérience humaine et sont exacerbés.

1. Janlou Chaput, « Le langage et la conception d'outils ont-ils évolué ensemble ? », Futura Planète, septembre 2013.
2. Natalie Thaïs Uomini et Georg Friedrich Meyer, « Shared Brain Lateralization Patterns in Language and Acheulean Stone Tool Production: A Functional Transcranial Doppler Ultrasound Study », université d'Oxford, 2013.

D'autre part, nous savons que les lignes de la main se forment dans le ventre de la mère à peu près au quatrième mois de la grossesse, en réponse à notre activité cérébrale, et que, *spoiler alert*, deuxième : les lignes de la main évoluent – mais nous reparlerons de ça dans le chapitre dédié à ce sujet.

On sait également que la morphologie de nos mains est dictée par nos hormones. Le taux de testostérone ou d'œstrogène lors de la phase prénatale joue ainsi un rôle prépondérant dans la forme des doigts. Il est aussi connu que nos empreintes digitales et palmaires, en plus d'être absolument uniques, partagent avec notre cerveau les mêmes origines ectodermiques (la couche cellulaire extérieure de l'embryon qui va permettre à la peau, aux organes sensoriels et au système nerveux de se constituer).

Personnellement, j'aime dire lors de mes consultations que, lorsque nous venons au monde, nous avons déjà des cartes en main pour jouer dans le grand *game* de la vie. Reste à voir ce que nous allons faire avec ces cartes et comment le jeu va évoluer.

La chirologie, c'est, selon moi, quelque chose de beau : c'est un langage universel, qui n'appartient à aucune religion. Peu importe l'origine ethnique, le genre ou l'âge, une main se lit de la même façon.

Cette pratique n'est donc pas discriminante, je dirais même qu'elle crée des ponts entre les gens. S'il paraît sensé d'aspirer à se connaître soi-même, nous nous construisons dans un rapport permanent aux autres. Or, la chirologie aide à la découverte de l'autre et à la connexion : proposer une lecture de la main, c'est une invitation, une main tendue, littéralement. La personne qui propose la lecture ouvre une porte sur son monde, et celle qui consent à donner sa main accepte, elle, de se montrer, de se mettre en position de vulnérabilité.

LA CHIROLOGIE EST-ELLE UNE SCIENCE ?

Si on lit sa définition dans un dictionnaire, on peut voir qu'on nous parle de « pseudoscience ». Ce terme me fait un peu grincer des dents, je l'avoue, tant j'ai l'impression qu'il dénigre cette pratique riche, intrigante et amusante. Il est certain qu'il serait carrément mensonger d'essayer de faire passer la chirologie pour une science dure, une science exacte. Cependant, pourquoi ne pas considérer la chirologie comme une science humaine, puisqu'elle a pour vocation d'étudier la psychologie des gens ? Nous pourrons peut-être nous accorder à la classer comme un art, puisque, au-delà de la simple observation, raconter la main de manière claire, concise et bienveillante est un défi en soi.

COMMENT LA CHIROLOGIE PEUT-ELLE M'ACCOMPAGNER DANS LA VIE ?

D'une certaine façon, la main contient l'essence de ce qui nous constitue émotionnellement, moralement et physiquement.
En ce sens, elle peut nous aider à essayer de répondre à des questions comme :

- Pourquoi suis-je comme je suis ?
- Comment pourrais-je améliorer ma qualité de vie ?
- De quels types de changements pourrais-je bénéficier ?
- Comment essayer d'éviter de reproduire les mêmes erreurs ?
- Quels sont mes points de brillance et comment les utiliser ?

Nous ne sommes pas toujours conscient·e·s de nos propres schémas mentaux ou affectifs, et la chirologie nous offre une méthode nous permettant de les déchiffrer. C'est là, juste là, au creux de nos mains.

ET LA SANTÉ, ALORS ?

C'est un sujet qui revient fréquemment dans mes consultations. Cependant, je ne suis pas de celles ou de ceux qui s'avancent sur quoi que ce soit ayant un rapport de près ou de loin avec la santé. Dans ce livre, nous évoquerons des techniques de mieux-être, pour faciliter un état de bien-portance général, mais je ne parlerai en aucun cas de maladie ou de remède.
Rappelons avant tout qu'on ne s'improvise pas médecin et que tout ce qui sera partagé ici n'a en aucun cas pour vocation de se substituer à un conseil, une expertise ou une consultation médicale, qu'elle soit de l'ordre de la santé mentale et/ou physique.
De plus, à titre tout à fait personnel, je trouve ces sujets extrêmement anxiogènes, et je ne souhaite en aucun cas générer un stress inutile chez vous.

Ajoutons qu'il existe dans la main des signes qui nous sont propres, et d'autres qui sont imprimés chez nous de manière héréditaire, qui par conséquent ne nous appartiennent pas vraiment – oui, vous pouvez noter l'ironie de la chose. Il s'agit de l'héritage transgénérationnel, et la recherche à ce niveau n'en est qu'à ses balbutiements.

••• EN RÉSUMÉ •••

La chirologie est une pratique ayant pour but d'interpréter les particularités physiques de la main, afin d'obtenir un éclairage sur nos schémas psychologiques, affectifs et physiques. On considère que l'on peut procéder à ces analyses dans la mesure où la connexion main-cerveau représente plus de 30 % de notre activité neuronale. La chirologie n'a pas de barrières ethniques, d'âge, de classe sociale ou de genre. Elle n'est pas prédictive.

LES TROIS GRANDES ÉCOLES DE LA CHIROLOGIE

De la même manière que les étoiles ont toujours fasciné les hommes, il est fort probable qu'un système de lecture des mains se soit développé à travers toute la surface du globe dès l'aube des temps. Cependant, l'existence de nombreuses sociétés transmettant leur savoir à l'oral uniquement rend la tâche du ou de la chercheur·se en la matière assez ardue. Aussi, je ne nie pas l'existence de chirologie en Océanie ou en Afrique subsaharienne, je n'ai simplement jamais eu la chance d'y être confrontée jusqu'à présent.

Dans cette partie, nous aborderons les trois courants de chirologie les plus connus et les plus pratiqués, à savoir la chirologie védique, la chirologie chinoise et la chirologie occidentale.

Ne prenez pas peur à cette lecture qui contiendra sans doute beaucoup de mots inconnus. Gardez à l'esprit qu'il s'agit d'une introduction pour susciter en vous un élan, peut-être pour en apprendre davantage sur d'autres styles de chirologie. En ce qui concerne la chirologie occidentale moderne, nous détaillerons ensemble ses fondements, étape par étape, d'après la méthode que j'utilise pour mes lectures.

Rassurez-vous, tout va très bien se passer. *You got this !*

LA CHIROLOGIE VÉDIQUE

La chirologie védique est à ce jour la plus ancienne forme d'interprétation palmaire connue. Elle trouve sa source en Inde. Le terme « védique » vient de *véda*, signifiant « connaissance », « savoir » en sanskrit.
Les védas sont une collection d'hymnes, de prières, de formules liturgiques et d'enseignements ayant pour vocation la libération de l'âme. Ils ont été écrits avant 1200 av. J.-C., et la chirologie védique vient de la branche *Samudrik Shastra*, « océan de connaissance », laquelle fonde ses interprétations sur les différentes parties du corps.
En sanskrit, la chirologie porte le nom *hast jyotish*, *hast* signifiant « main » et *jyotish* désignant « les yeux » ; il s'agit donc de l'étude de la main par les yeux. Quand on parle du *jyotish* indépendamment de la chirologie, on évoque l'effet de la lumière sur les humains. C'est une référence directe à l'astrologie ou comment l'illumination des astres et leur placement se reflètent sur nos vies mortelles.

Les anciens rishis (« voyants » ou « oracles ») croyaient en la corrélation entre les signes visibles de la main, la conscience, le subconscient et l'hyperconscience (intuition). Par l'étude et les révélations relatives à la Création (comprendre ici les mythes fondateurs de leur civilisation), ils ont pu constater la présence d'un schéma qui se répète à l'infini, de la plus grande des galaxies au plus petit des atomes. Ainsi, le système chirologique védique repose sur l'interconnexion entre les mains et la carte natale d'une personne donnée.
La paume est alors considérée comme un micro-univers, elle indique les forces et les faiblesses, à la manière d'un thème astral de naissance : elle est un miroir du ciel.
Ainsi, dans la paume, on retrouve le placement des planètes et des astres de notre système solaire : Guru (Jupiter), Shani (Saturne), Surya (Soleil), Budh (Mercure), Mangal (Mars) Chandra (Lune), Sukra (Vénus). De l'astrologie sidérale à notre astrologie tropicale, ces corps célestes partagent les mêmes symboliques. Dans la cartographie de la main védique, on retrouve aussi Ketu, qui correspond au nœud sud de la Lune, symbolisant ici la spiritualité, le détachement, l'immatériel et les vies antérieures.
Sont également présentes les trois lignes principales de la tradition occidentale, à savoir cœur, tête et vie. Elles y occupent très sensiblement les mêmes fonctions.

La chirologie védique forme un langage pour exprimer la connexion entre le corps, l'âme et l'esprit. Sa vocation est de nous aider à accéder à une meilleure connaissance de nous-même. Selon G.S. Birla, éminent chirologue védique et fondateur l'école de chirologie canadienne Birla Vedic Center, « c'est l'art subtil d'explorer les mystères du karma et de la destinée. Son objectif est de révéler les besoins internes de l'accomplissement de notre âme, tout en mettant en lumière des événements spécifiques de notre vie terrestre ». Comme la chirologie védique est intimement liée à l'astrologie sidérale (en opposition à l'astrologie tropicale pratiquée en Occident), elle est aussi divinatoire, et donc également utilisée pour prédire plusieurs versions du futur.

D'après la méthode védique, il existe sept éléments fondamentaux pour la bonne gestion de son destin :

1◆ le souffle ;
2◆ la pensée ;
3◆ l'action ;
4◆ l'habitude ;
5◆ le caractère ;
6◆ le comportement ;
7◆ la répétition.

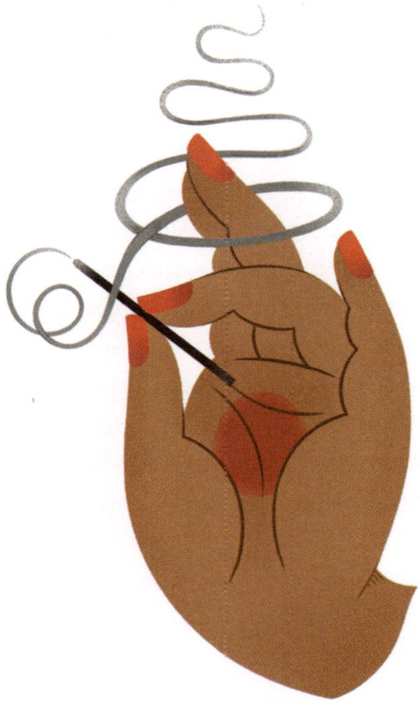

La chirologie védique, millénaire, est toujours très pratiquée et bien ancrée dans le présent. Le rôle du ou de la chirologue védique est de nous accompagner à travers ces transformations, par une pratique holistique prenant en considération bien plus que la main. Il ou elle est souvent consulté·e pour des compatibilités maritales, des plans de carrière ou des investissements financiers, mais aussi pour des événements tout à fait triviaux. Sa mission spirituelle est de faire en sorte que notre esprit ne suive pas la voie des gratifications immédiates et physiques, mais que notre âme accomplisse ses obligations karmiques dans cette vie terrestre. Les obligations karmiques pouvant être comprises comme des sortes de dettes dont on aurait hérité de notre dernière vie passée, puisque la tradition védique inclut l'idée de réincarnation. L'idée étant de réparer nos anciennes erreurs et de briser un cycle auquel on n'appartient plus, mais dont on peut encore porter les stigmates.

LA CHIROLOGIE CHINOISE TRADITIONNELLE

Les plus anciennes traces écrites de chirologie chinoise, souvent nommée *Shou Shien,* remontent au IIe siècle av. J.-C. et proviennent du *Siu Fu*, un livre dont les enseignements exposent le soulèvement et le déclin du Qi, soit notre énergie, notre force vitale.

On note deux influences majeures dans la pratique de la chirologie chinoise : le taoïsme, littéralement « l'enseignement de la voie », et le bouddhisme, religion et philosophie.

La principale particularité de la chirologie chinoise, c'est qu'elle semble davantage s'impliquer dans le diagnostic du corps physique et énergétique que dans les résolutions de problématiques émotionnelles ou psychiques. Le ou la chirologue chinois·e joue néanmoins le rôle de conseiller·ère au sens large et peut fournir des affirmations sur ce qui lui semble favorable ou peu favorable pour son ou sa consultant·e. Il est ici moins question de quête de connaissance de soi que d'une réponse aux injonctions sociétales et à la manière de s'y conformer (voir « Les 9 palais chirologiques, p. 29 »). Je tiens à préciser que ce paragraphe concerne la chirologie chinoise *traditionnelle*, et que je n'ai aucune connaissance sur la façon dont elle est pratiquée par mes contemporain·e·s.

La grille de lecture chirologique chinoise est complexe et composée de plusieurs strates, dont :

◆ Les 5 types de mains, reliés aux cinq éléments traditionnels taoïstes : la main bois, la main feu, la main terre, la main métal et la main eau. Chacun a des caractéristiques précises.

◆ Les 4 piliers, *Mi Zong*, représentés par la division de la paume en quatre parties. Cette découpe, inspirée par l'école bouddhiste, utilise le système symbolique des cinq éléments fondamentaux d'abord employés en Inde. Elle a pour fonction d'établir rapidement les dominantes énergétiques. Parmi ces piliers, on compte la terre (solidité), l'eau (fluidité), le feu (action) et l'éther (vacuité), non représenté dans la paume, mais présent quand même – c'est l'immatérialité, soit tout le reste.

♦ **Les 9 palais chirologiques**, compartimentant la paume en huit carrés, représentent chacun les 8 trigrammes taoïstes. Il s'agit d'un concept philosophique fondamental de la Chine ancienne, suggérant qu'il existerait huit archétypes opérant dans la nature et participant au changement inexorable de la vie. Chaque symbole contenu dans un carré peut se rattacher à une application d'acupuncture, tandis que la morphologie de ces mêmes carrés fait écho à des interprétations divinatoires. Il y a *Sun*, le mont du vent pour la fortune ; *Li*, le mont du feu, pour la renommée ; *Kun*, le mont de la terre, associé à la mère ; *Qian*, le mont du ciel, associé au père ; *Dui*, le mont du lac, relatif au(x) mariage(s) et aux enfants, *Kan*, le mont de l'eau, relatif à l'héritage ; *Gen*, le mont de la montagne, associé aux sœurs et aux frères ; et enfin Zhen, le mont du tonnerre, en rapport avec l'apprentissage et l'éducation. Encore une fois, on parle de neuf éléments, mais huit seulement sont visibles et constituent des monts, le neuvième est au centre de la paume et correspond à la vacuité.

♦ **Les doigts**, correspondant chacun à un ou plusieurs organes :

→ le pouce = la rate et l'estomac ;
→ l'index = le foie ;
→ le majeur = le cœur ;
→ l'annulaire = les poumons ;
→ l'auriculaire = les reins.

♦ **Et enfin les lignes, reflets du Qi**, la force vitale, qui peuvent être affectées par trois facteurs : l'hérédité, les émotions et la maladie, qui « creuse » ses propres lignes. En chirologie chinoise, ce qui correspond pour nous à la ligne de vie se nomme « ligne de terre » ; la ligne de tête est la « ligne humaine », et la ligne de cœur, la « ligne du ciel ».

En outre, la chirologie chinoise s'appuie sur plus de 128 points de réflexologie et fonctionne en lien étroit avec la médecine chinoise. Il semble fort recommandé d'avoir de sérieuses notions en la matière avant de songer à maîtriser cet art…

LA CHIROLOGIE OCCIDENTALE

Selon la croyance populaire d'Europe occidentale, l'apparition de l'art de lire dans les mains correspond à l'arrivée de ceux qu'on appellera les « gitans » au XVe siècle, en référence à leur origine géographique, à savoir le sud la péninsule du Péloponnèse en Grèce, alors connue sous le nom de Petite Égypte. Les termes *gitanos* ou *gypsies* sont directement issus de l'adjectif « égyptien ». Néanmoins, on sait aujourd'hui que les premières traces remontent en fait à la Grèce antique, et que le premier traité aurait été rédigé par Aristote. Cependant, personne ne peut lui en attribuer la paternité avec certitude. Ce traité avance prudemment qu'il y aurait une corrélation entre l'esprit et les divers marquages que l'on retrouve dans la main, et cette idée fut sans doute introduite en Occident par le biais de manuscrits védiques, et possiblement égyptiens, dont les savants de l'époque auraient fait l'acquisition.

La chirologie/chiromancie occidentale a traversé les âges, évoluant au fil du temps selon les préoccupations contemporaines. Bien qu'on argue souvent que le clergé s'opposa vivement à l'interprétation divinatoire, soulignons que, jusqu'au XVIe siècle, les traités, essais et autres manuscrits étaient écrits par des hommes d'Église, et ce, bien souvent dans des monastères.

De l'Antiquité jusqu'au XVIIe siècle, l'analyse palmaire aura donc été l'apanage des universitaires, des philosophes et des savants, érigée au même rang que les sciences d'aujourd'hui (mathématiques, astronomie, etc.), et parfois même enseignée à l'université.

Le XVIIIe siècle marque un tournant dans l'histoire de cette pratique : la chirologie/chiromancie est alors déclassée. L'émergence de la pensée rationnelle et la division symbolique du corps et de l'esprit la rendent obsolète.

Au XIXe siècle la chirologie/chiromancie fait son retour dans les salons, elle est de toutes les mondanités. Entre la vague orientaliste, l'attrait pour l'égyptologie et la mode spirite, les sciences dites occultes – surtout occultes car tombées en désuétude au siècle passé – vont bon train. Pour l'anecdote, Marie-Anne Lenormand, dite Mademoiselle Lenormand, illustre cartomancienne de son temps, qui donnera son nom à un très célèbre oracle, pratiquait elle aussi la chiromancie. Ou du moins une version très personnelle de celle-ci, paraît-il, et clamait avoir directement reçu ses dons de clairvoyance des divinités de l'Égypte antique. Dans son livre autobiographique, *Souvenirs prophétiques d'une sibylle, sur les causes secrètes de son arrestation le 11 décembre 1809* (1814), on peut voir son système de lecture singulier et la main d'un de ses clients les plus prestigieux. Ce dernier n'est autre que Napoléon Bonaparte. De l'autre côté de la Manche, c'est William John Warner, dit Cheiro (voir p. 37), qui remettra la chiromancie/chirologie au goût du jour, à l'aide d'un ou deux tours de passe-passe. On sait à présent qu'il a truqué certaines photos et empreintes de ses livres pour les faire correspondre aux thèses qu'il voulait démontrer.

Le XXe siècle et ses avancées en matière de découvertes scientifiques sur la psyché ouvrent de nouveaux horizons pour les professionnel·le·s de la santé mentale. Également chercheur·euse·s, Carl Gustav Jung, Julius Spier ou Ursula von Mongolt tenteront ainsi de mettre en place un système chirologique pour déceler les pathologies mentales. Si Jung abandonne assez vite l'idée, Spier s'est particulièrement démarqué en inventant le concept de psychochirologie, largement inspiré par la méthode *Heilanalyse* (littéralement, par « l'analyse de guérison ») de Jung. Jung rédigea d'ailleurs la préface du premier et dernier livre de Spier, *The Hands of Children*. Selon son système de lecture, la main est divisée en deux parties dans le sens de la longueur, par une ligne imaginaire allant du bout du majeur jusqu'à la base du poignet. Le pouce représente l'ego, et la moitié englobant le pouce la *persona*, soit le rôle social que l'on se crée dans le monde extérieur (celui des interactions), comme un masque que l'on porte et qui fait office de mécanisme de protection. Dans cette partie de la main seraient aussi présents l'*animus* et l'*anima*, respectivement la part masculine de la femme et la part féminine de l'homme. Le procédé de Spier est donc genré et binaire, puisqu'il ne lit pas de la même façon les lignes de la main selon que son patient est une femme ou un homme cisgenre (dont le genre physique/biologique et mental coïncident). L'autre moitié de la main correspond au monde interne, la part d'ombre et l'inconscient.

Le système chirologique occidental s'appuie sur le concept des sept monts de la main, comme le modèle védique ; il comprend selon les courants sept modèles de mains types (main élémentaire, main carrée, main spatulaire, main conique, main philosophique, main psychique et main mixte), ou quatre types inspirés des éléments (terre, eau, air feu).
On retrouve également les trois lignes majeures : cœur, tête et vie.

LA CHIROLOGIE OCCIDENTALE À TRAVERS LES ÂGES

ANTIQUITÉ

♦ 343 AV. J.-C.

Historia animalium
d'**Aristote**.
C'est la première trace écrite d'une référence à l'analyse de la main et des lignes, et de leurs influences supposées sur le caractère.

MOYEN ÂGE

♦ Xᴱ SIÈCLE

La Souda. Encyclopédie grecque faisant référence au travail d'analyse palmaire.

♦ 1407

Summa Chiromantia,
de **Ricardus Dove**, moine à Buckfastleigh (Angleterre). Il écrit le premier traité de chiromancie, d'après les supposés enseignements d'**Aristote**. C'est aussi le premier à mentionner l'importance des trois lignes de la main. Il s'agit de la première tentative de théorisation de la chiromancie.

♦ 1448

Die Kunst Ciromantia,
de **Johann Hartlieb**.
C'est le premier ouvrage richement illustré, utilisant la méthode des blocs de bois. L'auteur y avance que l'on doit lire la main droite chez les hommes et la gauche chez les femmes.

♦ 1477

De Physiognomia,
de **Michael Scott**.
On y trouve la première référence à la chirognomonie (étude de la morphologie de la main).

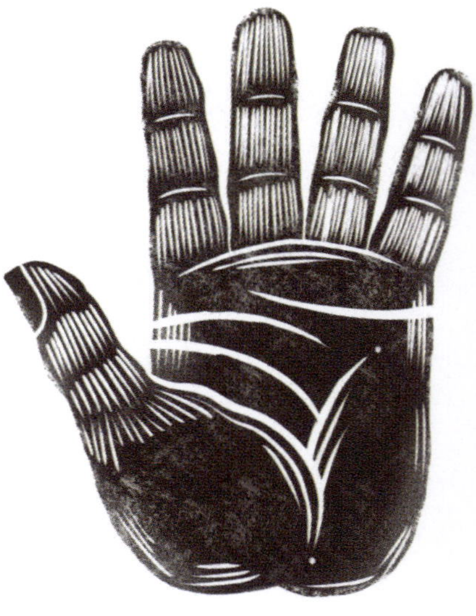

RENAISSANCE

LES LUMIÈRES

♦ **1497**
Ciromantiae opus rarissimum de eadem ciromantiae, de **Coclès**. Il s'agit de la première théorisation de la corrélation entre les mains et l'état de santé.

♦ **1562**
Opus Mathematicum, de **Jean Taisnier**. C'est le premier ouvrage présentant l'art chiromantique de manière détaillée et didactique.

♦ **1592**
Aphorisma chiromantica, de **Johannes Rothmann**. Il s'agit du premier ouvrage occidental faisant le lien entre astrologie et chiromancie.

♦ **1653**
L'Art de connaître les hommes, de **Marin Cureau de La Chambre**, médecin et confident du roi (Richelieu en fera d'ailleurs un des premiers membres de l'Académie française). Son livre n'apporte rien de nouveau, cependant on peut constater que chiromancie et médecine font jusqu'alors très bon ménage.

♦ **1661**
Ludicrum chiromanticum, de **Joannes Praetorius**, professeur de philosophie et de chiromancie à l'université de Leipzig. Ce dernier offre dans cet ouvrage une compilation de plus de 70 traités de chiromancie. C'est l'un des premiers livres sur le sujet à être traduit, dans plus d'une dizaine de langues.

♦ Il est intéressant de constater que, durant tout un siècle, aucun nouvel ouvrage marquant de chiromancie, ou de ce qui pourrait s'y apparenter telle qu'on la conçoit aujourd'hui, n'a vu le jour. Il y aura pourtant de nombreuses rééditions. Notons d'ailleurs que c'est l'âge de la grande scission entre l'astronomie et l'astrologie.

Nous aurons à partir de maintenant LA Science et les sciences dites occultes – bien que le terme n'apparaisse pour la première fois qu'en **1829**, dans le livre *Des sciences occultes*, d'**Eusèbe Salverte**.

LA CHIROLOGIE OCCIDENTALE À TRAVERS LES ÂGES

RÉVOLUTION INDUSTRIELLE

XX

♦ **1839**

La Chirognomonie, du **capitaine Casimir Stanislas d'Arpentigny**. Cet ouvrage est le premier à réfuter la notion prémonitoire/divinatoire jusqu'alors associée à la lecture de la main. On peut considérer qu'il s'agit de la première apparition de ce qui s'apparente à de la psychomorphologie.

♦ **1859**

Les Mystères de la main révélés et expliqués, d'**Adrien Adolphe Desbarolles**, dans lequel on va découvrir les bases de la nomenclature utilisée en chirologie occidentale aujourd'hui, notamment la dénomination des monts de la main d'après des planètes et la répartition de la paume selon trois mondes (physique, pratique et mental).

♦ **1859**

L'Avenir dévoilé, chiromancie nouvelle, d'**Adèle Moreau**, élève de la renommée **Marie-Anne Lenormand**. Travaillé plus ou moins comme un récit autobiographique, il contient une nouveauté : une publicité sur une des pages du livre. « Reçoit tous les jours sauf le dimanche et jours fériés de 9 heures à 18 heures. Accepte les consultations postales sous la forme de photographies ou d'empreintes. »

♦ **1900**

The Laws of Scientific Hand Reading, de **William Benham**, qui est un des pionniers de l'analyse dite rationnelle de l'étude des lignes de la main et affirme être en totale rupture avec la tradition chiromantique, c'est-à-dir divinatoire.

♦ **1932**

Introduction à l'étude de la chiroscopie médicale, d'**Henri Mangin-Balthazar** Cet auteur propose un terme nouveau, « chiroscopie », soit une méthode visant à établir un bilan de santé physique et mental à travers l'inspection visuelle des mains.

SIÈCLE

XXIE SIÈCLE

◆ **1944**
Hands of Children, du psychologue **Julius Spier**, disciple de Jung, et *La Main de votre enfant* d'**Ursula von Mangolt**, psychologue. Dans ces deux livres, on découvre l'apparition du terme « psychochirologie ». L'analyse palmaire devient un outil pour accélérer les thérapies : les praticiens et praticiennes auraient par ce biais beaucoup plus rapidement accès aux « données » psychologiques des patients et patientes, visibles dans leurs mains.

◆ **1980**
Votre main. Principes de chirométrie, de **Clément Blin**. Dans cet ouvrage, l'auteur crée un système basé sur des mesures et des calculs pour effectuer des analyses psychomorphologiques de la main.

◆ **2019**
Le livre de mon mentor **Helene Saucedo**, *Handful of Stars, a Palmistry Guidebook*. J'éprouve à son égard une reconnaissance éternelle.

◆ **2022**
Mon livre, youpi, pas besoin de vanter ses mérites, vous l'avez déjà dans les mains !

◆ Notez qu'il y a eu d'autres publications au XXIe siècle, mais disons que ce sont celles-là qui ont le plus attiré mon attention, en toute objectivité !

PERSONNAGES PHARES DE LA SCÈNE CHIROLOGIQUE EN OCCIDENT

MADAME DE THÈBES
1845 • 1916

Anne Victorine Savigny, dite Madame de Thèbes, est une des chiromanciennes les plus célèbres de son temps. Voyante et oniromancienne (analyste des rêves), elle recevait le Tout-Paris dans son salon situé 29, avenue de Wagram, dans le 17e. Il existe beaucoup d'anecdotes sur ce personnage, la plus croustillante étant celle-ci : un jour, Alexandre Dumas fils l'a mise au défi de lire les mains de ses amis de l'Académie française. La spécificité du challenge ? Tous devaient se tenir cachés derrière un rideau dont seules les mains dépasseraient… Il se trouve qu'elle parvint à donner une description si fidèle et détaillée qu'elle coupa le souffle à notre cher Alexandre, qui n'eut d'autre choix que de s'incliner devant cette grande dame.
Madame de Thèbes adorait en outre les éléphants. On raconte que son salon en était envahi : en ivoire, en bois ou en cristal, il y en avait absolument partout. On peut dire que c'était en quelque sorte son animal « totem » : il représentait pour elle la mesure, la prudence et la sagesse. Sur son papier à lettres, on retrouvait cet emblème, accompagné de la phrase suivante : « Je ne trompe pas, j'avertis ».
Aujourd'hui, pour plusieurs centaines d'euros, il est possible de faire l'acquisition d'une feuille de son papier à lettre et, pour un peu plus, d'une bribe de sa correspondance.

WILLIAM JOHN WARNER, DIT CHEIRO

1866 • 1936

Aussi connu sous le nom comte Hamon, Cheiro est certainement le chiromancien le plus connu de tous les temps. Et pour cause ! Il a eu une vie hors du commun et côtoyé tout le gratin, de Paris à Hollywood en passant par Londres, et a eu des clients tels que le tsar Nicolas II, Oscar Wilde ou bien encore Raspoutine. Cheiro a tout d'abord contribué à remettre l'art de lire dans les mains sur le devant de la scène et a été par la même occasion un auteur très prolifique, avec plus d'une dizaine de livres à son actif. Écrivain dans l'âme, il n'aura en effet de cesse de réécrire sa vie comme on dessine un personnage de roman, en faisant fi, parfois, des incohérences, tant et si bien qu'il est difficile de départager le vrai du faux. D'après ses Mémoires, il aurait étudié la chirologie dans la caste des brahmanes Joshi. Il est peu probable qu'il se soit rendu en Inde, les récits qu'il en fait, les scènes qu'il décrit étant factuellement irréalistes. Il répandra notamment la légende[3] selon laquelle il aurait tenu dans ses mains le premier livre de chirologie, directement tiré des enseignements des Védas, confectionné en peau humaine ! Image sensationnelle, oui. Mais on sait que les hindous brûlent le corps de leurs morts afin que leur âme puisse se réincarner facilement. Il est donc peu probable qu'une quelconque peau humaine ait pu être tannée pour devenir une couverture de livre… En revanche, on sait que les plus anciens livres védiques sont composés d'écorce d'arbre, que notre cher Cheiro aurait pu confondre avec de la peau humaine en faisant de l'anthropologie de cabinet. On sait aussi aujourd'hui qu'il a modifié plusieurs documents dans ses livres, comme des empreintes ou des photos, pour les faire coïncider avec ses dires. Tout n'est cependant pas à jeter chez lui ! Il pratiquait aussi la chirologie analytique de d'Arpentigny ou de Desbarolle (voir p. 34), mais c'était un homme du monde, qui privilégiait avant tout l'art du spectaculaire. Il finira d'ailleurs sa vie à Hollywood, où il écrivit des scénarios pour le cinéma. Il a cependant dit une phrase à laquelle j'adhère totalement : « Si les parents n'avaient ne serait-ce que quelques notions de chirologie, alors la vaste majorité des enfants seraient beaucoup mieux préparés et leurs inclinaisons naturelles intelligemment développées. »

NAÏA LA SORCIÈRE
FIN DU XIXᴱ SIÈCLE • DÉBUT DU XXᴱ

Aujourd'hui, à Rochefort-en-Terre, dans le Morbihan, il existe un musée qui porte son nom : autant dire que c'est un personnage qui a largement marqué sa région. Le Naïa Museum est dédié aux arts de l'imaginaire. Fille de rebouteux, Naïa était une « sorcière » : elle connaissait le langage des plantes et perpétuait le savoir-faire des décoctions dont elle seule avait le secret. Elle avait aussi, selon les gens, le don d'ubiquité et le pouvoir de jeter des sorts. Ayant plus d'un tour sous sa cape, elle était, dit-on, ventriloque et, ce qui nous intéresse, elle faisait également des prédictions en lisant dans les lignes de la main ! On ne peut pas considérer qu'elle est à l'origine d'avancées de quelque sorte que ce soit dans le domaine la chirologie, cependant elle fait à présent partie du folklore de cette grande famille qu'est la chirologie/-mancie, et il me semblait juste de la mentionner ! Et, *fun fact*, ma fille cadette s'appelle Naïa, mais son père et moi ne connaissions pas la sorcière quand nous avons choisi son prénom.

3. *Les œuvres de Cheiro sont les plus largement disponibles, surtout si on sait lire l'anglais. Elles font office de source de référence. Pourtant, il demeure dans ses livres des affirmations complètement erronées, comme cette histoire de livre en peau humaine. Je vous mets en garde contre les textes chirologiques ou chiromantiques des siècles passés : ayez à l'esprit en les consultant que les définitions qui y sont données sont souvent empreinntes de xénophobie, de misogynie ou encore de psychophobie ou de classisme. Lisez un maximum d'ouvrages sur le sujet pour recouper les informations et remettez toujours tout en question (y compris ce que je vous dis).*

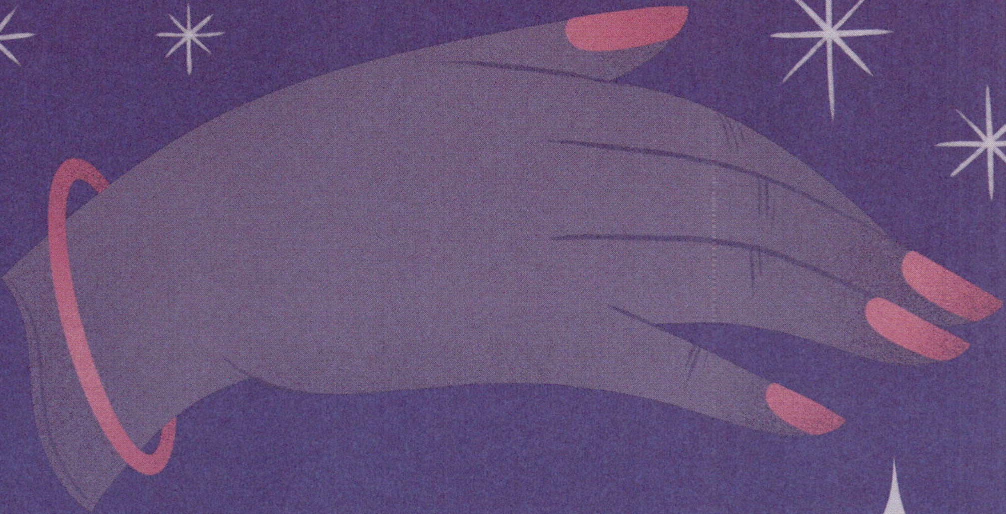

• Chapitre II •

LES 4 TYPES DE MAINS

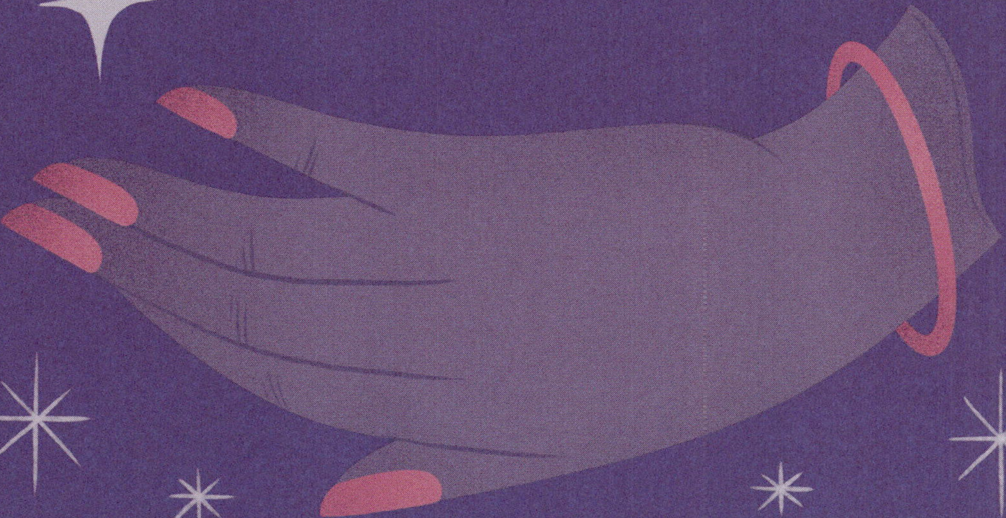

C'est la première étape de notre voyage chirologique. Ici, nous allons identifier et définir notre type de main, pas à pas, afin de tenter d'avoir une vision globale de notre personnalité. Pour ce faire, munissez-vous si besoin d'une règle ou d'un mètre ruban. Mettez-vous dans la peau d'un·e chercheur·euse et préparez-vous à prendre des mesures !

À LA RENCONTRE DE NOTRE TERRITOIRE !

La chirologie occidentale (voir chapitre 1) a tendance à osciller entre deux méthodes de classification des mains : la méthode des sept types, très largement utilisée jusqu'à la fin du XIXe siècle, et souvent relayée dans les manuels de chiromancie/chirologie français, et la méthode des quatre types élémentaires, héritée des traditions orientales. À ce jour, c'est la plus largement répandue dans l'univers de l'analyse palmaire.

En commençant mon périple chirologique, avide de connaissance et de découvertes, j'ai essayé un maximum d'écoles et de courants avant de trouver mon style et ma voie.
Rappelons que la chirologie n'est pas une science, aussi demeure-t-elle, malgré tout le soin et la sincérité qu'on peut lui apporter, un art subjectif. En d'autres termes, il y a autant de chirologies que de chirologues, et ce qui fonctionne et a du sens pour moi (et jusqu'à présent en a aussi eu pour tou·te·s les consultant·e·s que j'aie pu rencontrer) n'en aura peut-être pas pour vous. Néanmoins, la classification des mains en fonction de leur type élémentaire est celle que je trouve la plus simple et la plus probante ! Il y a bien assez de détails qui viendront s'ajouter à notre lecture pour ne pas se compliquer la vie dès le départ...

La représentation et la compréhension du monde par les symboles remontent à la nuit des temps, et la théorie des quatre éléments est le plus ancien système de classification connu au monde. Au Ve siècle avant notre ère, Empédocle, savant et philosophe présocratique[1], affirma que les quatre éléments réunis formaient l'Univers tout entier.

1. Avant Socrate, donc, il fut l'instigateur de la pensée philosophique.

On retrouve également l'omniprésence de ces quatre éléments dans d'autres disciplines telles que l'astrologie.

Parler des quatre éléments, qui sont l'eau, le feu, la terre et l'air (en Occident), revient à évoquer le tangible. Notre expérience humaine étant matérielle, nous avons tou·te·s déjà expérimenté l'influence de ces éléments sur nous. Nous ressentons le vent sur notre visage, nous consommons de l'eau tous les jours, la gravité nous retient fermement sur la Terre et nous apprécions la douce chaleur du feu.

Nous utilisons en outre couramment une myriade d'expressions associées à chacun d'entre eux, synthétisant une énergie immatérielle, une tendance. Je m'explique : êtes-vous familier·ère avec les expressions suivantes : « être tête en l'air », « avoir les pieds sur terre », « se noyer dans un verre d'eau », « brûler de désir » ? Avec certaines d'entre elles en particulier ? Eh bien, c'est de cela qu'il est question : bien que nous portions en nous tous les éléments, nous avons une prédominance élémentaire qui nous donne une première indication sur notre type de personnalité.
Plus nous avons une bonne connaissance des éléments, de leurs principes et caractéristiques, et plus nous avons matière à interprétation.

La chirologie fonctionne en entonnoir : on part du plus large pour aller vers le plus précis, aussi, le type de main n'est que la première étape, et une analyse palmaire ne saurait se fonder sur une seule strate de connaissance.

♦♦♦ FAITES LE TEST ♦♦♦

Mettez un *timer* sur trois minutes, saisissez-vous d'un crayon et d'une feuille et cherchez toutes les expressions (voir les exemples cités plus haut, « être tête en l'air », « brûler de désir », etc.) relatives aux différents éléments que vous pouvez trouver.

Interrogez-vous.

- À quelles expressions vous identifiez-vous le plus ?
- À quel proche telle ou telle expression vous fait-elle plutôt penser ?

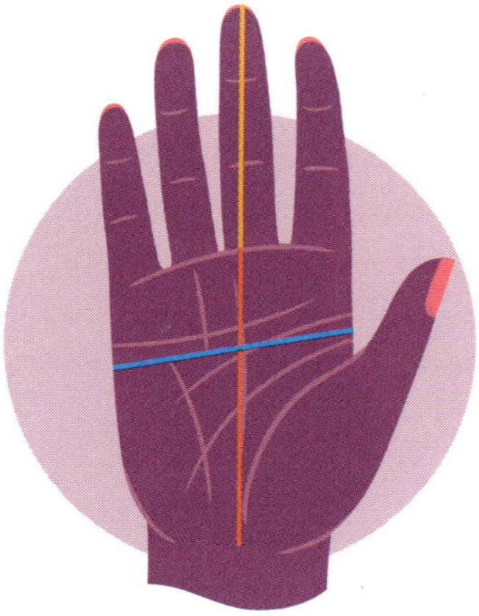

COMMENT IDENTIFIER SON TYPE DE MAIN ?

Le type de main est déterminé par deux critères : la forme de la paume et la taille des doigts. Notre doigt de repère est toujours le doigt de Saturne (le majeur). Comme il ne s'agit pas d'une science exacte, on considère que les paumes sont *plutôt* carrées ou *plutôt* rectangulaires, et que les doigts sont *plutôt* courts ou *plutôt* longs.

Pour définir son type de main, il est d'abord nécessaire d'évaluer son type de paume.
Sur l'image, **la ligne rouge** correspond à la distance entre le début de l'implantation de vos doigts et la fin de votre paume avant le poignet.
La ligne bleue délimite la partie transversale de votre main. Elle se situe au centre de la zone comprise entre l'implantation de votre doigt de Jupiter (l'index) et l'implantation de votre pouce, et s'arrête de l'autre côté de la paume, sur la tranche de la main, située entre l'implantation du doigt de Mercure (l'auriculaire) et de la fin de votre paume, avant l'apparition du poignet.

→ **Si la ligne rouge est sensiblement plus grande que la ligne bleue, alors vous avez affaire à une main rectangulaire.** – Les paumes rectangulaires correspondent aux mains de type eau et feu. La configuration rectangulaire fait référence à l'imprévisibilité et aux sentiments. Ces deux types sont les plus intuitifs, ceux qui se laissent plus facilement guider par leurs émotions.

→ **Si la longueur des lignes rouge et bleue est égale ou très sensiblement égale, alors vous avez affaire à une paume carrée.** – Les paumes carrées correspondent aux mains de type air et terre. Cette configuration fait référence à l'idée de structure, à la logique et à la raison. Ces deux types ont tendance à privilégier la pensée rationnelle par rapport aux sentiments.

Maintenant, pour différencier les deux éléments concernés par chaque forme, il faut mesurer la taille des doigts.
- ♦ La main de type eau est caractérisée par une paume rectangulaire et des doigts longs.
- ♦ La main de type feu par une paume rectangulaire et des doigts courts.

- La main de type terre par une paume carrée et des doigts courts.
- La main de type air par une paume rectangulaire et des doigts longs.

ATTENTION

Il est rare que les doigts soient plus longs que la paume. En ce sens, si la **ligne jaune**, qui représente la longueur totale du doigt de Saturne (le majeur) est significativement plus courte que la ligne rouge, alors on considère que les doigts sont courts.
Si **la ligne jaune** est plus longue que la ligne rouge ou qu'elle fait pratiquement la même taille, alors, on peut considérer qu'il s'agit de doigts longs.

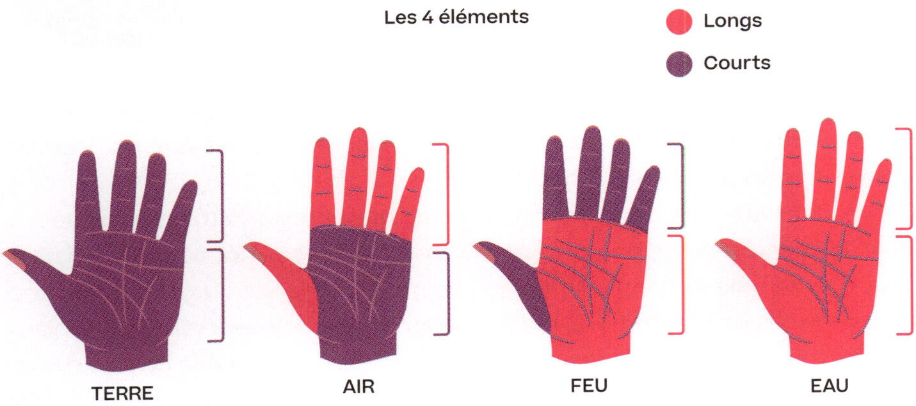

ENTRE LES DEUX MON CŒUR BALANCE

Dans certains cas, la limite entre deux types sera très mince, et vous devrez vous fier à votre bon sens et à votre intuition afin de déterminer celui auquel vous avez affaire. Il n'est pas rare non plus que des personnes présentent les caractéristiques mélangées de deux types de mains. Cela témoigne de la nature complexe d'un individu, et vous devrez puiser dans vos ressources pour combiner deux types d'interprétations.

◆◆◆ TIPS ◆◆◆

◆ Les mains de type eau ont en général des lignes très fines, peu visibles et délicates. On ressent aussi une certaine une mollesse dans la paume et ce sont souvent des mains moites.

◆ Les mains de type feu sont souvent sèches et sont en général rosées au niveau des parties charnues de la main.

◆ Les mains de type terre présentent souvent une peau assez épaisse, et ne sont pas extrêmement flexibles.

◆ Les mains de type air ont en général beaucoup de lignes assez marquées et claires.

Dans la partie suivante, nous allons découvrir les différents types de mains en détail. Sur chaque page, vous trouverez un encadré synthétisant les grandes lignes de chaque élément chirologique.
Je voudrais attirer votre attention sur le fait que chaque élément possède à la fois des caractéristiques plutôt positives et d'autres plutôt négatives. Il n'est pas question de s'enorgueillir de ses points de brillance ou de se fustiger à cause de ses points d'ombre, mais simplement de les observer afin de mieux comprendre ce qui nous compose et être idéalement capable de prendre du recul sur nous-mêmes et face aux situations auxquelles nous pourrions être confronté·e·s.
De même, les pistes qui vous sont proposées sont présentes à titre d'aiguillage, c'est OK de ne rien faire et de simplement être !
Vous avez bien évidemment le droit de ne pas vous reconnaître dans votre type de main, c'est un langage symbolique, qui se compose donc forcément de généralités, et vous êtes peut-être l'exception qui confirme la règle…

LA MAIN EAU

∴ LA SENSIBLE ∴

« Sensible » est souvent un adjectif auquel de nombreuses personnes ne souhaitent pas être associées, comme s'il était le synonyme de « fragilité ». Or, la sensibilité, c'est simplement ce qui nous aide à nous rendre compte que nous sommes bien vivants. Le Larousse définit le terme comme une « aptitude à s'émouvoir, à éprouver des sentiments d'humanité, de compassion, de tendresse envers autrui ». Et aussi comme l'« aptitude d'un organisme à réagir à des excitations externes ou internes ». Il est intéressant de noter qu'on parle en outre de « zone morte » pour définir un membre insensible. L'insensibilité, c'est l'absence de vie.

Les personnes ayant une main de type eau savent qu'elles sont bien vivantes et, parfois, ça leur coûte, car elles ont tendance à expérimenter toutes les émotions de plein fouet, bonnes comme mauvaises, avec une intensité toute particulière. Cette perméabilité ambiante les transforme en de véritables éponges émotionnelles et peut les conduire à éprouver des sensations/sentiments qui ne sont pas les leurs. Par exemple, dans le cadre du travail, on peut passer un savon à un de leur collègue publiquement, et elles ressentiront peut-être un sentiment de honte, de malaise, comme si c'était elles qui venaient de se faire réprimander.

Le plus gros challenge des personnes ayant une main eau, c'est d'apprendre à contrôler leurs émotions plutôt que d'être contrôlées par elles. Leurs relations interpersonnelles pourraient en bénéficier, car elles sont connues pour leurs sautes d'humeur.

D'un point de vue positif, cette aptitude à l'empathie fait de ces personnes de bon·ne·s allié·e·s, capables de fournir un grand soutien à leurs proches ; de nature attentionnée, elles sont douées d'écoute et on trouvera souvent auprès d'elles beaucoup de compréhension, à moins qu'elles ne soient perdues dans les tourbillons de leurs eaux intérieures, ce qui a tendance à les rendre parfois autocentrées. L'eau possède différentes facettes : elle peut être source de vie et en perpétuel mouvement, mais elle peut aussi être stagnante, noire et pestilentielle. Les personnes dotées de ce type de main sont souvent enclines au *spleen* et peuvent expérimenter plus facilement que les autres types des phases de dépression, de désillusion ou de désespoir. Leur compagnie peut être éprouvante, surtout si elles usent de mécanismes de chantage affectif, dont elles connaissent souvent les mécanismes.
À l'inverse, il arrive parfois que ces personnes traversent ces périodes mouvementées avec le sentiment de clairement perdre pied, d'être englouties sous une vague, d'être complètement seules face à leurs problématiques. Pourquoi ? Parce ce qu'elles offrent au monde l'apparence d'un lac lisse, alors que tout se déchaîne à l'intérieur. Demander avec sincérité à une personne de main eau comment elle se sent est sans doute le meilleur moyen d'entrer en connexion avec elle.

L'eau n'a pas de forme en soi, elle s'adapte et se modèle à son environnement. Les personnes ayant des mains de type eau peuvent être influençables ou « changer » de personnalité en fonction de l'entourage dans lequel elles évoluent. L'adaptabilité est une très grande qualité, et on sait que l'eau est championne pour se frayer un chemin. Souvent sous-estimées, justement de par leur sensibilité accrue et leur imagination débordante qui laisse croire à celles et ceux qui ne fonctionnent pas de la même façon qu'elles ont du mal à maintenir un cap, le vieil adage « méfiez-vous de l'eau qui dort » est tout à fait approprié à cette situation. En effet, l'eau, ce solvant universel, sans doute le plus puissant de tous les éléments, vient à bout de toute chose. Les personnes ayant une main de type eau, contre toute attente, disposent en elles de la qualité de persévérance. Quand elles ont trouvé le sujet dans lequel plonger, elles sont inarrêtables, peu importe le temps que cela doit prendre, elles arrivent à leurs fins. Dans les relations interpersonnelles, cela peut se traduire par des tendances obsessionnelles.

Un proverbe indien dit : « Unie à l'océan, la goutte d'eau demeure ». L'eau aspire à la cohésion, aussi les personnes ayant ce type de main ont soif d'appartenance et cherchent à tout prix à faire partie du/d'un groupe. Elles seront capables de donner énormément de leur personne pour plaire à l'autre, quitte à se fondre dans celui-ci. Il n'est pas rare qu'on puisse retrouver des tendances de codépendance affective chez ces personnes-là.

D’un point de vue personnel, ce sont des personnes qui ont souvent une forte connexion à leur monde intérieur, et une résonance particulière avec leur subconscient. On considère qu’elles ont une connexion particulière avec les rêves et qu’elles sont souvent dotées d’une intuition développée. Dans les relations aux autres, elles ont souvent tendance à éviter les conflits.

D’un point de vue professionnel, parmi les vocations associées à cet élément, on retrouve : le monde de la beauté, les sciences sociales, les professions du *care*, la psychologie, l’art au sens large et le domaine de la spiritualité.

MOTS-CLÉS +	Adaptabilité, imagination, intuition, romantisme, réceptivité, coopération, mutabilité, persévérance, empathie, introspection, sensibilité, émotivité, idéalisme, tolérance
MOTS-CLÉS -	Maussaderie, manipulation, égocentricité, soumission, impressionnabilité, mélancolie, dépendance, idéalisme, émotivité, angoisse, malléabilité
SIGNES ASTROLOGIQUES ASSOCIÉS	Cancer, scorpion, poissons
MOTTO	Je ressens.
ÉLÉMENT OPPOSÉ ET COMPLÉMENTAIRE	Feu
TECHNIQUES D’ANCRAGE FAVORABLES	Activités en rapport avec l’eau (hammam, natation, etc.), carnet des rêves
TECHNIQUES D’ÉQUILIBRAGE FAVORABLES	Allumer des bougies, contact avec les animaux (ronron thérapie), « se jeter à l’eau » en commençant une activité qu’on a toujours voulu faire
ARCANE DE TAROT	**L’as de coupe.** Associé au subconscient, aux émotions et à l’intuition en un flot constant.

LA MAIN FEU

∴ L'ENTHOUSIASTE ∴

Comme disait Johnny, « il suffira d'une étincelle et d'un mot d'amour pour allumer le feu ». Oui, oui, je cite bien Johnny Hallyday et, sachez-le, j'en suis la première surprise. Mais cette phrase synthétise très bien les personnes ayant une main de type feu !

« Solaires », « brillantes » et « lumineuses » sont des adjectifs qualifiant très bien ces dernières. La chaleur humaine qui émane d'elles et qui irradie attire irrémédiablement tout type de personne autour d'elles. De nature enjouées et optimistes, ce sont des rayons de soleil en n'importe quelle occasion. Leurs rapports sociaux sont souvent simples, mais aussi très tranchés. On ressent chez les personnes de main de type feu une certaine urgence, il y a un besoin de rapidité inexpliqué, une impatience, qui les conduira parfois à agir plus vite que de raison et à réfléchir ensuite, ce qui s'apparente, donc, à un caractère plutôt explosif.
Associé à ce besoin de rapidité, on trouve aussi une grande quête de diversité : la bête noire des personnes de type de main feu, c'est la routine et l'ennui. En plus d'évoluer dans différents groupes d'amis, dont chacun viendra nourrir une facette de leur feu intérieur, les intérêts changeants de ces personnes sont quasi sans fin et, à leur grand dam, le temps manque toujours : beaucoup trop de choses sont à explorer.
Ainsi, comme attiré par des feux follets sortant de nulle part, le type feu suivra tour à tour différentes aspirations, le menant çà et là ; et comme le feu qui brûle fort se consume toujours très vite, trop vite, il aura tendance à multiplier le démarrage de projets, de hobbies, d'activités, mais peinera grandement à les finir. Et ne dit-on pas que « qui trop embrasse mal étreint » ? En d'autres termes, n'est-il pas préférable d'apprendre peu de choses en profondeur que de posséder des notions en tout et sur tout ? C'est une question à laquelle il peut être pertinent de réfléchir.

Quoi qu'il en soit, le plus gros challenge des personnes ayant une main de type feu, c'est de rester concentrées sur une seule chose à la fois et d'aller jusqu'au bout de leurs entreprises.

On remarque en outre que les personnes de type feu sont dotées de beaucoup d'énergie et souvent capables d'accomplir un grand nombre de choses en peu de temps, avec la fâcheuse (ou pas) tendance à attendre le dernier moment pour agir, ce qui a pour conséquence de générer un effet ascenseur émotionnel (l'énergie physique, mentale, émotionnelle est mise à contribution sur une période courte pour atteindre un objectif ; une fois l'objectif atteint, le changement de rythme immédiat entraîne une charge émotionnelle forte) qui laisse un peu plus à chaque fois le sujet épuisé sur les plans physique et mental. Les personnes de type feu sont souvent sujettes à l'anxiété et ont plus facilement tendance que les autres à puiser dans leur énergie nerveuse plutôt que physique. Une activité sportive est particulièrement conseillée à ce type : trouver un défouloir peut se révéler extrêmement favorable.

Créatif, dynamique, courageux et rempli d'esprit d'initiative, le type feu va malheureusement souvent à l'encontre de son propre bien-être. Comme si une force invisible le poussait à l'autocombustion. C'est une tendance qu'il faut garder en tête afin de pouvoir l'accueillir et l'accepter, au lieu de tout jeter au feu. Ce côté autodestructeur peut aussi se retrouver à travers sa prédisposition aux addictions (drogue, alcool, tabac, nourriture, sexe, jeux…) : la recherche perpétuelle de sensations fortes peut le pousser dans les extrêmes. Le second challenge des types feu, c'est donc d'apprendre à maîtriser l'art exigeant du self-control.

Dans les rapports interpersonnels, le type feu est comme dans le reste de sa vie : il a besoin de stimulation, de renouveau, de changement et de diversité. Pour ces raisons, de tous les types de mains, c'est le type le moins fiable. Attention, cela ne veut pas dire que les personnes ayant une main de type feu sont systématiquement infidèles. Ce type peut très facilement aspirer à autre chose en restant avec sa/son partenaire, sans jamais franchir le cap d'un éventuel interdit (fixé entre les deux ou plusieurs parties). Pour compenser son besoin de passion, il se concentrera alors davantage sur des projets personnels, s'impliquant moins dans sa/ses relations amoureuses.
Ses amours sont fortes et intenses, il est parfois difficile de faire en sorte qu'elles tiennent sur le long terme, sachant que ce type à une tendance à la jalousie, aspire à la tolérance, mais se montre lui-même assez intolérant et impatient avec les personnes qu'il aime…

En astrologie, le feu fait référence à l'astre solaire, et donc à l'ego. On retrouve chez les personnes de type feu l'envie de briller et un besoin de reconnaissance. De nature plutôt égocentrique, qui peut bien sûr être maîtrisée, ce type aura tendance à prendre de la place, et encore plus s'il s'agit d'un homme hétérosexuel cisgenre et blanc, compte tenu de la société dans laquelle nous évoluons. L'expression personnelle est l'un de ses points forts, et ce sont des personnes beaucoup plus intuitives qu'intellectuelles, sachant cependant faire preuve d'une grande intelligence sociale.

D'un point de vue professionnel, parmi les vocations associées à cet élément, on retrouve : le commerce, l'entreprenariat, les activités liées à l'économie, l'univers militaire et paramilitaire, les sports en tous genres, le jeu (poker professionnel, croupiers...) et la comédie.

MOTS-CLÉS +	Joie, enthousiasme, chaleur, esprit d'entreprise, courage, dynamisme, spontanéité, transformation, initiative, action, versatilité, intuition, intensité, émotivité, créativité
MOTS-CLÉS -	Destruction, imprévisibilité, jalousie, agitation, impatience, égocentricité, intensité, émotivité, exubérance, intolérance, anxiété, workaholisme
SIGNES ASTROLOGIQUES ASSOCIÉS	Bélier, sagittaire, lion
MOTTO	J'agis / je fais.
ÉLÉMENT OPPOSÉ ET COMPLÉMENTAIRE	Eau
TECHNIQUES D'ANCRAGE FAVORABLES	Activité physique intense, nouveau centre d'intérêt
TECHNIQUES D'ÉQUILIBRAGE FAVORABLES	Contemplation, activités en rapport avec l'eau
ARCANE DE TAROT	**L'as de bâton.** Associé aux nouvelles opportunités, à l'idée de son pouvoir d'action, de prendre sa vie/une situation en main.

LA MAIN TERRE

∴ LA PRAGMATIQUE ∴

De toutes les personnes que j'ai le plaisir de rencontrer, celles qui ont des mains de type terre sont les plus rares, peut-être parce que ce qui les caractérise le plus est contenu dans la chansonnette entonnée par Baloo dans *Le Livre de la jungle* de Disney, à savoir : « Il en faut peu pour être heureux. » J'ai pu toutefois constater que le peu de personnes terre à qui j'ai eu affaire ne sont généralement pas enchantées pour autant, un peu comme les personnes de type de main eau, quand leur « verdict » chirologique tombe. Souvent associé à un manque de fantaisie, l'élément terrien est pourtant loin d'être sans ressources !

La qualité première associée aux personnes ayant une main de type terre, c'est la faculté à être bel et bien ancrées dans le présent, alors que c'est un défi pour la grande majorité des personnes des autres types, qui sont soit plongées dans le passé, soit préoccupées par l'avenir – en tout cas, elles sont partout mais surtout pas ici et maintenant. Contrairement aux personnes de type terre, donc, qui détiennent la capacité de voir les choses telles qu'elles sont, de manière concrète, et parviennent volontiers à rester focalisées sur la pratique et l'expérience, afin de rester sur la voie qu'elles ont choisie, et avancent dans la « bonne » direction.

Ayant tendance à privilégier la logique et le vécu, les personnes de type terre réussissent souvent à construire des bases solides, car elles ont besoin de sécurité et de stabilité. Pour les autres, elles représentent ainsi un roc, un pilier inflexible sur lequel leurs proches peuvent compter. Très orientées famille, pas systématiquement la famille naturelle, mais possiblement une famille qu'elles auraient choisie, les personnes de mains de type terre en sont un trait d'union entre les différents membres. Loyales et dévouées, il s'agit du type élémentaire le plus fiable.

Sa capacité d'évolution est souvent plus lente, et en y réfléchissant cela paraît logique puisque, d'elle-même, la terre ne bouge pas à moins d'être déplacée, secouée par une force extérieure. Leur constance est une source de repos, principalement pour les autres.

De nature nourricière et protectrice, mais aussi méfiante et critique, car attachées aux traditions, quelles qu'elles soient, ces personnes sont communément réticentes aux changements et voient d'un mauvais œil la nouveauté, que ce soit pour elles-mêmes ou pour les personnes qu'elles aiment. Cette tendance, associée à leur difficulté à lâcher prise, peut avoir pour conséquence directe dans leurs relations interpersonnelles le fait de rater des opportunités. C'est la peur qui les conduit souvent à l'inertie et tout est une question de confort. Je m'explique : de manière générale, le type terre cherchera à combler ses besoins primaires, qui sont assez souvent basiques et compréhensibles. D'un point de vue pragmatique, il est plus aisé de pratiquer à répétition des choses que l'on connaît bien que de se lancer dans l'inconnu. En outre, leur grande force d'endurance, plus leur prédisposition naturelle à la résilience, leur permet d'accepter et d'évoluer dans des conditions qui ne le satisfont pas totalement, voire pas tout, et ce avec une certaine aisance. Pourquoi ? Simplement parce que l'inconfort de vivre une situation médiocre est moins inconfortable que le risque de s'abandonner à quelque chose de nouveau dont il ne maîtrise pas les codes.

Dans leurs relations interpersonnelles, les personnes de type terre sont plutôt instinctives et ont tendance à éviter les mondanités au profit de relations qu'elles jugent authentiques. Très peu avides de *small talk* (entendez de parler de la pluie et du beau temps), elles privilégient les rapports directs, et en principe vous saurez tout de suite qui elles apprécient ou non.
En amour, exprimer leurs sentiments n'est pas chose aisée, on peut avoir le sentiment devant elles de se trouver face à un mur, tant leurs émotions et leurs sentiments sont enfouis. Elles auront plus tendance à montrer leur affection qu'à la dire. D'ailleurs, la sphère sensuelle et sexuelle a souvent une place dominante dans leur façon de tisser des relations. De nature très fidèle, elles peuvent être très possessives et éprouver le besoin de devoir marquer ce qu'elles considèrent être leur territoire. Toujours en quête de sécurité et d'équilibre, elles privilégient en général les relations longues, quelles qu'elles soient.

D'un point de vue professionnel, elles sont travailleuses, mais obstinées, pouvant être sujettes à des idées fixes et étant persuadées de savoir quelle est LA bonne chose à faire, et de détenir LA vérité absolue... Ces personnes travaillent beaucoup mieux seules qu'en groupe. Ni suiveuses, ni leaders, l'idéal est simplement qu'on les laisse faire leur propre truc. Parmi les vocations associées à cet élément, on retrouve : les secteurs d'activité liés au domaine public, la construction et le paysagisme, l'herboristerie, la botanique et tout ce qui se rapporte aux plantes en général, la cuisine et la gastronomie, tout ce qui concerne les animaux, la sculpture et le modélisme, la création de bijoux ou toute autre activité demandant de la minutie, tout ce qui se rapporte à la préservation (y compris dans le domaine de l'art).

MOTS-CLÉS +	Création, hédonisme, simplicité, raison, bon sens, famille, sécurité, loyauté, calme, support, stabilité, solidité, responsabilité, travail, résilience, endurance, sens du devoir, tradition, authenticité, sympathie, honnêteté, fiabilité
MOTS-CLÉS -	Entêtement, matérialisme, limitation, inertie, précautionnisme, scepticisme, traditionalisme, étroitesse d'esprit, possessivité, brutalité, indélicatesse
SIGNES ASTROLOGIQUES ASSOCIÉS	Taureau, vierge, capricorne
MOTTO	Je suis.
ÉLÉMENT OPPOSÉ ET COMPLÉMENTAIRE	Air
TECHNIQUES D'ANCRAGE FAVORABLES	Matérialiser des choses (couture, broderie, poterie, bricolage, réparations, etc.), passer du temps près de la nature/animaux/famille (choisie), à essayer absolument : voyage vibratoire au son du tambour
TECHNIQUES D'ÉQUILIBRAGE FAVORABLES	*Breath work* (travail de respiration), apprendre une nouvelle chose, stimuler son intellect (musées, expo, lectures)
ARCANE DE TAROT	**L'as de pentacle/denier.** Associé à la notion d'incarnation (habiter son corps), à toutes les thématiques matérielles et terrestres et au besoin de sécurité.

LA MAIN AIR

∴ LA CÉRÉBRALE ∴

De tous les types, les personnes ayant une main de type air sont certainement les plus complexes. Dotées d'une activité cérébrale souvent très développée, ces personnes ont un besoin irrépressible de tout verbaliser, mentalement ou non, et de tout intellectualiser, si bien que c'est comme si elles étaient branchées en permanence sur leur radio personnelle, dont les messages tournent ou en boucle, ou sans fin. Cela va sans dire qu'elles sont souvent épuisées mentalement car leur système nerveux à tendance à être vite débordé tant elles ont d'informations à gérer. L'anxiété que cela entraîne peut aussi les conduire à vivre des vagues récurrentes d'insomnie.

Cette vélocité cérébrale peut être une malédiction ou une bénédiction, cela dépend des jours et de l'humeur du sujet, mais aussi de sa manière d'exploiter ses prédispositions.
Les personnes de type air ont un monde intérieur riche et ont besoin de beaucoup de temps en solitaire, pour pouvoir explorer le champ des possibles à l'intérieur de leur tête, trouver de nouvelles idées et contenter leur soif de découverte.
Ces personnes ont tendance à tout interroger et à tout remettre en question. Leur quête de compréhension profonde est plus importante que le dogme, et le challenge que peut représenter une joute verbale les transforme souvent en avocat du diable, par simple amour de l'esprit de contradiction.

Si on les apparente souvent à des rêveurs, les personnes de types air sont cependant capables de faire preuve de beaucoup de détermination et de concentration si le sujet qu'elles étudient ou sur lequel elles travaillent les

passionnent. Dotées d'un intérêt accru pour le détail et d'un talent certain pour l'observation, elles peuvent facilement se jeter à corps perdu dans un domaine avec un dévouement rare, surtout s'il s'agit de défendre une de leurs idées. Le cas échéant, il est vrai qu'elles ont cette faculté à se déconnecter si facilement de la réalité que ça peut leur donner l'air absentes et, dans certains cas, hautaines.

Leur maîtrise du langage et l'intérêt qu'elles lui portent peuvent les rendre captivantes, mais aussi pompeuses et soporifiques. Quant à leurs qualités analytiques, qui les rendent plutôt bons juges de la nature humaine, elles peuvent aussi leur servir à influencer les gens, ce qui peut se révéler positif ou néfaste, selon la voie qu'elles décident d'emprunter et les intérêts qu'elles choisissent de servir.

Dans leurs relations interpersonnelles, les personnes de type air peuvent faire preuve d'énormément d'ouverture d'esprit, et seront enclines à aborder n'importe quel sujet. Elles ont également à cœur d'insuffler aux autres la notion de liberté, et sont très communément attachées à l'idée qu'il est essentiel de vivre pour soi.
Ces personnes attendent de la réciprocité de la part de leurs proches dans ce domaine-là : elles ont besoin d'espace et de solitude afin de préserver leur intimité, même dans le cadre d'une relation amoureuse. L'indépendance d'action et d'esprit est primordiale à leurs yeux.

D'un point de vue émotionnel, ces personnes sont souvent instables, et cela provient principalement du fait qu'elles ont du mal à faire confiance à leurs émotions, à leur intuition et à leur instinct. La recherche intellectuelle systématique comme réponse à l'expression personnelle et sentimentale place fatalement de la distance entre elles et les autres.
Faut-il alors considérer que ces personnes se suffisent à elles-mêmes ?
Bien que cela dépende très largement des cas, on pourrait quand même répondre à cela par oui et par non. Oui, car les personnes de type air ont énormément de ressources intérieures, et font partie de celles qui préfèrent être seules plutôt que mal accompagnées (imaginez-les se délecter d'un bon bouquin, d'un film ou d'un jeu vidéo, plutôt que d'échanger sur des sujets creux, selon elles, dans des soirées mondaines). Et non, car si une personne de type air fait la rencontre d'individus avec lesquels elle peut échanger librement, et dont les interactions maintiennent son intellect en état de stimulation, cela contentera une très grosse part de sa personnalité.

D'un point de vue professionnel, parmi les vocations associées à cet élément, on retrouve : l'enseignement, la philosophie, tous les domaines en rapport avec la loi, la médecine, la recherche, les mathématiques, tous les secteurs se rapportant à l'écriture et aux médias.

MOTS-CLÉS +	Communication, idéologie, curiosité, analyse, réflexion, anticipation, pragmatisme, originalité, adaptabilité, expansion, liberté, tolérance, minutie
MOTS-CLÉS -	Affabulation, condescendance, arrogance, intolérance, inaccessibilité, dédain, impertinence, insouciance, négligence, inattention, intangibilité
SIGNES ASTROLOGIQUES ASSOCIÉS	Gémeaux, balance, verseau
MOTTO	Je pense.
ÉLÉMENT OPPOSÉ ET COMPLÉMENTAIRE	Terre
TECHNIQUES D'ANCRAGE FAVORABLES	*Breath work* (travail de respiration), balades au grand air, carnet à pensées/idées, lecture
TECHNIQUES D'ÉQUILIBRAGE FAVORABLES	Activité concrète impliquant des sensations physiques (sculpture, jardinage, cuisine, etc.)
ARCANE DE TAROT	**L'as d'épée.** Associé à la réflexion et aux pensées de toutes sortes, ainsi qu'à toutes les thématiques immatérielles.

LE CINQUIÈME ÉLÉMENT

« Vous êtes classé dans la catégorie "humains" ?
– Négatif. Je suis une mite en pull-over. »

Korben Dallas à un policier dans Le Cinquième Élément (1997)

Eh non, je ne vais pas vous parler d'un remake de l'illustre film *Le Cinquième Élément*, ni vous dire que le cinquième élément s'appelle Leeloo. Non. Néanmoins, même s'il ne fait pas totalement partie de ma grille d'étude proposée, c'est une notion que j'ai plus ou moins intégrée dans mon système de croyance, et il m'a semblé pertinent de partager cette piste d'exploration avec vous.
Nous avons vu précédemment que, dans plusieurs systèmes, il était question d'un petit truc en plus qui fait référence à l'immatérialité, à la sphère spirituelle et à un genre de « grand tout ». En effet, en chirologie védique, la présence de Ketu symbolise le détachement, la spiritualité et les vies antérieures. Et en chirologie chinoise, on retrouve la présence d'un élément en plus, l'éther, faisant référence à la notion de vacuité, soit à l'immatérialité.

Je constate que ce concept est très difficile à comprendre dans le monde occidental, et particulièrement en France où, depuis la séparation entre le clergé et l'État, le fait de croire est presque devenu un tabou, pire, une tendance risible, à balayer d'un revers de la main et qui ferait des croyant·e·s, de n'importe quel type, de sombres idiot·e·s…

Ma pratique de la chirologie est certes non divinatoire, et j'essaie de m'appuyer sur des phénomènes visibles et identifiables présents dans la main pour donner ou trouver un sens à notre expérience humaine. Mais cela ne m'empêche pas de reconnaître, en mon for intérieur, l'existence d'une force intangible à l'origine de tout.
Nikola Tesla (1856-1943), inventeur, ingénieur et éminent scientifique, disait d'ailleurs : « Si vous voulez percer les secrets de l'Univers, pensez en termes d'énergies, de fréquences et de vibrations. » Il y a des choses que l'on ne voit pas, et qui pourtant existent…

L'idée du cinquième élément est celle d'une essence qui ne meurt jamais, qui ne connaît ni début, ni fin, et dont le principe essentiel est d'unifier les quatre autres éléments. Il est donc étroitement lié à la vie spirituelle. Et il ne s'agit pas d'un type de main en particulier.

Et si, le cinquième élément, c'était l'intention énergétique que l'on place dans nos mains, symbolisée par l'action du toucher : un geste tendre, une caresse, une étreinte, une main bienveillante qui essuie une larme roulant sur une joue ?
Je comprends le cinquième élément comme une soif de connexion qui ne peut être étanchée que dans un rapport physique, aussi bref soit-il.
Le cinquième élément, c'est ce qui nous rappelle que nous ne sommes pas seul·e ; nous ne l'avons jamais été.
Finalement, je vous parle bien du film, et s'iels avaient raison depuis le début, et si le cinquième élément, c'était l'amour ?

••• C'EST À VOUS ! •••

Concentrez-vous un instant, fermez les yeux si besoin.
Vous souvenez-vous du premier geste tendre que vous avez reçu ?
Sondez votre mémoire : à quand remonte votre plus ancien souvenir ?
Quel est votre rapport à vos mains ?
Comment exprimez-vous physiquement votre affection vis-à-vis d'une personne ?
Faites un test : prenez les mains d'un·e proche dans les vôtres en conscience, et essayez de vous concentrer sur l'amour/l'affection que vous voulez transmettre. Consultez-vous quant aux sensations et aux émotions ressenties.

L'INFLUENCE DES LIGNES SUR SON TYPE DE MAIN

Les lignes palmaires sont nos premiers modificateurs : elles apportent de la nuance à notre territoire, dévoilant un peu plus d'informations sur notre personnalité.
Chaque grande ligne a une signification qui, selon sa trajectoire, son placement et son apparence, varie. Les lignes peuvent également changer au cours de notre vie, mais ça, nous le verrons dans le chapitre dédié à ce sujet (voir p. 182).

Afin d'analyser au mieux vos lignes, reportez vos empreintes dans le poster prévu à cet effet, situé à la fin du livre !

BEAUCOUP DE LIGNES VS PEU DE LIGNES

La présence d'une grande quantité de lignes dans la main indique une abondance d'énergie nerveuse et beaucoup de sensibilité. Les personnes présentant moins de lignes dans leurs paumes sont quant à elles généralement plus stables au niveau émotionnel.

On peut considérer que celles et ceux qui ont beaucoup de lignes dans leurs mains sont chargé·e·s d'un lourd bagage émotionnel, et sont peut-être plus impressionnables : compte tenu du fait que les lignes de la main sont générées par notre activité cérébrale, ne s'imprime dans nos paumes que ce qui nous laisse une forte impression, et ce de manière consciente ou inconsciente. En d'autres termes, ce sont nos expériences vécues et nos interprétations du monde qui déterminent la quantité de nos lignes, leur forme et leur trajectoire.

Les personnes avec moins de lignes ont souvent une personnalité moins complexe, car elles vivent plus dans le moment présent, en concentrant toute leur attention dessus. Cela peut aussi suggérer que ces personnes sont « blindées » psychologiquement ou qu'elles ne pratiquent guère l'introspection.

LES TYPES DE LIGNES

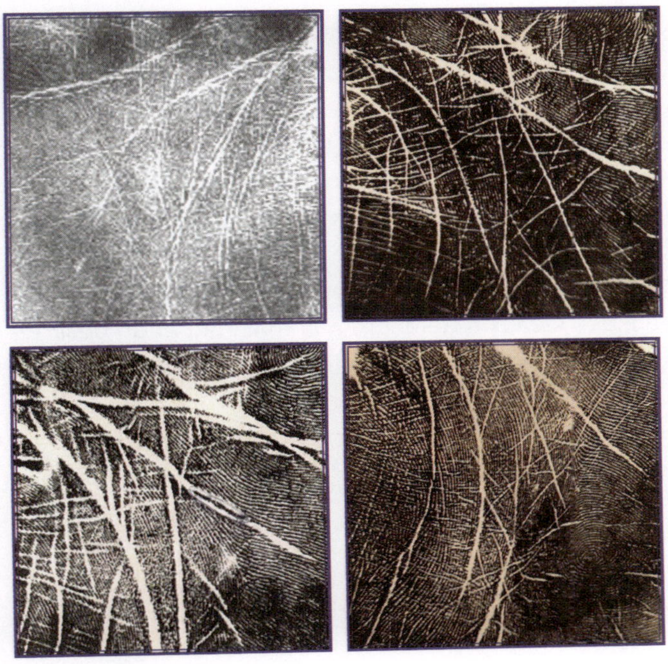

Comme pour les types de mains, il existe quatre types de lignes. Sur l'image, de haut en bas et de gauche à droite : 1. lignes eau ; 2. lignes feu ; 3. lignes terre ; 4. lignes air.

◆ **Les lignes eau sont très fines et très délicates,** parfois difficilement visibles, on peut même peiner à distinguer les lignes principales.

◆ **Les lignes feu sont très marquées,** bien visibles et nombreuses, on dirait un peu un réseau électrique. Il y a peu de différence d'intensité entre les lignes principales et les lignes secondaires.

◆ **Les lignes de type terre sont épaisses et profondes.** Souvent, seules les lignes principales sont visibles.

◆ **Les lignes air sont assez nombreuses,** mais on en distingue quand même deux types : des lignes principales visibles et bien marquées, et des lignes secondaires présentes, mais moins marquées.

Si un type de main correspond au même type de ligne, alors rien ne change pour le moment. En revanche, si le type de ligne est différent du type de main, cela vient teinter votre lecture d'une nouvelle couleur !

◆ L'adjonction de lignes eau apportera de l'empathie aux mains feu, de la sensibilité aux mains air et de l'intuition aux mains terre.
◆ L'adjonction de lignes feu apportera plus d'optimisme aux mains eau, des points de sociabilité aux mains terre, et un côté passionné aux mains air.
◆ L'adjonction de lignes terre apportera un meilleur sens des responsabilités aux mains eau, de la persévérance aux mains feu, et un goût pour la routine aux mains air.
◆ L'adjonction de lignes air apportera un sentiment d'émancipation aux mains de types eau, des idéaux à défendre à la main feu et un désir de réalisation personnelle aux mains de type terre.

Évidemment, cela est sans compter les autres modificateurs que nous retrouverons au fil des prochaines pages.

TABLEAU DE COMPATIBILITÉ ÉLÉMENTAIRE (MON CHER WATSON)

Disclaimer. Disclaimer. Je ne suis pas une très grande fan des tableaux de compatibilité, pour la simple et bonne raison qu'ils sont souvent utilisés à tort et à travers, pour répandre, qui plus est, des inepties ! Mais comme je sais que tout le monde en raffole, je me suis dit que j'allais vous faire plaisir... En revanche, par pitié, avant de jouer les entremetteur·euse·s, de vous défaire de relations ou de vous rabibocher, souvenez-vous qu'il ne s'agit QUE d'une synthèse, concernant uniquement les types élémentaires basiques, c'est-à-dire sans modificateurs, ni nuances, ni influences des monts ou des lignes, et que tous les éléments que je viens de citer sont extrêmement importants pour une lecture complète et valable. On prend donc trois grandes inspirations par le nez et on expire amplement trois par la bouche, et ça va aller !

→

	FEU	EAU	TERRE	AIR
FEU	Qui se ressemble s'assemble, mais attention aux étincelles !	Opposés et complémentaires, ça matche ! Le feu peut être très dominateur et l'eau peut avoir tendance à diluer l'énergie feu.	Le feu oblige la terre à sortir de sa zone de confort, ce qui peut être intéressant pour construire quelque chose à deux.	Le feu peut-être trop intense pour l'air qui a besoin de beaucoup de liberté. Et en même temps, l'air peut avoir des idées que le feu va concrétiser. Un équilibre peut ainsi être trouvé.
EAU	Attention à la nature changeante partagée par les deux éléments. C'est quitte ou double. Ils peuvent s'élever mutuellement mais, associés, ils sont aussi tout à fait capables du contraire.	Attention au laisser-aller, la tendance à se la couler douce est renforcée par une double influence.	L'eau a tendance à trop puiser dans l'énergie de la terre, ce qui peut sensiblement l'épuiser à tous les niveaux.	La patience et la compréhension sont souvent au rendez-vous. L'eau pourra cependant pâtir émotionnellement des besoins de liberté de l'air.
TERRE	La terre a un effet calmant et stabilisant sur le feu. C'est une bonne association, surtout pour le feu, bien qu'il puisse se lasser du côté routinier de la terre.	La terre peut être imperméable aux états d'âme de l'eau. De nature aimante tous les deux, ces types peuvent cependant trouver un terrain d'entente, si chacun arrive à communiquer sur le même terrain que l'autre.	À deux, ils peuvent avoir tendance à oublier le reste du monde et à vivre en ermite.	Attention aux problèmes de communication ! La terre et l'air ont des difficultés à exprimer leurs sentiments.
AIR	L'air à tendance à mal supporter le côté dominateur du feu. Mais les relations entre les deux peuvent être très stimulantes intellectuellement.	Pour optimiser les chances de succès, il est favorable que l'air et l'eau aient une passion artistique/créative commune. Il est nécessaire que l'eau ne mise pas tout sur l'air.	À condition que chacun arrive à s'ouvrir à l'autre. C'est une association dans laquelle il faudra faire pas mal de concessions.	Cette combinaison donne généralement des couples très libres ; les relations sont souvent plus cérébrales que charnelles.

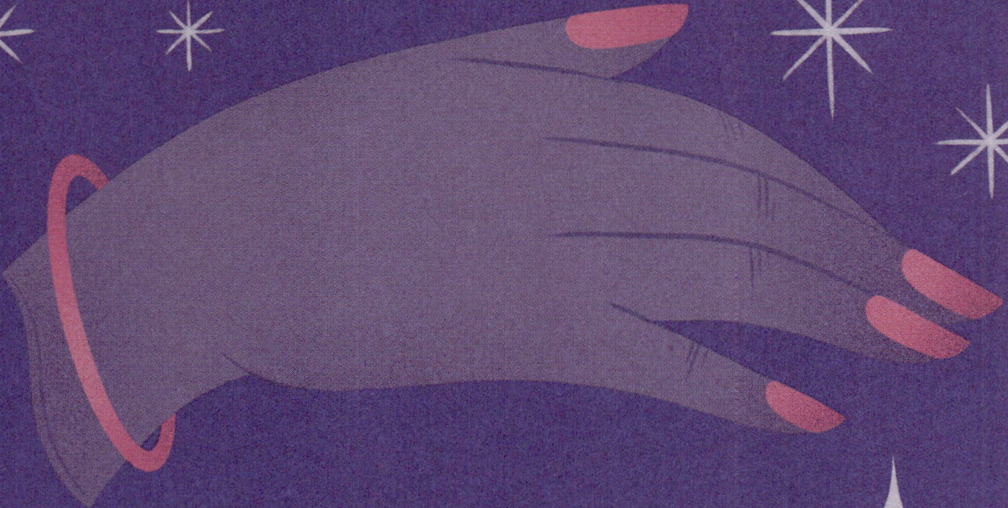

• Chapitre III •

LA CARTOGRAPHIE PALMAIRE

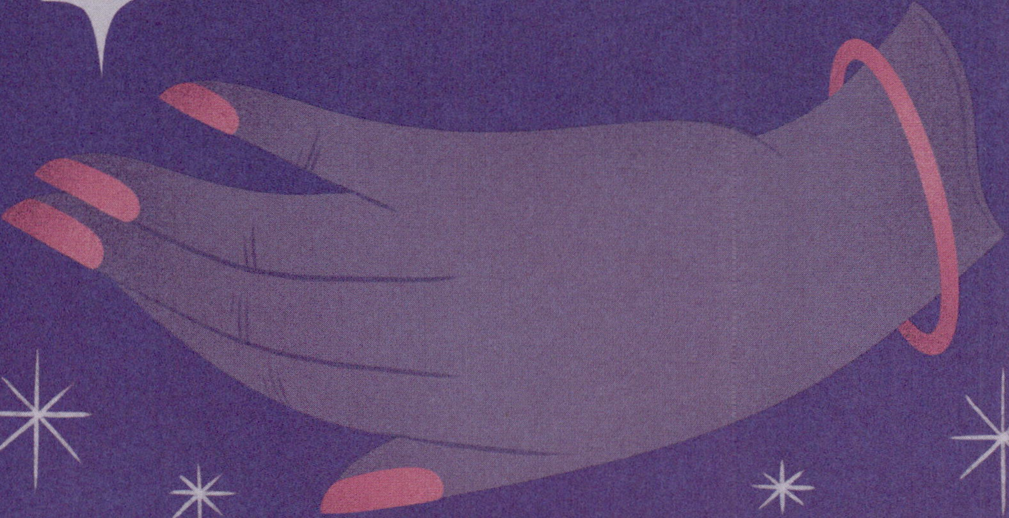

Plus personne ne bouge ! Nous allons prendre de la hauteur et observer de quoi la main est composée. Nous l'avons déjà dit, le monde de la chirologie, c'est un peu comme partir à l'aventure pour entamer un grand voyage. Vous n'auriez pas idée de partir en road trip sans vous être équipé·e d'une carte, n'est-ce pas ? Pratique, pour ce voyage-là, votre carte, vous l'avez déjà, elle se trouve dans votre main. La seule chose qu'il vous reste à faire, maintenant, c'est de la déchiffrer !
Nous allons tenter de partager ici un maximum de repères visuels, afin que vous puissiez les retrouver dans votre main.

En commençant mon périple, l'image que j'ai trouvé la plus parlante pour mettre en scène les différentes dynamiques au travail dans la main est celle de la « main-paysage » de Desbarolles, issue des *Mystères de la main révélés et expliqués.*

Voici notre version de la main-paysage →

IMAGE SYMBOLIQUE DE LA MAIN
PAR DESBAROLLES

C'EST À VOUS !

Après avoir observé ce dessin,
quels sont les éléments que vous remarquez ?
Que vous inspirent-ils ?
Quels sont les mots-clés
que vous pouvez déjà trouver ?

Saisissez-vous d'une feuille et d'un crayon,
et pliez-vous à ce petit exercice,
si le cœur vous en dit,
afin de vous mettre dans le bain.
Les maîtres mots de la chirologie sont :
observation et déduction.

Et ça commence maintenant !

Cartographie palmaire

SCHÉMA DE LA MAIN CHIROLOGIQUE

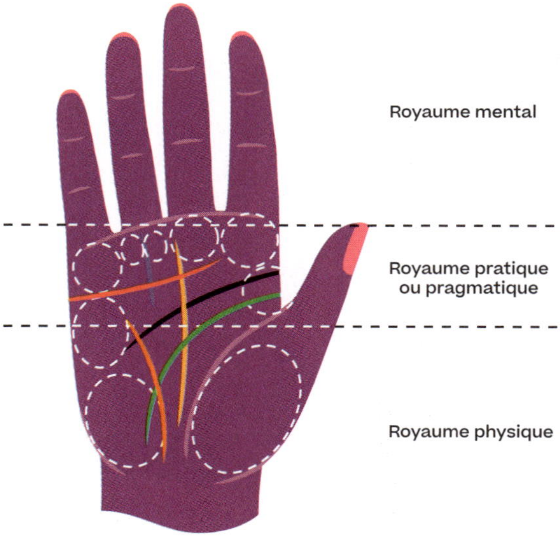

Une lecture chirologique est complexe et composée de divers éléments. Pour prétendre à une analyse correcte, il faut prendre en considération un nombre considérable de facteurs, en plus de ce à quoi on pense généralement en entendant « lecture des lignes de la main ». La taille des doigts, des ongles, l'ouverture du pouce, l'aspect des paumes… tout ça et bien plus encore en font partie. Cela dit, il existe une « carte » dessinant les bases, et c'est ce par quoi nous allons commencer.

LES TROIS AXES

LE PREMIER AXE D'EXPLORATION

Il repose sur la découpe horizontale de la main. Cette répartition se nomme les « trois royaumes de la main ». En effet, la paume est divisée en trois parties idéalement égales, et qui représentent :

- LE ROYAUME MENTAL
- LE ROYAUME PRAGMATIQUE
- LE ROYAUME PHYSIQUE

Ces différents royaumes nous indiquent la façon dont nous avons le plus tendance à expérimenter notre environnement et à appréhender la vie.

→ **Le royaume mental** correspond à la zone des doigts, de leur implantation dans la paume jusqu'à leurs extrémités.
→ **Le royaume pratique** s'étend de l'implantation des doigts dans la paume à l'implantation du pouce (on visualise une ligne imaginaire traversant l'entièreté de la paume).
→ **Le royaume physique** correspond à l'implantation du pouce jusqu'à la base du poignet.

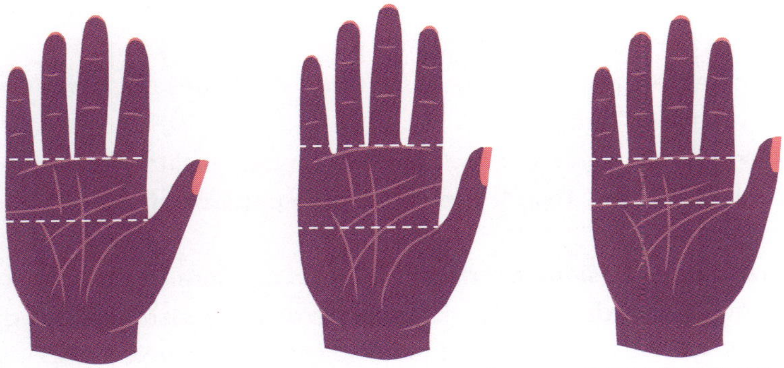

ROYAUME MENTAL DOMINANT — ROYAUME PRAGMATIQUE DOMINANT — ROYAUME PHYSIQUE DOMINANT

Ayant maintenant compris ce qui définit un type de main et ce qui la différencie d'une autre, nous savons qu'il existe des particularités associées aux mains feu et terre, qui sont celles d'avoir des doigts courts (par rapport à la paume), et qu'au contraire les mains air et eau sont caractérisées par des doigts longs (toujours par rapport à la paume).
Cependant, on peut quand même avoir des surprises et rencontrer une main de type feu avec un royaume mental dominant ou une main de type air avec un monde physique dominant.

→ **Si le royaume mental est dominant,** cela suggère, comme son nom l'indique, qu'une bonne partie de l'énergie de la personne est destinée à penser, à intellectualiser et à imaginer. Comme cela concerne des gens nourrissant souvent un idéal, ils peuvent avoir le sentiment de ne pas être pleinement adaptés au monde qui les entoure.
Un autre phénomène que l'on peut observer chez les personnes ayant un royaume mental dominant, c'est le manque d'incarnation.
Je m'explique : la sphère cérébrale prend tellement de place dans leur vie que le corps n'est plus qu'un vaisseau, une coque servant à abriter le flot de

pensées. Il est inconsciemment réduit à l'état d'outil fonctionnel, déconnecté de la personne qui le fait vivre.
Nous sommes notre esprit, et nous sommes aussi notre corps. L'un ne va pas sans l'autre. Se réapproprier ses sensations, par un travail conscient du toucher (automassage, masturbation) semble utile dans ce cas-là.

→ **Si le royaume pragmatique est dominant,** cela suggère une bonne capacité à être fonctionnel (selon les critères de la société actuelle) dans son quotidien : être apte à se contraindre à des horaires, à supporter un rythme soutenu et à bien utiliser son savoir-faire afin d'en tirer profit.
Attention : ce n'est pas parce que vous disposez de ces ressources internes que cela vous plaît forcément.
C'est un royaume qui met cependant en avant des qualités telles que l'ambition, la débrouillardise, l'esprit d'initiative et la persévérance.

→ **Si le royaume physique est dominant,** cela suggère une prédominance à expérimenter le monde par les sens. La recherche du plaisir physique quel qu'il soit est essentielle. Une sensibilité particulière à l'harmonie se fait ressentir. Attention toutefois aux excès, qui sont le pendant de cette spécificité.

LE DEUXIÈME AXE D'EXPLORATION

Il correspond aux sept monts de la main (à découvrir en détail dans le chapitre suivant, p. 79).

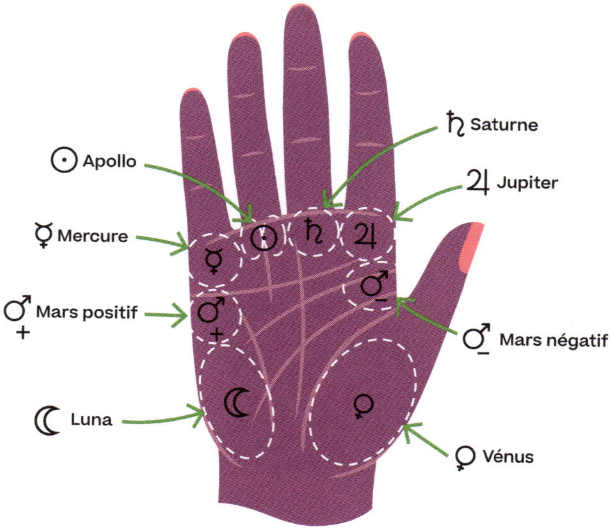

Les monts sont les parties charnues qui jalonnent notre paume et représentent les fondements de notre personnalité. En général, nous avons deux ou trois monts dominants. Ils sont situés sous les doigts pour Jupiter, Saturne, Apollo et Mercure, de part et d'autre de la partie basse du royaume pragmatique, et enfin de part et d'autre du royaume physique pour Luna et Vénus.

LE TROISIÈME AXE D'EXPLORATION

Il correspond aux lignes de la main, qui représentent nos rivières d'énergie. On compte trois lignes majeures : les lignes de vie, de tête et de cœur. Et trois lignes mineures : les lignes de destin, d'Apollo et de communication. Pas de panique si vous n'avez pas toutes les lignes mentionnées, vous allez très bien ! Les lignes mineures sont présentes chez moins de 50 % de la population !
Il existe en outre d'autres lignes, que nous aurons le temps d'approfondir ensemble dans le chapitre 5 intitulé « Les lignes de la main », p. 182.

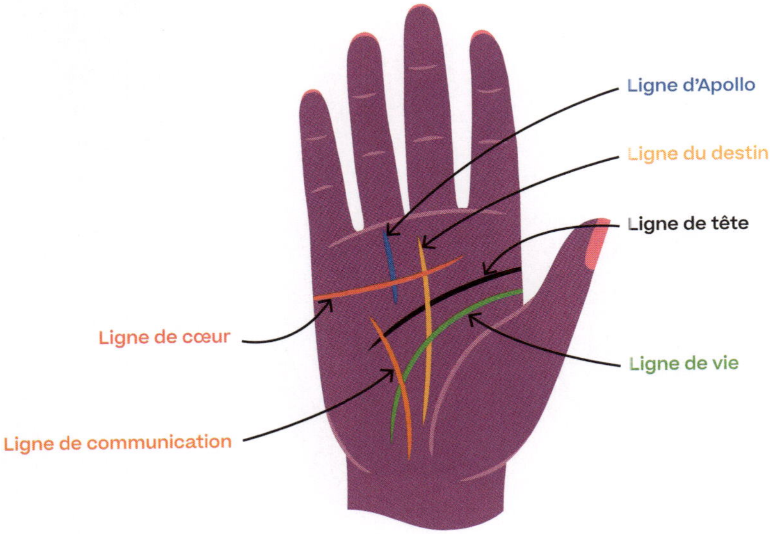

Ce schéma représente les placements types en chirologie. Peut-être que vos monts ou vos lignes n'ont pas cet emplacement ou cette trajectoire exacts, et c'est OK. Nous sommes tous différents, c'est ce qui nous rend absolument merveilleux !

DANS QUEL SENS FAUT-IL LIRE LES LIGNES ?

Maintenant que vous savez repérer vos lignes, observez sur les dessins suivants le sens dans lequel il est conseillé de lire les lignes.
Comme je l'ai déjà expliqué, il existe autant de chirologies que de chirologues, c'est d'ailleurs la raison pour laquelle cette pratique est un art et non une science. Le sens de lecture que vous êtes sur le point de découvrir est donc celui que j'utilise, moi, parce que je le trouve le plus probant, principalement car, dans ma compréhension de la pratique, les monts traversés par les lignes dans ce sens ont une plus grande portée symbolique.

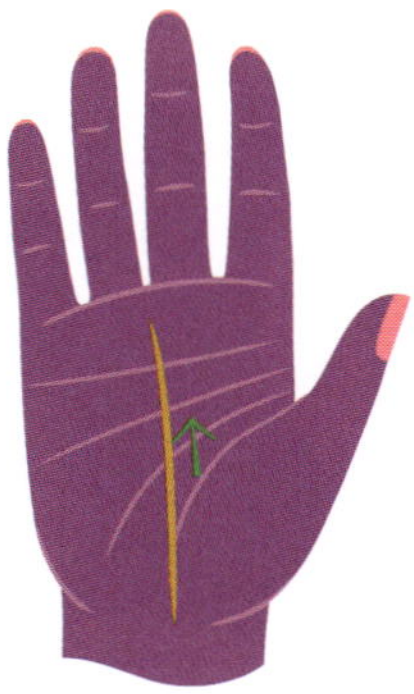
DESTIN

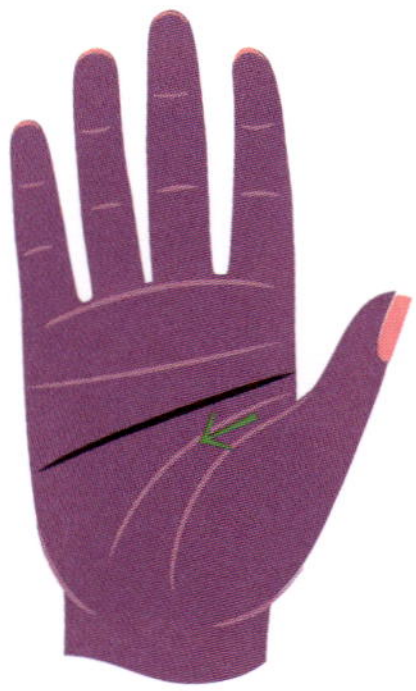
TÊTE

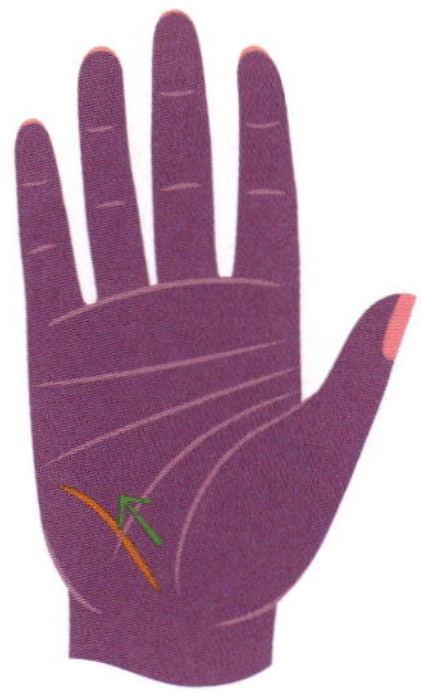
COMMUNICATION

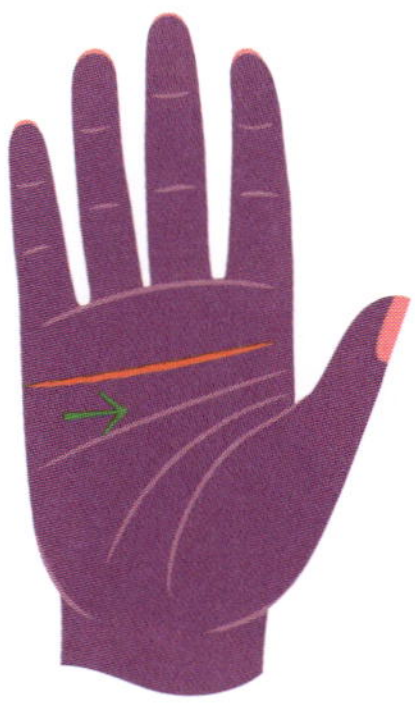
CŒUR

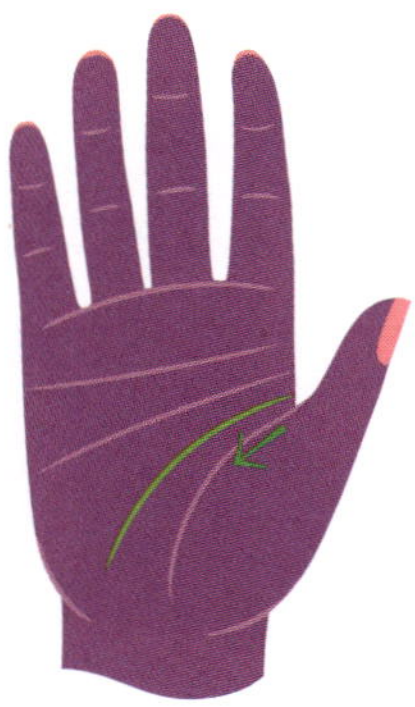
VIE

CHRONOLOGIE ET LIGNES DE LA MAIN

Nos lignes sont nos rivières d'énergie, elles fluctuent et changent avec le temps. Inspecter la chronologie palmaire peut nous aider à comprendre

pourquoi nous avons emprunté tel ou tel chemin, et comment ils nous ont mené·e·s là où nous en sommes aujourd'hui.
Vous constaterez aussi que plus la ligne arrive à sa fin, plus l'écart entre les années a tendance à raccourcir. La datation est calculée sur une moyenne de quatre-vingt-dix années.
Il s'agit bien sûr d'un repère temporel général : peut-être vivrez-vous jusqu'à 121 ans et demi, peut-être pas. Qui sait ?
En tout cas, vous savez que vous ne devez RIEN prédire à une personne en lisant ses lignes ! Noté ? Noté ! (Ou du moins pas en citant ce livre.)

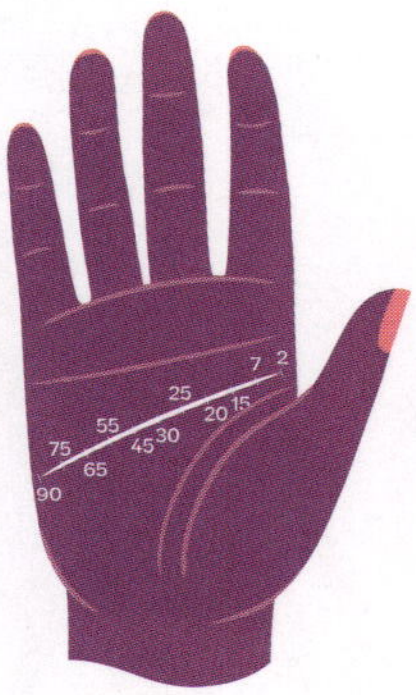

LIGNE DE TÊTE

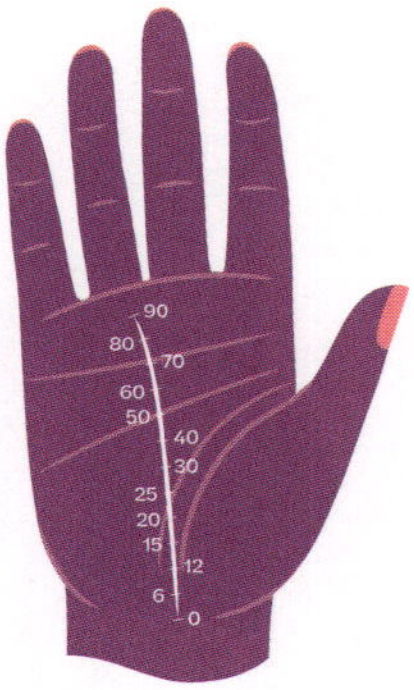

LIGNE DE DESTIN

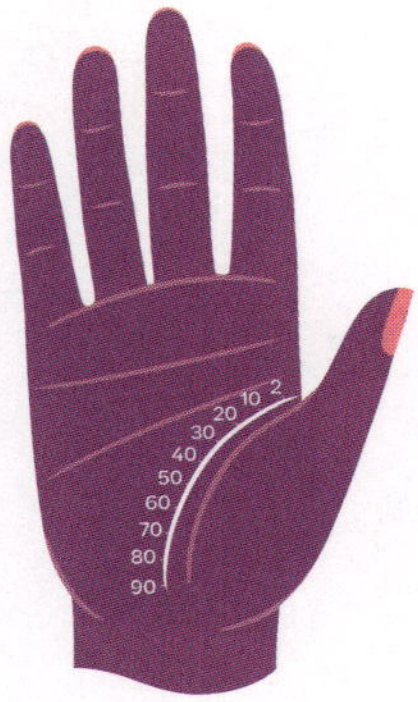

LIGNE DE VIE

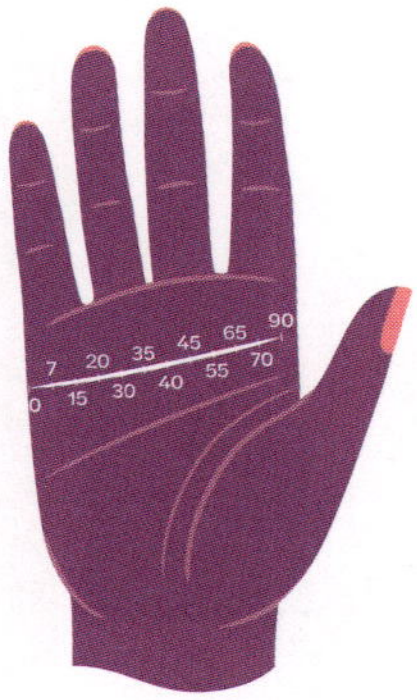

LIGNE DE CŒUR

MAIN PASSIVE
MAIN ACTIVE

MAIN GAUCHE, MAIN DROITE, LAQUELLE CHOISIR ?

Dans mon système chirologique, on ne définit pas les mains en termes de droite ou de gauche, mais plutôt de main active ou de main passive.

La main active, c'est la main avec laquelle on écrit son prénom et celle avec laquelle on signe. J'insiste bien là-dessus, car j'ai déjà eu l'occasion de rencontrer des personnes ambidextres, et toutes (cinq en tout, pas énorme, mais quand même) signaient ou écrivaient leur prénom avec la même main. Notre prénom, notre signature sont des symboles de notre identité, voilà pourquoi je les associe au côté actif et conscient.
La main active correspond à notre « moi de maintenant » et illustre l'idée de prendre sa vie en main. C'est dans cette main que nous serons le plus à même d'observer les différents changements chirologiques qui opèrent, consciemment ou inconsciemment. Inconsciemment, car nous sommes malgré tout perméables à nos émotions, nos sensations et à tous types de stimuli extérieurs ; nous emmagasinons énormément d'informations qui laissent une empreinte plus ou moins profonde en nous. Et consciemment, car il est en effet possible de changer la trajectoire de ses lignes par le biais d'exercices tels que des massages, la récitation d'affirmations (ça peut sembler farfelu, mais ça marche) et la mise en pratique de nouvelles habitudes de vie.

La main passive, c'est donc l'autre ! Celle qui représente notre main de naissance, notre subconscient, et dans laquelle repose souvent ce qu'on nomme notre « héritage transgénérationnel ». Ainsi, on peut se retrouver avec des éléments, des énergies et/ou influences qui ne nous appartiennent pas, et qui pourtant nous accompagnent. La main passive finit en général de se former à la fin de notre adolescence ou au début de l'âge adulte.
J'aime souvent dire que, dans la main passive, c'est comme si les fées s'étaient penchées sur notre berceau pour nous donner nos qualités et nos défauts.

Chirologiquement parlant, on considère que nous arrivons dans ce monde non pas avec une toile vierge, mais avec une fresque ayant la possibilité d'évoluer. La main active nous donne des indications sur là où nous en sommes, tandis que la main passive nous indique d'où nous venons.

Je conseille toujours de se concentrer d'abord sur la main active pour commencer dans les lectures. Une fois que le mode opératoire est à peu près rodé, et que l'on a compris les dynamiques en action en ce moment même dans sa main, il est alors possible de se pencher sur l'étude comparative de la main active et de la main passive.

Il n'est pas rare que les mains passive et active soient sensiblement différentes.

◆◆◆ CE QU'IL FAUT RETENIR ◆◆◆

Si vous avez des signes favorables présents dans votre main passive et qu'ils n'apparaissent pas dans votre main active, il faut savoir que c'est une ressource disponible dont vous disposez, mais que vous n'avez pas encore fait émerger dans le réel. A contrario, si un signe défavorable est présent dans votre main passive et pas dans votre main active, cela suggère que c'est un phénomène dont vous vous êtes émancipé·e. Cependant, il est judicieux de garder à l'esprit que c'est un élément constitutif de votre personnalité et qu'il peut être présent en filigrane.

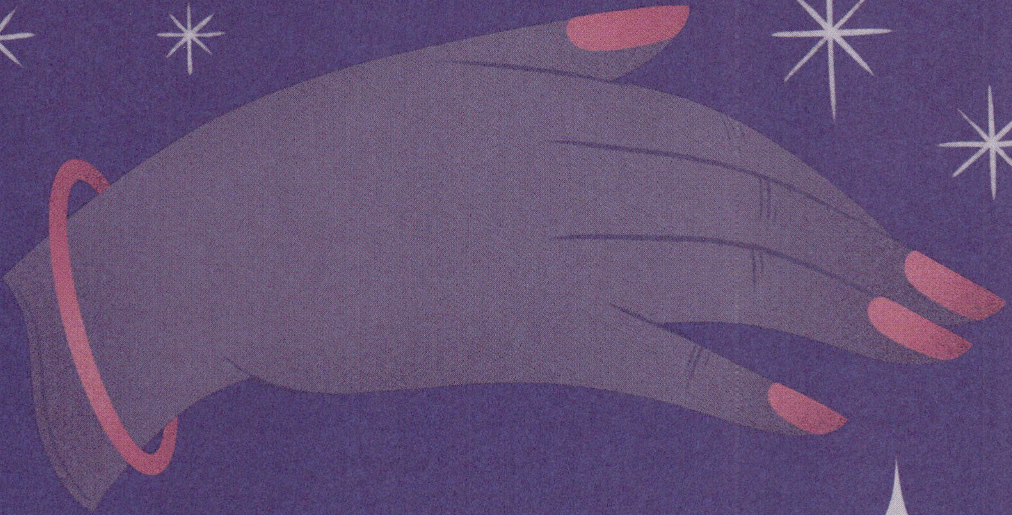

• Chapitre IV •

LES 7 MONTS DE LA MAIN

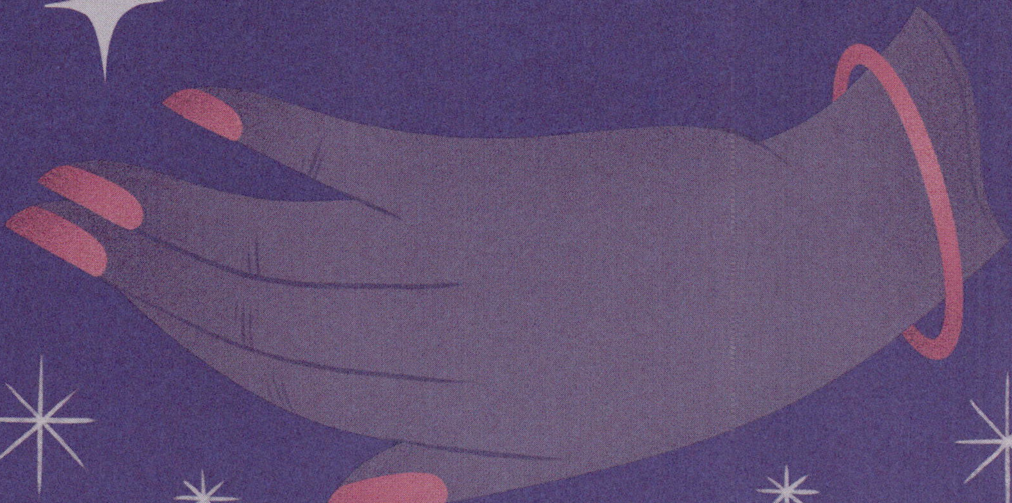

Préparez vos pioches et vos cordes de rappel, car nous allons entamer l'ascension de nos monts ! Ces derniers apparaissent comme des modificateurs de notre territoire palmaire : ils vont renforcer certains traits de notre personnalité ou au contraire apporter de la nuance dans le caractère brut de notre type de main élémentaire. Il s'agit donc maintenant d'observer les parties charnues, en relief, dans nos mains, afin de découvrir quels sont nos archétypes dominants.

LES MONTS DE LA MAIN COMME FONDEMENTS DE NOTRE PERSONNALITÉ

Nul besoin de scruter sa main avec minutie pour constater qu'elle n'est ni plane, ni lisse. En effet, notre paume est jalonnée de parties charnues que l'on nomme des monts. Ils donnent du relief à notre territoire palmaire et, en chirologie, nous les considérons comme les fondements de notre personnalité.

Au nombre de sept, ils sont nommés d'après des astres, eux-mêmes baptisés d'après des divinités romaines. Chaque mont incarne un archétype bipolaire.

Avant d'aller plus loin, définissons d'abord chacun de ces termes.
Le mot « archétype » vient du grec *arkhetupon*, signifiant « type primitif, modèle », et du latin *archetypos/pus* signifiant « qui n'est pas une copie », « original ».
Un archétype c'est donc un type générique, un symbole représentatif.
Il existe toutes sortes d'archétypes, et ce dans différents domaines tels que la littérature ou l'architecture.
Si vous êtes familier·ière avec la psychanalyse, vous connaissez sans doute la théorie jungienne d'après laquelle les archétypes sont « des images mentales primitives héritées des tout premiers ancêtres humains et supposées être présentes dans l'inconscient collectif ». De son côté, Jung a établi douze archétypes de personnalité.
Cependant, un archétype n'est collectif qu'à partir du moment où il est en concordance avec le symbolisme et la mythologie d'une culture donnée.

Les sept archétypes utilisés en chirologie occidentale et védique ont sensiblement les mêmes attributs, car ils sont basés sur la même symbolique astrologique.
Si vous pratiquez l'astrologie, vous savez que votre carte natale dépend du placement des planètes et autres astres dans le ciel au moment de votre naissance, et que chaque élément gouverne une sphère de l'expérience humaine : la Lune est rattachée aux émotions, tandis que Mercure est liée à la communication... C'est pareil en chirologie.

Bien que les énergies des sept planètes soient présentes dans nos mains, nous avons généralement deux ou trois monts dominants, qui définissent nos aspirations et nos désirs, ainsi que notre façon générale de fonctionner. Les archétypes servent à amplifier des traits de caractère pour les rendre plus facilement identifiables et compréhensibles. Nous sommes évidemment bien plus qu'une série de mots-clés, cela n'empêche pourtant que, à travers les archétypes, nous avons la possibilité de « nous réfléchir » : de réfléchir sur nous et de nous regarder dans le miroir de nos archétypes ! Ne vous offusquez pas des lignes que vous vous apprêtez à lire !

Quant au terme « bipolaire », il fait logiquement référence à la notion de deux pôles, soit deux extrêmes. Ainsi, les énergies archétypales constituent un spectre. Par exemple, on définit Jupiter comme « le guide ». Un bon guide est une personne intègre, qui favorise la transmission du savoir et l'accompagnement de son prochain dans sa réalisation en même temps que la sienne. Alors qu'un mauvais guide se montrera tyrannique, autoritaire et abusera de son pouvoir pour son bon plaisir.

On dit de vous que vous êtes plutôt épicurien·ne, bavard·e, manuel·le, rêveur·euse ? Voyons voir si vos mains le confirment !
Pour l'anecdote, une de mes meilleures amies, Manon, fut l'une des premières personnes sur qui j'ai eu la chance de m'exercer. En lisant ses paumes, je lui ai confessé ne pas être certaine de lire correctement, car ce que j'y voyais et l'image que j'avais toujours eue d'elle ne correspondaient pas. Moi qui la pensais si forte (non qu'elle ne le soit pas), si ambitieuse, je n'arrivais pas à en croire mes yeux : je lisais tant de vulnérabilité et de manque d'estime de soi ! Elle a éclaté de rire en jetant sa tête en arrière et s'est exclamée : « Ah bon ?! Tu ne savais pas ? »
Aussi cela vous fera-t-il peut-être sourire de retrouver dans vos mains ce que les autres ne voient pas...

COMMENT IDENTIFIER UN MONT ?

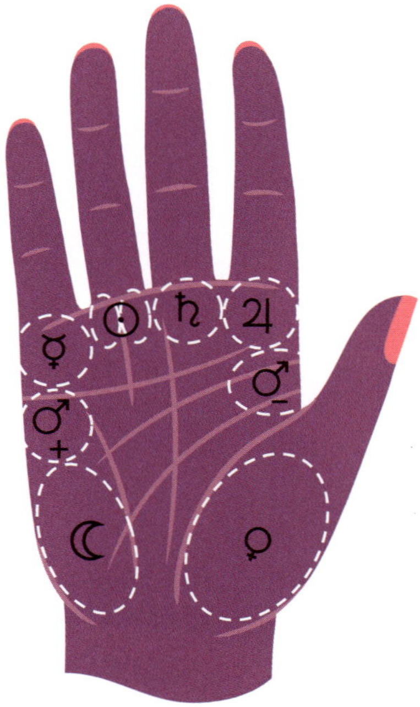

♦ **Idéalement, les quatre monts situés au niveau de l'implantation des doigts** occupent le même espace dans la paume. Notez qu'Apollo a la particularité d'être un mont double : on remarque sous l'annulaire (doigt d'Apollo) deux petites parties charnues.

♦ **Notez également que le mont de Saturne est très peu en relief,** et c'est normal, c'est celui qu'on nomme le « mont plat ».
On compte donc visuellement cinq monts dans cette zone, mais ils ne sont bien que quatre : Mercure, Apollo, Saturne et Jupiter.

♦ **Mars est également un mont double**. Il est cependant fractionné, présent de part et d'autre de la paume. On retrouve Mars négatif au niveau de l'implantation du pouce et Mars positif sur la percussion de la paume.

♦ **Enfin les monts de Luna et de Vénus se partagent la partie basse de la main.** Vénus est censée être le mont le plus développé de tous ; de manière générale. Pourquoi ? Parce ce que c'est l'amour qui fait vivre le monde ! (Enfin, on aimerait bien.)

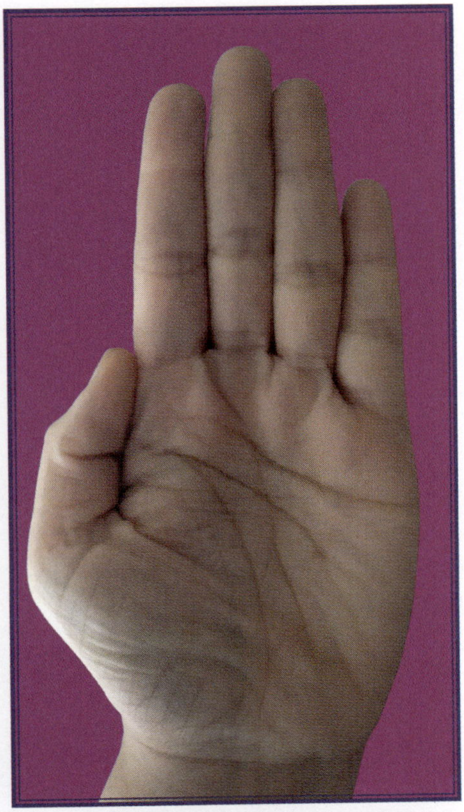

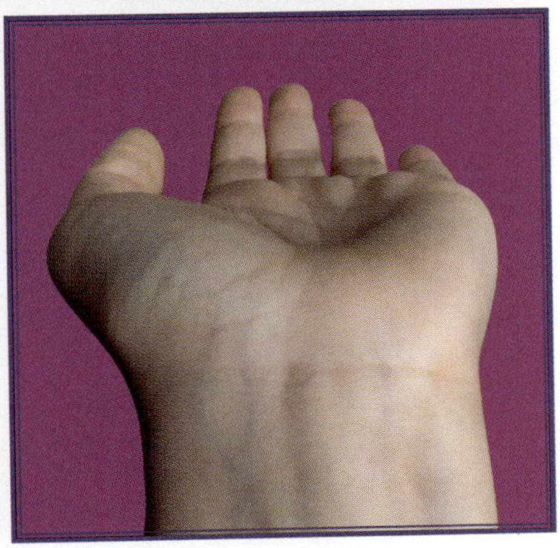

Pour déterminer ses monts dominants, il faut d'abord se fier à sa vue et à son bon sens, et regarder dans un premier temps la main tendue en l'air avec les doigts joints.
(bon moi comme la plupart des gens je n'ai pas des monts équilibrés, il faut donc une image schéma pour ça).
Puis, on recommence l'opération en plaçant sa main, paume vers le ciel, à 90°, à hauteur des yeux, afin d'observer les monts dépassant de la ligne d'horizon palmaire. On essaie de resserrer les doigts naturellement, sans que la position soit inconfortable ou demande un effort. Ainsi, les doigts ne sont pas forcément tous joints :

Pour identifier les monts de manière optimale, il est important de prendre aussi en considération la longueur du doigt attitré à chaque mont. Dans un second temps, chaque archétype doigt + mont sera passé en revue individuellement.

♦♦♦ C'EST À VOUS ! ♦♦♦

Fermez les yeux. Secouez vos mains en relâchant bien les poignets. Prenez trois grandes inspirations. Ouvrez les yeux et observez vos deux mains comme recommandé plus haut. Que voyez-vous ? Laissez-vous aller et notez instinctivement vos premières réactions à chaud avant d'aller plus loin dans l'exploration de votre carte palmaire.

Pour reprendre l'exemple de ma main, si j'observe ma main active intuitivement, mes monts dominants sont : Apollo, Mercure et Jupiter.

♦ Sur la première image, on voit que les monts d'Apollo se démarquent : ils sont bombés et ressortent clairement de l'aplat de la paume. Le mont de Mercure est bien bombé également et empiète légèrement sur le mont d'Apollo.

♦ Sur la deuxième photo, les monts d'Apollo sont encore une fois très visibles, plus encore que sur la première photo. Ici, on voit également que le mont de Jupiter ressort.

→ On peut considérer que le mont d'Apollo est le mont dominant, suivi de près par Jupiter et Mercure.

♦♦♦ TIP ♦♦♦

N'ayez pas peur de vous tromper, d'expérimenter ! La chirologie, c'est aussi ça... Rappelez-vous : la chirologie est une aventure vous invitant à vous jeter à l'eau. Plus vous passez de temps à regarder, à analyser et à faire des erreurs, et mieux vous apprendrez !

JUPITER

∴ LE OU LA GUIDE ∴

« Parfois, il faut devenir le maître
pour ne pas devenir l'esclave. »

Octavia Butler

Jupiter représente notre énergie de croissance, d'ambition et de développement personnel. Il est aussi révélateur de notre manière d'évoluer dans la société et de coopérer avec les autres. Œuvrons-nous pour le bien commun ou pour nous-mêmes ?

QUI EST JUPITER DANS LA MYTHOLOGIE ?

C'est le dieu des dieux, au-dessus, y a pas le Soleil, non, y a que lui, tout en haut, tranquille sur son nuage. C'est le père universel omnipotent, le *padre*, quoi. Considéré comme un démiurge aussi bien par les Romains que par les Grecs (Zeus), il est à la fois l'administrateur de la loi divine et l'arbitre du destin.

Et qu'est-ce qu'un démiurge ? C'est, selon les platoniciens, le dieu qui crée le monde et constitue les êtres. C'est un être complémentaire et/ou identique à ce qu'ils appellent l'« esprit ».

Son enfance n'a pas été toute rose, puisque son papa, Saturne, était un père abusif, dont le passe-temps était de gober ses rejetons tout crus (malsain !). Notre petit Jupiter, épargné par sa mère suite à un petit tour de passe-passe, a donc connu l'exil dès son plus jeune âge. Il fut élevé sur le mont Ida et nourri par des chèvres.

Devenu grand, il venge sa mère, ses frères et ses sœurs et prend la place du grand manitou. On passe alors de l'âge d'or incarné par Saturne à l'âge d'argent incarné, donc, par Jupiter.
Représenté avec un éclair à la main, Jupiter *fulgurator* (« de la foudre »), Jupiter *summanus* (« tonnant la nuit ») ou Jupiter *caelestis* (« céleste ») incarne une force naturelle et surnaturelle pouvant s'abattre sur le monde et dans les cieux à sa guise.
Jupiter *optimus maximus* (« le meilleur et le plus grand ») s'impose comme le patriarche jovial, fédérateur de tous les dieux, aimant la vie et les plaisirs de la chère, ne lésinant jamais sur l'organisation de fastueuses fêtes. Cela dit, s'il apparaît parfois comme sympathique et bon seigneur, il use et abuse de son pouvoir comme bon lui semble et a clairement un problème avec le consentement.
Son symbole cursif ♃ est le chiffre quatre et représente des qualités telles que la stabilité, la loi et l'ordre.
En sanskrit, Jupiter se dit Brahaspati, littéralement « le *guru* de tous les dieux » – *guru* signifie « guide », « dissipateur d'obscurité ». Jupiter représente l'appartenance à quelque chose de plus grand que soi, selon laquelle nous aurions un rôle à jouer dans cette vie, une « mission » à accomplir, non pas fondée sur la compétition, mais sur l'importance de trouver un sens propre à notre existence. Et si, pour certains d'entre nous, c'est être à la tête d'une maxi, méga entreprise, pour d'autres, ça peut être de se laisser porter par la douceur de vivre et de profiter de la vue des abeilles dans son jardin !

LE DOIGT DE JUPITER

Avec le pouce, le doigt de Jupiter (l'index) est le plus important. Du moins, c'est celui que nous utilisons le plus ! C'est en effet statistiquement le doigt le plus emprunté par défaut lorsqu'il s'agit d'appuyer sur un bouton, de gratter ou de déplacer quelque chose. D'autre part, en écho avec notre archétype, la fonction du doigt de Jupiter est bien d'indiquer, de montrer la route, le chemin à suivre, c'est celui qui donne le ton et la direction. C'est le doigt qui signifie aussi sa présence, qu'on lève pour demander à prendre la parole. C'est aussi celui qui sert à sermonner. Enfin, doigt ô combien spécial, dans les rituels magiques hors *Harry Potter*, pas besoin de se rendre chemin de Traverse chez M. Ollivander : notre doigt de Jupiter, c'est notre première baguette magique, oui, oui, oui !

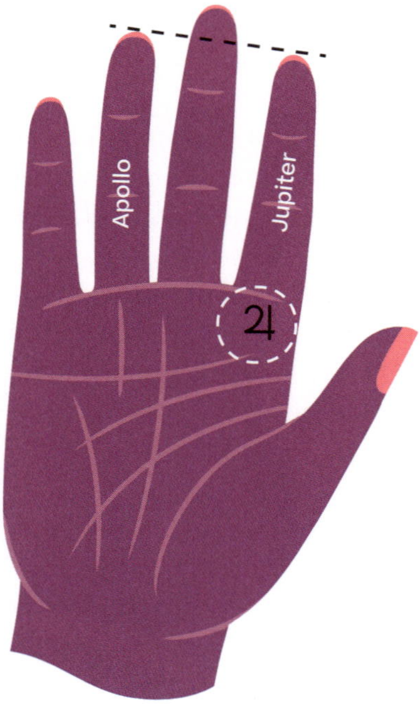

LE MONT DE JUPITER

JUPITER ÉQUILIBRÉ

Idéalement, les doigts de Jupiter et d'Apollo sont égaux en longueur. Plus le mont de Jupiter est charnu (voir position sur le dessin), plus l'archétype de Jupiter est prononcé.

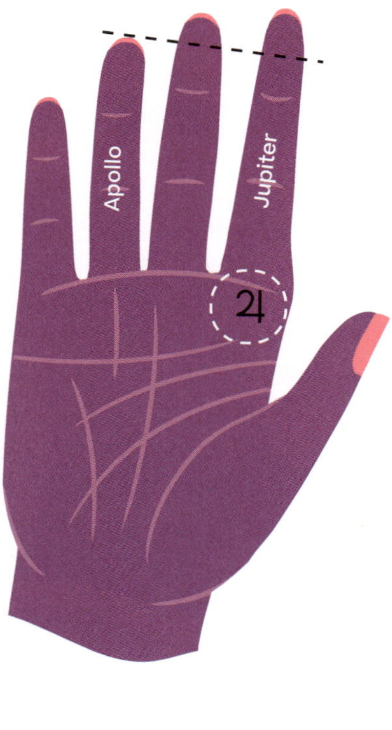

JUPITER SURDÉVELOPPÉ

Le doigt de Jupiter est plus long que celui d'Apollo, le mont est charnu et imposant.

Un Jupiter surdéveloppé indique une suridentification au rôle que l'on joue dans la société.

Cet excès peut expliquer une personnalité à tendance arrogante, sensible à la vanité, égocentrique et ayant un désir de domination.

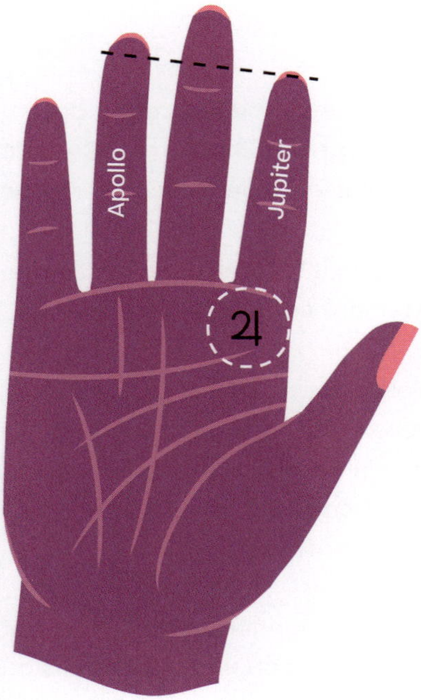

JUPITER SOUS-DÉVELOPPÉ

Le doigt de Jupiter est plus court que celui d'Apollo, le mont est peu charnu, « dégonflé », voire enfoncé dans la paume (concave). Cela peut provoquer de divers complexes par rapport à la façon dont on est perçu·e vis-à-vis de notre personnalité, notamment un complexe d'infériorité ou le syndrome de l'imposteur.

♦♦♦ RAPPEL ♦♦♦

Les monts sur- et sous-développés sont des exemples extrêmes.
Ils sont néanmoins importants car ils nous fournissent
un large spectre dans lequel on peut venir piocher.
Un mont dominant n'est pas un mont surdéveloppé,
il renforce un tout petit peu plus certaines
caractéristiques de notre personnalité.
Un mont dominant se démarque des autres,
il ne vient cependant pas empiéter de manière
invasive sur le territoire des autres.
Un mont dominant est bombé et charnu.
Sauf le mont de Saturne, que l'on nomme
pour cela le « mont plat ».

QUI SONT LES JUPITÉRIEN·NE·S ?

◆ Les Jupitérien·ne·s (mont de jupiter dominant) sont ambitieux·ses, et davantage en compétition avec eux ou elles-mêmes qu'avec les autres. Ce sont des leaders qui ont un irrépressible besoin d'aller de l'avant, parfois même indépendamment de leur volonté.
On les retrouve souvent à la tête d'entreprises, car leur sociabilité, leur charisme et leurs capacités d'influence les aident à atteindre des positions d'autorité.

◆ Leur côté philanthrope associé au fait qu'iels aiment être reconnu·e·s pour leurs qualités personnelles et interpersonnelles, les conduit souvent sur le chemin du professorat ou de la formation. Iels se plaisent à guider leurs congénères, sont ravi·e·s, dès qu'iels peuvent imposer leurs visions et nourrissent un véritable amour du partage et de la transmission.

◆ Sans le côté très sérieux des Saturnien·ne·s, les Jupitérien·ne·s prennent un certain plaisir à avoir des responsabilités. Ce qui, couplé au fait qu'ils ou elles ont un grand sens de la justice et de l'équité, les pousse à effectuer certaines activités pour la gloire.

◆ Les Jupitérien·ne·s sont de nature optimiste et encourageante, cependant iels semblent avoir un penchant un peu trop développé pour le contrôle. Exigeant·e·s avant tout avec eux ou elles-mêmes, iels ont tendance, et souvent malgré eux ou elles, à faire peser une certaine pression sur tout leur entourage. Iels peuvent parfois nous donner le sentiment que nous ne sommes pas assez, et elles et eux non plus ne sont pas à la hauteur de leurs ambitions.

◆ Le doigt de Jupiter est aussi nommé « doigt de dieu » en chirologie. On associe son énergie à la chance, mais aussi à la protection divine. Les Jupitérien·ne·s sont des croyant·e·s qui ont d'abord tendance à croire en eux et elles-mêmes et en leurs propres capacités. Pour illustrer ce propos, citons un fameux personnage de la série *Game of Thrones* : « J'ai été vendue comme une poulinière. J'ai été enchaînée et trahie, violée et souillée. Savez-vous ce qui m'a permis de rester debout pendant toutes ces années d'exil ? La foi. Pas en un dieu, pas en des mythes ou des légendes, en moi-même. En Daenerys Targaryen. »

◆ Comme le dieu Jupiter, les Jupitérien·ne·s font de bon·ne·s hôte·esse·s : iels aiment la bonne chère, il n'est donc pas rare de très bien manger à leur table. Cela dit, leur besoin irrépressible de contrôle peut les mener à être très pointilleux concernant leur alimentation. Avec les Saturnien·ne·s, ce sont les archétypes les plus prompts aux troubles du comportement alimentaire. (Si vous vous reconnaissez ici, n'hésitez pas à contacter un·e professionnel·le de la santé mentale et du comportement alimentaire.)

♦ En amour, les Jupitérien·ne·s sont les locomotives. Iels mènent la danse du couple et insufflent une bonne grosse dose d'énergie. Leur optimisme et leur talent pour repérer un potentiel les entraînent souvent à pousser leur partenaire à être, selon le mythe capitaliste entendu, « la meilleure version de lui ou d'elle-même ». Iels peuvent donc avoir la fâcheuse tendance à se métamorphoser en coach de vie, confondant amour inconditionnel et objectif de performance. Nous l'avons déjà dit, les Jupitérien·ne·s sont des croyant·e·s ; iels ont naturellement tendance à croire en l'amour toujours, ou du moins à prioriser les relations à long terme. Saint-Exupéry disait que, « aimer, ce n'est pas se regarder l'un l'autre, c'est regarder ensemble dans la même direction ». Cette phrase résume parfaitement le rapport des Jupitérien·ne·s à l'amour : le sentiment de cohésion, d'unité, l'impression de faire partie d'une équipe œuvrant pour un but commun rendra le ou la Jupitérien·ne heureux·se. Leur fort désir d'expansion nourrit un esprit de découverte quasi insatiable, aussi, un partenaire capable de stimuler cette partie d'eux ou d'elles-mêmes en leur enseignant des choses inédites, prompt à se lancer dans l'inconnu ou simplement à soutenir leurs lubies, sera idéal.

♦ Comme Jupiter est l'archétype le plus spirituel, nombreux·euses sont les Jupitérien·ne·s dévoué·e·s à une grande cause, pour qui la vie romantique n'est pas une priorité. Ce qui n'exclut pas la possibilité de liaisons et autres aventures. En tout cas, on retrouve chez ce type beaucoup de prédicateur·rice·s, religieux·ses, guides ou *guru*, plus ou moins bien intentionné·e·s, qui dédient leur vie à une cause plus grande qu'eux ou elles.

DIVINITÉ ASSOCIÉE	Jupiter, dieu des dieux au panthéon de la mythologie romaine. Il représente le patriarche, la souveraineté et l'esprit de communion.
MOTS-CLÉS +	Ambition, leadership, spiritualité, honneur, confiance en soi, diplomatie, humanisme, chance, sociabilité, assertivité, autorité, abondance, philanthropie, optimisme

MOTS-CLÉS -	Tyrannie, domination, gloutonnerie, autorité, addiction, orgueil, outrance
SIGNES ASTROLOGIQUES ASSOCIÉS	Sagittaire et poisson
MOTTO	Je dirige et je crois.
MON JUPITER EST DOMINANT SI…	… j'ai le doigt de Jupiter significativement plus grand que le doigt d'Apollo, si mon mont est charnu et bombé et empiète sur le territoire de Saturne ou crée une légère courbe vers l'extérieur de ma main.
ARCANE DE TAROT	**La roue de la fortune.** Associée aux heureux auspices, tout comme l'énergie jupitérienne, cette carte représente l'idée de tenter et de saisir sa chance. La roue tourne et c'est aléatoire, on ne sait jamais sur quoi on tombe, mais on peut toujours choisir notre façon de rebondir. Carte d'expansion, comme la planète Jupiter, elle nous parle d'une croissance proportionnelle à notre ambition. C'est l'allégorie de notre potentiel vital.
CHAKRA	Couronne – Expansion
SENS	Le goût

QUELQUES TIPS POUR LES JUPITÉRIEN·NE·S

1 ♦ Pouvant être perçues comme autoritaires et directives, parfois, les personnes jupitériennes se prennent tellement au jeu de ce rôle qu'elles se sont attribué ou qu'on leur a fait endosser qu'elles peuvent éprouver des difficultés à s'en libérer. Le premier tip consiste à se redéfinir :

Je ne suis pas autoritaire.

Je me sens plus à l'aise quand j'ai des responsabilités et je préfère diriger.

2 ♦ Être assertif·ve est une qualité : on sait ce que l'on désire et l'on fixe ses limites. Mais cette assertivité ne doit pas pousser à communiquer par des jugements ou des critiques systématiques. On peut essayer d'adopter une communication non violente, d'abord en parlant en son nom. Par exemple, au lieu de dire à une personne « tu as fait ci ou ça », sous-entendant que l'on énonce une vérité absolue, un fait indiscutable, on peut plutôt commencer sa phrase par « quand je ». Voici un exercice en quatre étapes.

L'OBSERVATION

♦ *j'observe et constate ce qui me fait réagir (ça peut être un mot, une attitude), ce qui déclenche un sentiment en moi : « Quand je vois/J'entends/j'expérimente... »*

LES ÉMOTIONS

♦ *j'accueille et j'accepte mes émotions, et les sensations physiques associées (peur, colère, dégoût, tristesse, chaleur, fatigue, tensions, etc.). « Je ressens... ».*

LES BESOINS

♦ *j'identifie ce dont j'ai besoin, ce à quoi j'attribue de l'importance. Je me rappelle que la connaissance de mes besoins facilite mon rapport aux autres. « Parce que j'ai besoin/parce que j'accorde de l'importance... à dans une situation donnée/dans une relation donnée... »*

LE SOUHAIT

♦ *j'exprime ce que je désire, et formule la façon dont j'aimerais que les choses se passent à l'avenir. Je propose une solution pour améliorer la situation, et essayer de répondre à mes/mon besoin. J'accepte le fait qu'on puisse me dire non.*

→ *« Serais-tu d'accord pour... ».*
→ *Quand (observation) je ressens (émotions/sentiments) parce que j'ai besoin de/qu'on accorde de l'importance à (besoins) serais-tu d'accord pour/enclin·e à (souhait).*

3 ◆ Trois affirmations positives pour booster son énergie jupitérienne :

Je suis optimiste à propos de tout ce que j'entreprends.

J'avance dans la bonne direction.

Je mets mes compétences de leadership à mon service et à celui des autres.

4 ◆ Je checke mon ego…

→ … EN RÉPONDANT À CES QUESTIONS EN TOUTE HONNÊTETÉ :

◆ Est-ce que je me sens jaloux·ouse du succès/de la vie des autres ?

◆ Est-ce que j'ai toujours besoin d'avoir raison/le dernier mot dans une conversation ?

◆ Est-ce que j'ai tendance à croire que ma vision est meilleure que celle des autres ?

◆ Est-ce que je veux gagner à tout prix ?

→ … EN ÉVALUANT DE 0 À 10 MES CAPACITÉS D'ÉCOUTE, mon empathie, mon humilité, mon ouverture d'esprit. J'écris ce que ça signifie pour moi, comment ça se manifeste, la dernière fois que j'ai appliqué chacune de ses qualités (période, contexte, avec qui, etc.).

→ … EN RECONNAISSANT L'IMPORTANCE DE MON EGO ! Pas de quoi rougir, mon ego sert à me protéger du danger et du rejet. Je peux choisir d'apprendre de lui ou de le laisser me diriger. Par exemple, au lieu de me dire « j'aurais dû avoir le dernier mot hier à la machine à café avec Hervé de la compta », bon, je peux me dire qu'effectivement Hervé est un tocard, ou pas, d'ailleurs… Mais je peux surtout me demander : « Qu'est-ce que cette discussion m'a appris ? Sur moi ? Sur Hervé ? », en m'interrogeant et en changeant de perspective, je m'approprie l'énergie de Jupiter. Je ne me referme pas, au contraire, j'élargis ma vision, je grandis, je croîs.

→ **… EN ME CONCENTRANT SUR MON INTELLIGENCE ÉMOTIONNELLE** en évitant d'interrompre les gens, en essayant de comprendre le point de vue des autres, en évitant toutes sortes de jugements, en ne posant pas des questions juste pour y répondre.

→ **… EN ESSAYANT DE FAIRE TOMBER MA CARAPACE :** j'ai le droit d'être vulnérable.

5 ♦ Le sens associé à Jupiter est le goût. Rappelons que la figure jupitérienne aime le faste, les banquets bien garnis et la bonne chère. On ne mange pas pour vivre, on vit pour manger ! Manger quelque chose qui nous fait plaisir nous aide à sécréter de la dopamine, c'est une des hormones dites du bonheur, celle-ci est associée au sentiment de récompense.

– Si vous cherchez une nouvelle activité, essayez la cuisine thérapie ! Que l'on soit en groupe ou tout·e seul·e, elle fait appel à l'improvisation. Elle a pour but d'aider à se reconnecter à soi-même et à mieux se connaître. C'est une activité de pleine conscience qui met nos cinq sens en éveil. Elle enseigne l'art du lâcher prise car il n'y a ni contraintes de recettes à suivre à la lettre ni restrictions diététiques, il n'y a pas non plus de course à la performance ni même d'objectif de résultat : aucun objectif n'est prédéfini. Elle réduit la peur de l'échec et invite à sortir de sa zone de confort. Oui, tout ça.

SATURNE

∴ LE OU LA SAGE ∴

« Apprendre sans exercer sa sagesse
est aussi efficace qu'un âne chargé de livres. »

Zora Neale Hurston

L'archétype saturnien représente la notion de karma à travers la mythologie occidentale. En astrologie, Saturne serait un genre de prof karmique : en gros, dans un thème natal, la planète Saturne représente les leçons de vie qui doivent être apprises et maîtrisées. C'est une énergie qui nous parle, notamment, d'autodiscipline, de devoirs et de responsabilités.

QUI EST SATURNE DANS LA MYTHOLOGIE ?

Saturne naît de l'union de Terra (personnification de la Terre) et d'Uranus (personnification du ciel). Entre Terra et son mari, c'est pas trop ça. Il faut dire qu'Uranus a la fâcheuse manie de se débarrasser de tous les enfants qu'elle met au monde, envoyant et enchaînant les plus monstrueux, comme les cyclopes, dans les confins du Tartare et contraignant les autres à rester tapis dans le ventre de leur mère, c'est-à-dire dans ses entrailles à elle. Terra, excédée, décide un beau jour de dire stop.
Elle investit donc Saturne d'une funeste mission : les venger, elle et ses enfants. Elle l'arme d'une faux, qu'il utilise pour sectionner les testicules de son père. Couic. Voilà pourquoi Saturne est associé au sens des responsabilités et au travail solitaire. Et pourquoi la faux est son symbole astrologique : ♄.
Fatalement associé au temps et, de fait, à l'agriculture (on le fête d'abord lors des Saturnales, au moment du solstice d'hiver, où il est célébré comme

XII
I
II
III
IV
V
VI
VII
VIII
IX
X
XI

le dieu des Graines enfouies), on peut dire qu'avec lui aucune vie terrestre n'échappera à la moisson ! *Memento Mori* (« souviens-toi que tu te meurs/que tu vas mourir »), nous rappelle le sévère Saturne.

Mais reprenons notre histoire. À ce stade, Saturne est devenu le maître du monde, le big boss, et comme il peut faire ce qu'il veut, il prend sa sœur Ops pour épouse. Mais accrochez-vous : un oracle lui prédit qu'il sera détrôné par l'un de ses fils.

L'histoire se répète, c'est le karma en action ! Pour éviter ça, il mange ses enfants un à un, au fur et à mesure que la pauvre Ops accouche. Désemparée, rêvant d'être enfin libérée, délivrée, elle décide de cacher son dernier-né, Jupiter... Comme Saturne a faim de chair fraîche (ou c'est plutôt qu'il n'a pas vraiment trouvé de moyen plus efficace de se débarrasser de sa progéniture), Ops lui tend une pierre enroulée dans une couverture à place de son bébé, et il l'avale tout rond.

Et ce qui devait arriver arriva. Jupiter grandit, il vengea sa mère et ses adelphes, détrônant son père et devenant à son tour le dieu des dieux.

Selon les versions de la légende, la fin de Saturne diffère : soit il reste dans le Tartare pour la fin des temps, soit il est exilé sur une île où il parvient à instaurer la paix en créant des lois, ses fidèles sujets vivant ensuite dans la paix et l'équité.

Moralité : si on sait apprendre de ses erreurs, tout est bien qui finit bien, sinon, hop, dans le Tartare !

LE DOIGT DE SATURNE

En ce qui concerne le doigt de Saturne (le majeur), il apparaît comme la balance dans la main et indique notre force intérieure et notre intégrité, ayant pour fonction de tempérer les énergies jupitériennes et apolloniennes qui l'entourent. Dans la pratique, il peut servir à poser des barrières et maintenir le commun des mortels à distance : qui ne connaît pas le fameux doigt d'honneur, qui indique très clairement le fait que certaines limites ont été franchies...

LE MONT DE SATURNE

Dans la main, Saturne est :

- révélateur de notre capacité à structurer notre vie et à être discipliné·e dans l'accomplissement de nos objectifs ;
- le baromètre des circonstances difficiles de nos vies : ce sont les difficultés, les obstacles rencontrés qui nous poussent à l'introspection.

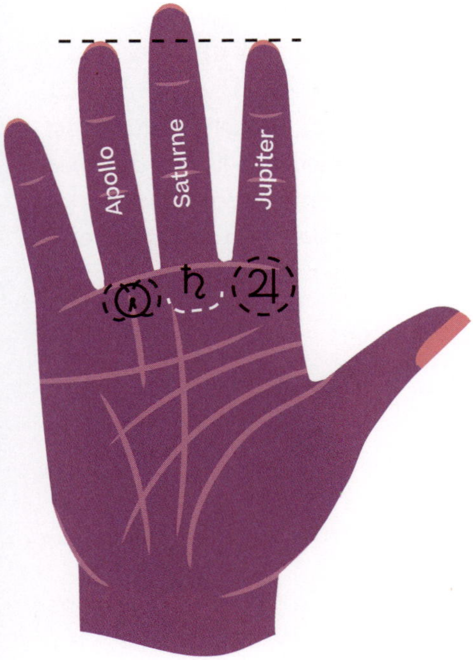

SATURNE ÉQUILIBRÉ

Le doigt de Saturne est raisonnablement plus long que le doigt de Jupiter et d'Apollo.
Dans la paume, le mont de Saturne apparaît comme plat, contenu entre les monts de Jupiter et d'Apollo.

◆◆◆ COMMENT SAVOIR SI SATURNE EST DOMINANT ? ◆◆◆

◆ Tous les doigts sont naturellement inclinés en direction du doigt de Saturne.

◆ La phalange onglée sur le doigt de Saturne est inclinée d'un côté ou de l'autre.

◆ Le doigt de Saturne est significativement plus long.

◆ Si l'ensemble des monts de la paume apparaissent comme plats, alors Saturne est le mont dominant.

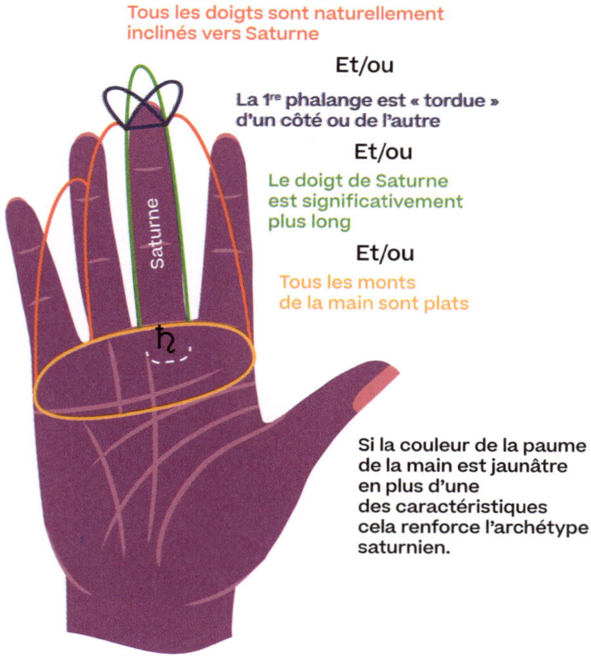

SATURNE SURDÉVELOPPÉ

Trop présent, Saturne est associé à la dépression, à la mélancolie, à l'entêtement, à la méfiance et à la misanthropie.

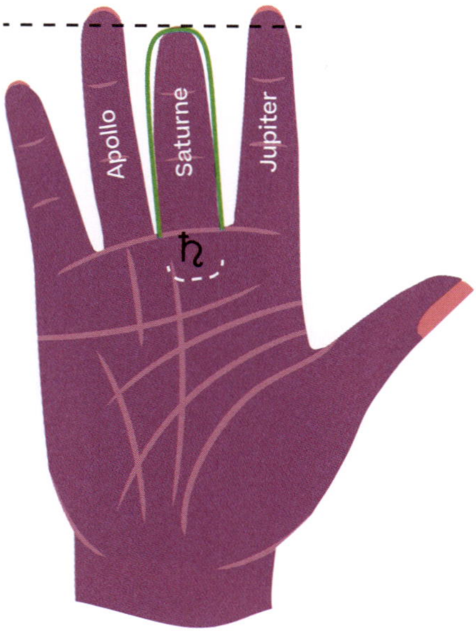

SATURNE SOUS-DÉVELOPPÉ

Si le doigt de Saturne est significativement petit, cela suggère une nature irresponsable, une tendance à la désorganisation et une difficulté à se soumettre aux règles.
On considère que Saturne est sous-développé si le doigt est égal, voire plus court que les doigts de Jupiter et d'Apollo. C'est extrêmement rare, mais ça peut arriver !

QUI SONT LES SATURNIEN·NE·S ?

♦ Être saturnien·ne, c'est un peu comme avoir un Jiminy Cricket (mais une version un poil plus cynique que le personnage de Disney) en permanence dans sa tête. C'est la petite voix qui nous dit stop quand on a envie d'envoyer valser les obligations et de se mettre en mode Yolo : c'est la voix de la conscience qui nous rappelle à l'ordre.

♦ Les Saturnien·ne·s sont du genre à faire en priorité « ce qu'il faut », plutôt que ce dont iels ont envie. On retrouve chez eux et elles un sens du devoir, de l'ordre et des responsabilités très développé, ce qui peut souvent les faire passer pour les gros·se·s rabat-joie de service, et ce n'est généralement pas pour leur déplaire !

♦ De nature plutôt solitaires, iels ne voient pas d'un très bon œil le commun des mortel·le·s, souvent trop ou pas assez à leur goût : pas assez intelligent, trop futile, pas assez cultivé, trop vulgaire, pas assez consciencieux, trop bruyant... La liste pourrait continuer comme ça un bon moment. Comme dirait Emily Dickinson, « les livres sont de très bons amis qui sont toujours là pour vous et résistent aux épreuves du temps ». Et ça tombe bien, car les Saturnien·ne·s ont besoin de temps calmes pour penser, réfléchir et nourrir leur soif de connaissance.

♦ Pas plus ermites que les vrai·e·s ermites, iels ne détestent pas du tout la compagnie, bien au contraire, mais iels s'entourent de personnes « de qualité », triées sur le volet. À tort considéré·e·s comme froid·e·s, iels sont doté·e·s d'un sens de l'humour très fin et très grinçant.

♦ Si les personnes saturniennes cultivent un léger complexe de supériorité, elles ont au moins l'avantage d'être érudites grâce à leurs qualités analytiques et mémorielles, et peut-être un peu aussi grâce à leur tendance à être dubitatives, suspicieuses, et à tout remettre en question en permanence.

♦ Le travail est souvent un refuge pour elles, à croire qu'elles y sont mariées. Pas foncièrement carriéristes pour autant, clairement dures à la tâche, le workaholisme est surtout un moyen pour elles de se maintenir occupées, d'éviter de méditer sur les affres de la vie. Ajoutons à cela qu'elles ont un rapport particulier au temps et sont souvent angoissées par le futur, nostalgiques du passé et insatisfaites du présent, car les personnes saturniennes sont des êtres exigeants.

◆ Si les Saturnien·ne·s incarnent l'archétype le plus solide et le moins influençable de tous, tout intègres et loyaux·ales qu'iels sont, iels représentent aussi le plus têtu, le plus obstiné et le plus réfractaire aux changements.

◆ Dans leurs relations amoureuses, iels ont là encore tendance à préférer la raison à la passion, évitant autant que possible tout genre de drama. S'iels ont des facilités pour mettre en place des limites, iels ont beaucoup plus de difficultés à dévoiler leurs sentiments, à se montrer vulnérables ou encore à demander de l'aide. Ce qui peut être compliqué pour tisser des liens profonds, d'autant plus qu'iels donnent l'air d'être détaché·e·s et indifférent·e·s. Les Saturnien·ne·s sont les champion·ne·s de l'organisation, aiment planifier les choses et ne pas être surpris·es. Iels privilégient donc plutôt les relations longues et une personne qui répond à leurs besoins, qu'ils soient matériels, physiques ou émotionnel. Iels font souvent le choix de la sécurité en favorisant les relations raisonnables, ne percevant pas l'amour comme une fin en soi. D'autre part, leur sens du devoir, notamment par rapport à leur métier/travail, peut les conduire à ne pas prioriser leur couple ni à cultiver leur intimité.

DIVINITÉ ASSOCIÉE	Saturne, dieu civilisateur, créateur de lois, est aussi le symbole du temps qui passe. Il représente la sagesse, associée à son âge avancé, la rigueur et le châtiment.
MOTS-CLÉS +	Sérieux, prudence, apprentissage, philosophie, scepticisme, science, sagesse, mémoire, temporalité, épargne, responsabilité, justice, détermination, travail, méthode, organisation
MOTS-CLÉS -	Mélancolie, répression, restriction, limitation, solitude, isolation, pessimisme, peur, introversion, avarice, punition, workaholisme, misanthropie, intolérance, critique, insatisfaction, nervosité
SIGNE ASTROLOGIQUE ASSOCIÉ	Capricorne et verseau
MOTTO	Je jauge et je juge.

MON SATURNE EST DOMINANT SI…	… l'ensemble de mes monts apparaît plat, si mon doigt de Saturne est significativement plus long que le doigt d'Apollo et de Jupiter, si la phalange onglée de Saturne est inclinée à gauche ou à droite, tous mes doigts penchent vers le doigt de saturne.
ARCANE DE TAROT	**Le monde.** Cette carte fait référence à la fin d'un cycle, c'est le dernier arcane majeur du tarot, censé représenter l'achèvement du voyage du fou (arcane majeur avec lequel commence le tarot). Elle symbolise l'accomplissement et sous-entend que des leçons ont été apprises, ce qui fait précisément écho à l'énergie saturnienne. La notion de cycle se réfère évidemment au temps qui passe, et le monde, CE monde est celui que nous avons créé pour nous-même, effort après effort, à force de dur labeur et de détermination. C'est la carte de la plénitude. Sécurisante : on est exactement là où on est censé être, serein·e, ni plus ni moins. Autre carte : le diable.
CHAKRA	Racine – Structure
SENS	L'ouïe

QUELQUES TIPS POUR LES SATURNIEN·NE·S

1 ◆ Pouvant être perçues comme peureuses, bornées, inflexibles et coincées, les personnes saturniennes font parfois tellement leur ces qualificatifs qu'elles peuvent éprouver des difficultés à sortir de ce rôle qu'on leur a ou qu'elles se sont attribué. Le premier tip consiste à se redéfinir :

Je ne suis pas peureux·euse,

Je suis précautionneux·euse et j'évite de prendre des risques inutiles.

Je ne suis pas borné·e, je suis persistant·e, tenace et ferme. Je ne suis pas inflexible, j'ai simplement une prédilection pour l'ordre et la prédictibilité. Je ne suis pas coincé·e, j'attribue beaucoup d'importance à la justice, et je crois à la nécessité des règles.

2 ♦ Dans notre société, où la productivité est fortement appréciée et mise en avant, il n'y a qu'à observer la manière dont on se définit très facilement par son travail sans même y penser, notamment avec la phrase d'accroche : « Tu fais quoi, dans la vie ? » Les Saturnien·e·s étant des workaholics dur·e·s à la tâche, iels ne prêtent pas toujours attention aux signes annonçant qu'il est temps de faire une pause. Posez-vous les questions suivantes :

→ Ai-je du mal à me concentrer/à rester concentré·e ces derniers temps ?
→ Ai-je le sentiment d'être constamment fatigué·e ?
→ Suis-je de plus en plus cynique ?
→ Suis-je particulièrement nerveux·euse ou agité·e en ce moment ?
→ Suis-je émotionnellement épuisé·e ?
→ Depuis combien de temps n'ai-je pas dormi correctement ?
→ Est-ce que je manque de motivation pour accomplir n'importe quelle tâche ?
→ Ai-je été plusieurs fois malade ou affaibli·e physiquement, récemment ?
→ Ai-je autant d'entrain que d'habitude pour faire les choses que j'aime ?
→ Est-ce qu'un rien m'irrite ?
→ Ai-je du mal à m'impliquer dans mes relations interpersonnelles ?

Si vous répondez oui à la majorité de ces questions, c'est qu'il est vraiment l'heure de faire un break. N'hésitez pas à vous faire accompagner par un·e professionnel·e de la santé mentale, parlez-en à votre entourage, ne restez pas seul·e. Votre job n'est pas votre vie. Relâchez la pression.

3 ♦ Trois affirmations positives pour booster son énergie saturnienne :

Je choisis le chemin de l'intégrité.

Je suis responsable et fiable.

J'ai conscience que tout est provisoire.

4 ♦ Le sens associé aux Saturnien·e·s est l'ouïe. Si vous êtes une boule de nerfs saturnienne et que vous n'arrivez pas à vous relaxer après avoir essayé la méditation, le yoga et deux ou trois autres activités du même genre, les bains sonores sont faits pour vous !

→ Pas besoin d'enfiler de maillot, un bain sonore est une session au cours de laquelle tout ce que vous avez à faire est de rester allongé·e et d'écouter. C'est un voyage harmonique réalisé par un sonothérapeute à l'aide d'instruments à fort taux vibratoire, comme des gongs, des bols de cristal ou de métal chantant. Vous n'avez pas besoin de faire quoi que ce soit, vous êtes juste présent·e, allongé·e (généralement sur un petit matelas ou un tapis de yoga). Les bains sonores aident à réduire le stress et l'anxiété, ils favorisent également le sommeil, tout en améliorant l'humeur et en stimulant la créativité.

→ Si votre bourse ne vous permet pas d'avoir recours à un·e praticien·ne, sachez que le premier instrument dont vous disposez, c'est votre voix ! Pas besoin de chanter comme Mariah Carey, tentez le *humming* ! C'est une technique de relaxation sonore qui vise à créer des vibrations à l'intérieur de votre corps, comme un petit automassage, en produisant le son « mmmmh », bouche fermée.

APOLLO

∴ L'ARTISTE ∴

« Si tu t'efforces toujours d'être normal,
tu ne sauras jamais à quel point tu peux être exceptionnel. »

Maya Angelou

Apollo, c'est l'expression de notre individualité, c'est celui qui rayonne et aspire à inspirer le monde tout entier grâce à sa passion et à sa créativité. Idéalement, il incarne notre potentiel et nous invite à explorer les différentes facettes qui nous composent.

QUI EST APOLLO DANS LA MYTHOLOGIE ?

Il naît de l'union de Latone[1] et de Jupiter. Sauf que Jupiter est marié à Junon, et que, folle rage, celle-ci condamne Latone et sa descendance à être poursuivies sans relâche par un monstre tapi au cœur de la terre, Python. Elle promet également de réduire en miettes toute personne qui tenterait de lui venir en aide. La pauvre Latone finit par accoucher sur Astéria, une île loin de tout, et met au monde non pas un, mais deux enfants. C'est Diane qui sort la première du ventre de sa mère et extirpe son frère Apollo de ses entrailles. Apollo est déjà de toute beauté. On associe Diane à la Lune et à la lumière nocturne, et Apollo, de par sa blondeur étincelante, au soleil, à la lumière diurne et à la grâce… Mais pas que, nous y reviendrons.
Jupiter est en admiration devant ce fils, qui devient son préféré (jusqu'à l'arrivée de Mercure).

1. Latone est la personnification de la nuit, de la pénombre originelle.

En cadeau de naissance, il lui offre un arc, avec lequel il tue Python, vengeant ainsi sa mère. Sauf que Python, c'est le fils de Terra, et qu'elle pète un câble et se plaint auprès de Jupiter. Elle est à deux doigts de tout casser ! Alors, pour régler le conflit avec Terra, afin qu'elle ne le déteste pas trop quand même, Apollo organise les jeux Pythiques en l'honneur de Python. Ouf, bombe diplomatique désamorcée.
Comme vous le voyez, la première chose qu'on peut donc dire sur cet être à la plastique incomparable (en dehors de ça, donc), c'est qu'il s'agit d'un dieu qui aime être aimé ! Oui, dieu sociable, il désire entretenir de bons rapports avec les « bonnes personnes ».
Parfois, il se montre aussi sympa juste parce que c'est un mec bien, Apollo. La preuve : juste après avoir tué Python, il aperçoit un bateau à la dérive, au large. Ni une ni deux, il se jette à l'eau et se transforme en dauphin. Les marins n'ont plus de vivres, Apollo les ramène volontiers sur la terre ferme en leur faisant promettre de construire un temple à sa gloire, dans lequel ils devront rester pour le servir. Ce temple prend le nom de Delphes (dauphin > *delphi* > Delphes), et il fait graver cette fameuse maxime à l'entrée : « Connais-toi toi-même. »
Dieu des Arts, du Chant, de la Poésie et du Sport, c'est un artiste accompli qui a plus d'une corde à son arc.
On le nommait aussi Apollo *loxias*, c'est-à-dire « l'oblique », celui qui manque de franchise, à cause de l'ambiguïté de ses oracles. Je vous rappelle qu'en chirologie Apollo à un double mont ; son ambiguïté réside dans sa dualité entre l'être et le paraître.
Il faut aussi dire qu'Apollo aime briller et être le centre de l'attention. Tiens donc, son symbole cursif représente un soleil ⊙ ! Le cercle est le symbole de l'unicité et de la plénitude, le point central synonyme d'individualité. Oui, l'archétype apollonien est indubitablement autocentré.
Apollo n'aime évidemment pas qu'on lui fasse de l'ombre. Il est assez souvent malheureux en amour, ironiquement, et de nature très susceptible ; il peut se montrer extrêmement cruel lorsqu'il se sent moqué.

LE DOIGT D'APOLLO

Savez-vous pourquoi c'est le doigt d'Apollo (l'annulaire) qui témoigne de l'amour absolu ? Symboliquement, il représente l'union puisque, par le port d'une bague ou d'un anneau, c'est à travers lui qu'on montre à la terre entière notre appartenance mutuelle et notre fidélité à l'être aimé. L'anneau de l'union, bien que remontant à l'Égypte ancienne, fut popularisé sous l'Antiquité romaine ; au IIe siècle av. J.-C., on croit en effet qu'il existe une *vena amoris*, une « veine de l'amour », qui relie directement l'annulaire au cœur. Aujourd'hui, on sait évidemment que ce n'est pas le cas, mais la tradition en a gardé la trace.

LE MONT D'APOLLO

Dans la paume, Apollo est caractérisé par un double mont.
C'est une formation singulière qui n'est propre qu'à lui. Eh oui, l'artiste ne fait jamais rien comme les autres ! Il est intéressant de noter que, en sanskrit, Apollo, le Soleil, se dit *surya*, « celui qui irradie ». Apollo, c'est la lumière qui puise sa source à l'intérieur de soi pour se répandre vers l'extérieur et éclairer le monde.

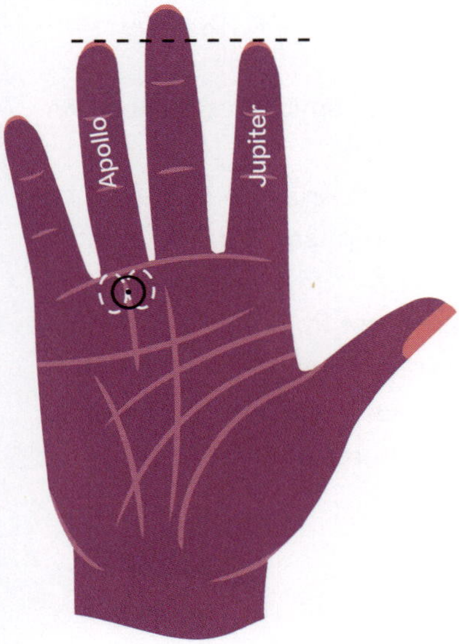

APOLLO ÉQUILIBRÉ

Idéalement, le double mont sur Apollo est visible, et les doigts de Jupiter et d'Apollo sont de la même longueur.
Quand Apollo est équilibré, la créativité et l'expression de l'individualité sont au rendez-vous.
Avec de telles dispositions, en chirologie, on considère que le champ d'action est alors dicté et guidé par les élans du cœur et non par la recherche de reconnaissance et de gloire.

APOLLO SURDÉVELOPPÉ

Dans ce cas de figure, laisser suffisamment de liberté et de place aux autres pour qu'ils s'expriment est un challenge.
La très forte croyance en ses convictions et en son caractère exceptionnel peut entraîner de lourdes attentes envers ses proches, possiblement plus qu'envers soi-même. Cela induit le sentiment d'être méritant·e, que les choses nous sont dues.

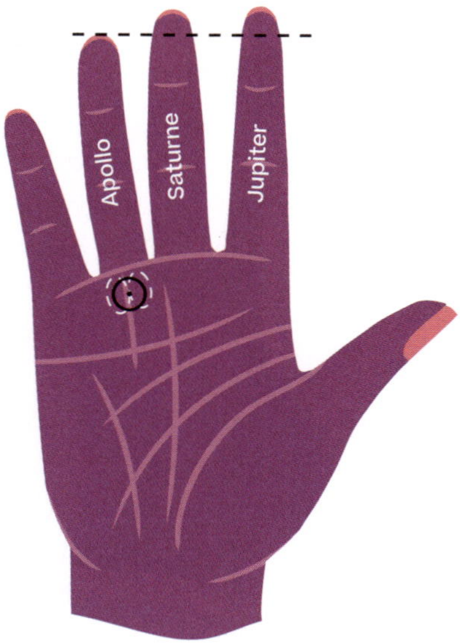

APOLLO SOUS-DÉVELOPPÉ

Le doigt d'Apollo est significativement plus court que celui de Jupiter et/ou le mont est absent (comprendre qu'il apparaît plat). Quand le mont d'Apollo est sous développé, il y a plusieurs conséquences possibles. Cela peut indiquer :

- que sa créativité n'est pas ou peu exploitée ;
- une tendance à la timidité et au désir ne pas attirer l'attention ;
- une réticence à la prise de risque ;
- une absence de passion ou de centre d'intérêt spécifique ;
- que la passion est là, mais que c'est la peur du succès qui est paralysante. Comme avec le mont de Jupiter sous-développé, on retrouve l'idée du syndrome de l'imposteur ; ici, le challenge est dans l'expression de son individualité.

QUI SONT LES APOLLONIEN·NE·S ?

- Les personnes apolloniennes passent rarement inaperçues, elles sont brillantes et solaires, leur enthousiasme et leur charme irradient. Charismatiques, divertissantes, rafraîchissantes : il est très difficile de ne pas remarquer leur présence. Iels apprécient d'ailleurs être au centre de l'attention.

- Un tantinet égocentriques, iels aiment occuper l'espace, ne sont pas vraiment timides et ne se font pas prier pour raconter de bonnes histoires ; histoires qui, il faut l'avouer, contribuent à cultiver et à entretenir le culte de leur personnalité.

- Les Apollonien·ne·s sont des êtres extrêmement sociaux qui aiment voir et être vus. Apollo étant le plus mondain de tous les archétypes, iels n'ont aucun mal à se faire des relations : le réseautage, c'est leur truc ! Ayant une grande capacité d'adaptation, on verra les Apollonien·e·s évoluer facilement dans différents cercles d'amis, changeant de peau comme on change de chaussettes. Cela ne suggère en rien une nature malhonnête, c'est plutôt le signe d'une richesse dans l'acceptation et l'exploration des différents pans de leur propre personnalité.

◆ Les Apollonien·e·s ont la chance d'être né·e·s sous de bons auspices et sont très souvent talentueux·se·s dans de nombreux domaines. Leur vivacité d'esprit et leurs aptitudes naturelles les conduisent à absorber de nouvelles idées très rapidement, ce qui les mène généralement à s'aventurer périodiquement dans de nouvelles activités. Le besoin d'amusement, d'excitation et de nouveauté étant un moteur pour eux ou elles, leur taux d'engagement sur le long terme est assez faible.

◆ Heureusement, leur magnétisme leur attache bon nombre d'admirateur·trice·s, ce qui leur ouvre la voie à toutes sortes d'opportunités qu'iels n'ont plus qu'à saisir. Le manque de sérieux dont iels peuvent faire preuve et la légèreté avec laquelle iels abordent la vie les empêchent souvent d'accéder à leur plein potentiel. Ironiquement, les Apollonien·ne·s ont souvent plus peur du succès que de l'échec.

◆ Leur ego reste leur talon d'Achille : sensibles à la flatterie, iels peuvent se révéler très susceptibles si on les attaque personnellement, particulièrement sur leur physique. Iels ont aussi besoin d'être rassuré·e·s, cherchent l'approbation de leurs pairs, et leur apparente assurance est un moyen de dominer leur peur du jugement.

◆ À propos de jugement, iels sont certes moins critiques que les Saturnien·ne·s, mais aussi nettement moins discret·ète·s et ne sont pas doté·e·s de la diplomatie des Jupitérien·ne·s ou de l'adresse des Mercurien·ne·s… Leur désinvolture les pousse ainsi à tenir des discours parfois blessants, et à ne pas assez prendre en considération la sensibilité de leur auditoire.

◆ Les Apollonien·ne·s ont un œil affûté pour les belles choses et partagent souvent l'amour du luxe (terme qui englobe différentes choses selon chaque personne) avec les Vénusien·ne·s. Sensibles aux couleurs et aux formes, iels sont généralement très looké·e·s, puisque leurs tenues vestimentaires contribuent à réaffirmer leur identité ; insister sur leur singularité est très important à leurs yeux.

◆ En amour, les Apollonien·ne·s sont les moins fiables de tous les types, car très changeant·e·s, très ouvert·e·s aussi, iels ont tendance à se lasser facilement. Particulièrement instinctif·ive·s, iels avancent beaucoup au feeling, la frontière entre amour et désir étant souvent mince pour eux et elles. S'iels ne le sentent pas, iels n'ont aucun problème à être expéditif·ive·s. À défaut de ne pas toujours très bien savoir ce qu'iels veulent, iels ont l'avantage de savoir ce qu'iels ne veulent pas. En tout cas, iels veulent être *la* star de leurs partenaires, apprécient les effusions et ont besoin de beaucoup d'attention. Iels peuvent se désintéresser de quelqu'un relativement vite s'iels ont l'impression de ne pas être assez célébré·e·s, ou simplement apprécié·e·s à leur juste valeur. Les Apollonien·ne·s, en bonnes *shining stars*, ont aussi besoin de voir leur partenaire briller : méprisant intimement la médiocrité, ressentir de l'admiration ou de la fierté pour leurs cher·ère·s et tendres est très important pour le bon équilibre de leurs relations. Les attentes des Apollonien·ne·s étant très grandes et pouvant être difficiles à combler sur le long terme, il leur est favorable de trouver « l'amour » dans une activité créative qui contentera durablement leur essence.

DIVINITÉ ASSOCIÉE	Apollo(n), dieu des Arts, de la Lumière et de l'Intelligence. Il représente le talent, l'aisance et l'ego.
MOTS-CLÉS +	Créativité, spontanéité, charme, extraversion, optimiste, divertissement, amusement, joie, charisme, talent, ego, adaptabilité, prise de risque, versatilité, beauté, vision, audace, positivité
MOTS-CLÉS -	Prise de risque, égocentrisme, narcissisme, inconstance, positivité toxique, condescendance, vanité
SIGNE ASTROLOGIQUE ASSOCIÉ	Lion
MOTTO	J'existe et je m'amuse.
MON APOLLO EST DOMINANT SI...	... mon doigt d'Apollo est significativement plus grand que mon doigt de Jupiter, si j'ai deux monts bombés et bien visibles sous le mont d'Apollo, si mes monts empiètent sur les territoires de Saturne et de Mercure.

ARCANE DE TAROT	**Le Soleil.** Cette carte fait incontestablement référence au succès, à la « bonne étoile » qui veille sur nous et nous protège, et qui est en même temps source de vie ! Force vitale, force créatrice, la carte du soleil nous renseigne sur notre façon de briller, et sur comment les autres nous perçoivent, directement ou indirectement : pas besoin de voir le Soleil pour sentir sa présence, il fait partie de notre aura. C'est une des cartes les plus joyeuses/heureuses du tarot, symbolisant le plaisir, l'exaltation et l'enthousiasme. Le soleil, c'est notre lumière intérieure nous remplissant de confiance pour affronter les défis de la vie et nous laisser rayonner de manière authentique. Autre carte : la force
CHAKRA	Plexus solaire – Pouvoir personnel
SENS	La vue

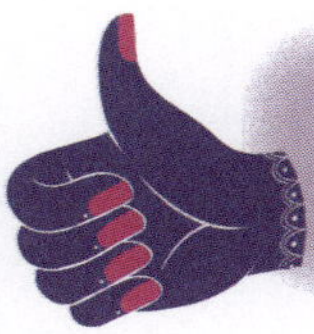

QUELQUES TIPS POUR LES APOLLONIEN·NE·S

1 ♦ Pouvant être perçu·e·s comme des adeptes du drama et éparpillé·e·s, parfois, les Apollonien·e·s ont du mal à sortir de ce rôle qu'iels ont endossé, volontairement ou malgré eux ou elles. Le premier tip consiste à se redéfinir :

Je ne suis adepte du drama systématique, je suis expressif·ve et passionné·e.

Je ne suis pas éparpillé·e, je suis multitâche et mon attention est retenue par de nombreuses choses.

Je fais le choix de refuser de me restreindre.

2 ♦ Souvent, quand je fais face à une personne présentant de fortes caractéristiques apolloniennes lors de mes lectures chirologiques, je suis amenée à lui dire que je vois beaucoup de créativité dans sa main. Or, une fois sur deux, mes consultant·e·s s'empressent de nier : « Ah non mais moi, je ne suis pas du tout créatif·ve, je ne sais même pas peindre ou dessiner. » Halte là ! Nous sommes créatif·ive·s par essence : l'intégralité de l'espèce humaine possède cette qualité. La créativité n'est pas l'apanage des artistes, et nous n'avons même pas besoin d'être doué·e·s en quoi que ce soit pour être créatif·ives·s : il suffit de créer ! Cela renforce notre identité, et la créativité n'est pas seulement artistique : on peut être créatif·ive dans sa manière de se vêtir, de parler, de par son humour, dans sa façon de cuisiner, etc.
Cinq étapes pour booster sa créativité :

→ Construire un état d'esprit ouvert : c'est la curiosité qui nous pousse à découvrir de nouvelles choses, peut-être que vous n'avez pas encore trouvé votre truc. Et peut-être que vous n'avez pas un seul truc, mais pleins de trucs. Explorez, explorez, explorez.

→ La peur est une grosse menteuse : quand êtes-vous sorti·e de votre zone de confort pour la dernière fois ? Que pourrait-il concrètement se passer d'affreux si vous faisiez le choix de tenter quelque chose de nouveau ?

→ Le mieux est l'ennemi du bien : essayez de vous détacher de la notion de performance. Ce qui compte dans tout processus créatif, ce n'est pas la destination, mais le voyage. Observez ce qui se passe.

→ Un pas après l'autre : félicitez-vous pour vos prises d'initiatives, d'avoir d'essayé. *You rock !*

→ Construire un espace *safe* et encourageant : « il n'y a pas de mauvaises idées », sauf qu'il y a une grosse différence entre le dire et le penser réellement. Nous avons besoin de personnes qui nous aident à prendre confiance en nous et, si besoin, qui nous prennent la main pour nous accompagner vers nos nouveaux défis.

3 ♦ Trois affirmations pour booster son énergie apollonienne :

Ma créativité est infinie.

Je suis libre de me montrer au monde tel·le que je suis.

Ma singularité fait ma force, je rayonne.

4 ♦ Être ou paraître, telle est la question ? Les Apollonien·ne·s ont de nombreuses qualités, iels peuvent cependant avoir une fâcheuse tendance à se montrer arrogant·e·s, voire vantard·e·s. L'archétype apollonien est partagé entre le désir de se montrer tel qu'il est et le besoin d'être vu comme il souhaiterait qu'on le voie.

On peut considérer qu'il y a trois principaux cas de figure qui conduisent à se vanter :

→ pour construire ou maintenir sa valeur supposée ;
→ en réponse défensive, pour protéger son identité ;
→ pour rendre une personne jalouse.

Il y a bien évidemment une différence entre reconnaître ses capacités et en être fier·ière, savoir se mettre en avant et manquer d'humilité.

Vous pouvez vous poser les questions suivantes : est-ce que je dis ce que je dis pour...

→... me présenter au mieux, sous mon meilleur jour ?
→... protéger mon identité ?
→... faire en sorte que les personnes à qui je m'adresse se sentent mal, ce qui me permet de me sentir supérieur·e ?

Si vous avez le sentiment que votre conduite n'est fondée que sur le paraître, que vos raisons d'agir reposent principalement sur la réaction d'autrui, alors interrogez-vous. Notez toutes les questions qui vous viennent en tête et essayez d'y répondre. N'oubliez pas d'être bienveillant·e avec vous-même !

5 ♦ Qu'est-ce donc que la positivité toxique ? Les Apollonien·e·s sont influencé·e·s par l'archétype le plus optimiste et enthousiaste de tous. Souvent chanceux·ses, bien loti·e·s, iels peuvent avoir des difficultés à reconnaître que d'autres personnes ne peuvent pas s'en sortir aussi bien qu'iels et, sous couvert de positivité, se révéler toxiques pour leur entourage. Voici quelques phrases symptomatiques de positivité toxique :

→ C'est bon, tu t'en remettras vite !
→ Sois juste un peu plus positif·ive !
→ Arrête un peu d'être négatif·ive tout le temps…
→ Vois le bon côté des choses…
→ Ça pourrait être pire, tu sais…
→ Tu n'as pas le droit d'abandonner, allez, tiens bon !
→ Si je l'ai fait, il n'y a pas de raison que tu ne puisses pas le faire.
→ Arrête d'être si triste, sois content·e, un peu !

Qu'est-ce qui cloche, dans tout ça ? À aucun moment les sentiments de l'autre ne sont pris en considération, aucun support émotionnel, aucune validation, aucune acceptation ne transparaît.
Amusez-vous à transformer chacune de ces phrases. Par exemple, au lieu de dire « Arrête d'être si triste, sois content·e, un peu », essayez quelque chose comme : « J'imagine que ça doit être difficile pour toi, en ce moment. Aimerais-tu qu'on fasse quelque chose ensemble qui pourrait t'apporter un peu de réconfort ? »
La théorie New Age du *love and light*, « amour et lumière », voudrait nous faire croire qu'il n'y a aucune place pour le doute, la peur ou le découragement dans nos vies, et que seule la pensée positive nous guidera vers notre idéal, puisque, en étant négatif·ive, on attire le négatif.
Je ne suis pas de cet avis. Nous vivons tous des réalités différentes, nos héritages neurologiques, sociaux, ethniques et familiaux créent des inégalités dont nous sommes parfois victimes. Nous n'avons pas besoin de *love and light* mais de compassion, d'écoute et de reconnaissance de nos existences.

6 ♦ La vue est le sens associé aux Apollonien·ne·s. Si vous ressentez un petit coup de mou, testez une séance de chromothérapie. Il s'agit de la réharmonisation du corps et de l'esprit par le « pouvoir » des couleurs. Sinon, une simple promenade au musée ou dans un joli parc est aussi fortement recommandée !

MERCURE

∴ LE OU LA COMMUNICATEUR·RICE ∴

« Je ne dis pas que je suis un génie,
mais je m'y connais en matière de bon sens. »

Emily Dickinson

Mercure, c'est la vivacité d'esprit, la curiosité toujours à l'affût, le besoin de se faire entendre et l'art de savoir écouter. Nous avons tous un message à faire passer, et Mercure détient tous les outils pour nous y aider.

QUI EST MERCURE DANS LA MYTHOLOGIE ?

Il naît de l'union de Maia, une nymphe, et de Jupiter, le dieu des dieux. Dès sa naissance, le bambin se révèle agité, s'échappant discrètement de son berceau pour jouer des tours à son frère aîné Apollo : il lui vole son bétail et remonte dans son lit, ni vu, ni connu. Évidemment, ça met Apollo en rogne et il va tout rapporter à leur père. Avant de subir la colère de Jupiter, Mercure, ce petit malin, fabrique une lyre et pousse la chansonnette à la gloire de son grand frère. Le vaniteux bellâtre le pardonne, mais garde la lyre, qui devient d'ailleurs un de ses emblèmes.

Deux choses à retenir ici : 1. Apollo est sensible à la flatterie, ce qu'on savait déjà ; 2. Mercure est un embobineur, et ce n'est pas pour rien qu'il est devenu le dieu des Voleurs et de l'Éloquence.

Souvent représenté avec une bourse, la sienne, pour le coup, il est aussi le dieu du Commerce et des Échanges, et on peut dire qu'il sait s'y prendre pour marchander ! D'ailleurs, Mercure vient du latin *merx*, qui signifie « marchandises », racine des mots *mercari*, « commercer », ou encore *merces*, « salaire ».

11:11
UNIVERSE
il y a 10 mn
You got this !

Dieu messager, Mercure se déplace presque à la vitesse de la lumière (normal, vu son ascendance foudroyante...).
C'est une divinité pleine de fraîcheur qui symbolise l'énergie adolescente, de la jeunesse, animée par une soif de découvrir le monde par tous les moyens : il est toujours en mouvement.
Son symbole cursif le représente d'abord physiquement ☿. On y voit une figure humaine coiffée d'un chapeau ailé, et aussi son caducée, sorte de baguette magique ailée créée à partir d'une branche de laurier, autour de laquelle sont enroulés deux serpents représentant l'union du ciel et de la terre. Souvent confondu avec le caducée de l'ordre des médecins, celui de Mercure sert principalement à soigner les morsures de serpents. C'est pourquoi on lui confère des qualités de guérisseur. Son caducée lui permet aussi de voyager et de créer des formulations alchimiques. Mercure est un magicien plein de ressources.

LE DOIGT DE MERCURE

Dans la main, le doigt de Mercure (l'auriculaire) représente le détenteur des secrets, toujours à l'affût de la moindre information et ne révélant jamais ses sources : « C'est mon petit doigt qui me l'a dit ! »

LE MONT DE MERCURE

C'est un mont aussi intéressant que l'archétype qu'il incarne, pétri d'ambivalences. Vous constaterez avec le temps et l'expérience que la grande majorité des monts de Mercure que vous rencontrerez sont situés plus bas que les monts d'Apollo, de Saturne et de Jupiter.

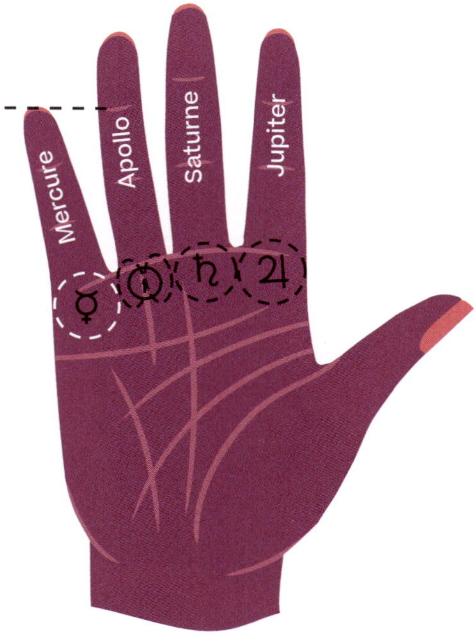

MERCURE ÉQUILIBRÉ

Idéalement, le doigt de Mercure s'arrête au niveau du commencement de la troisième phalange d'Apollo.
Le mont de Mercure est situé à peine plus bas que ceux d'Apollo, de Saturne et de Jupiter.
Si cet équilibre est respecté, la capacité de communiquer avec des mots ou par des actions est optimale.
Ce mont indique le potentiel supposé de développement des aptitudes psychiques et est souvent en rapport avec une prédilection pour les domaines du *care*.

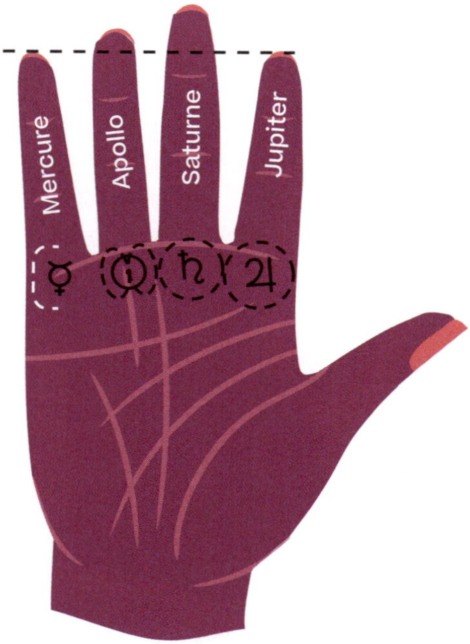

MERCURE SURDÉVELOPPÉ

Le doigt de Mercure dépasse largement le commencement de la troisième phalange d'Apollo.
Le mont de Mercure est à la même hauteur que les monts d'Apollo, de Saturne et de Jupiter.
Cela indique des prédispositions certaines pour l'éloquence, ainsi que la tentation d'en tirer profit. Pensez à la fable « Le corbeau et le renard » de Jean de La Fontaine…
Utilisées à mauvais escient, ces qualités pourraient aisément être mises au profit de duperies.

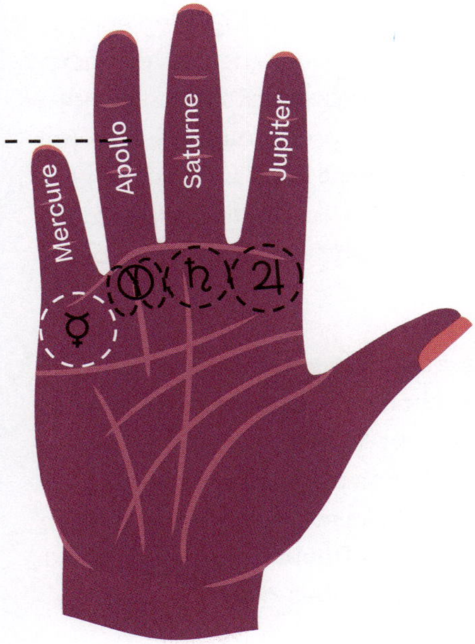

MERCURE SOUS-DÉVELOPPÉ

La taille du doigt de Mercure est inférieure au milieu de la deuxième phalange du doigt d'Apollo. Respire, *you can do it*, « tu peux le faire » !

L'implantation du doigt de Mercure est nettement plus basse que celle des autres.

Cela suggère des difficultés à communiquer, et donc aussi à se faire comprendre.

Cela peut également révéler une tendance à la naïveté et/ou à un manque d'intérêt vis-à-vis de son entourage.

Cela peut finalement indiquer un rapport conflictuel à l'argent.

QUI SONT LES MERCURIEN·NE·S ?

◆ Enfants dans l'âme, les Mercurien·ne·s sont des joueur·euse·s enthousiastes, regorgeant d'énergie, l'esprit toujours en ébullition, appréciant les défis physiques et cérébraux ! Joueur·euse·s car, bien que leur tête soit toujours pleine de plans (sur la comète, ou pas), iels prennent plaisir à accomplir leurs objectifs. La vie serait comme un genre de casse-tête qui ne demanderait qu'à être déchiffré ; pour avancer (selon les Mercurien·ne·s, le surplace n'est pas vraiment une possibilité), il n'y aurait qu'à explorer plusieurs voies en s'amusant, jusqu'à ce que ça fonctionne. À chaque problème sa solution !

◆ Les Mercurien·ne·s sont à la fois observateur·rice·s et acteur·rice·s, iels sont de toutes les fêtes et de tous les bons coups ou, du moins, ont le désir d'en être. Les informations, verbales ou non, ne leur échappent pas, et iels savent les utiliser à leur avantage.

◆ Curieux·ses, intelligent·e·s, ingénieux·euses, et plein·e·s de jugeote, iels sont en général de très bonne compagnie, parlant volontiers de n'importe quel sujet, et il va de soi qu'iels ont un avis sur tout. Comme les Apollonien·ne·s, iels aiment butiner de fleur en fleur, évoluant dans plusieurs cercles distincts. Ayant le contact facile, iels cumulent donc de nombreuses connaissances mais peu d'amis ; et s'iels maîtrisent le *small talk* (et presque tous les genres de discours, d'ailleurs), parler d'eux n'est pas vraiment leur fort. Pour se protéger, peut-être ? Aimant connaître les secrets des autres tout en gardant jalousement les leurs, maintenir la conversation en surface leur permet peut-être aussi de rester en mouvement.

◆ Les Mercurien·ne·s sont familier·ière·s avec la notion de clan, et généralement très orienté·e·s famille (de sang ou choisie). Passer du temps avec ceux et celles qu'iels aiment leur fait du bien et leur donnent de l'énergie. Leur besoin de liberté et de mouvement ne fait pas d'eux ou elles le pilier de la famille, mais plutôt son ciment. Iels assurent la liaison entre les membres, leur loyauté à toute épreuve (ou presque), et leur affection sincère les rend indispensables : toujours le mot pour rire ou pour nous changer les idées, leur qualité d'écoute est sans pareille.

◆ Cependant, iels aiment aussi souvent se faire les avocat·e·s du diable : vif·ive·s d'esprit, doté·e·s d'un bon sens de la repartie et la langue bien pendue, iels prennent plaisir à lancer et à animer des débats. Ce qu'iels aiment par-dessus tout, c'est les gagner...

◆ Compétitif·ive·s, iels sont stimulé·e·s par le défi : souvenez-vous, tout est un jeu ! Mais pour les Mercurien·ne·s, participer n'est pas toujours suffisant. Leur aptitude à jouer avec les mots et à jongler avec les informations peut parfois les conduire à user et à abuser de leur influence, flirtant habilement entre boniments et mensonges par omission.

◆ À l'instar des Saturnien·ne·s, les Mercurien·ne·s sont des bêtes de somme, ou plutôt des travailleur·euse·s acharné·e·s, doué·e·s dans de nombreux domaines. Dans le monde du travail, on les retrouve souvent à des postes en rapport avec l'information, la technologie, la finance ou le *care*.

◆ C'est peut-être leur côté électrique qui les empêche de tenir en place, qui les pousse à sauter d'une idée à l'autre. Cet aspect de leur personnalité est dû à une activité cérébrale très développée, générant en parallèle stress et anxiété. Les Mercurien·ne·s souffrent souvent d'insomnie ou ont un rapport conflictuel au sommeil.

◆ Rester tranquille leur est pénible, leur petit côté nerveux et/ou agité peut compliquer leurs relations amoureuses, ou au contraire les pimenter, au choix. Facilement distrait·e·s, préparant toujours le prochain coup, tourné·e·s vers le futur et tout ce qui s'agite dans leur tête, iels ne donnent pas toujours à leurs partenaires l'attention qu'iels méritent. Plus sensuel·le·s que sexuel·le·s, la tendresse tient un rôle important dans leurs relations. Ayant une forte tendance à la sapiosexualité (le fait d'être attiré par l'intellect d'une personne), leur intimité se crée autour de longues discussions teintées d'humour et ponctuées de jeu. La communication est le fort des Mercurien·ne·s de manière générale, mais iels peuvent aussi se fermer comme des huîtres quand il s'agit de laisser entrevoir ce qui se passe sous leur carapace, frustrant ainsi leurs partenaires. Loin de penser qu'iels ont la science infuse, iels peuvent tout de même être persuadés de détenir *la* vérité : quand ils ont une idée en tête, il est difficile de l'en déloger.

DIVINITÉ ASSOCIÉE	Mercure, messager des dieux, dieu du Commerce, du Voyage, des Voleurs et de la Médecine. Il représente la rapidité, l'ingéniosité, la famille et, bien sûr, la communication.
MOTS-CLÉS +	Communication, argent, instinct, intuition, ingéniosité, malice, inventivité, action, famille, esprit entrepreneurial, éloquence, persuasion, rapidité, perspicacité, diplomatie
MOTS-CLÉS –	Malice, manipulation, usurpation, workaholisme (oui, comme Saturne), persuasion, indécision, dispersion
SIGNES ASTROLOGIQUES ASSOCIÉS	Gémeaux et vierge
MOTTO	Je m'exprime et j'échange.
MON MERCURE EST DOMINANT SI…	… mon mont de Mercure est charnu et/ou bombé, qu'il déborde légèrement sur la tranche de la main, si l'implantation de mon doigt de Mercure est haute dans la main, si mon doigt de Mercure dépasse la délimitation de la deuxième phalange d'Apollo, si la phalange onglée de mon doigt de Mercure est courbe.

ARCANE DE TAROT	**Le magicien/le bateleur.** Carte de l'infini potentiel et de l'ingéniosité, c'est une belle allégorie des capacités mentales et de la volonté. Sur la table du magicien, objet d'échange et de partage, tout est à portée de main : les quatre éléments naturels et le symbole des quatre suites du tarot ! Le magicien nous aide à comprendre l'énergie mercurienne et la façon dont elle intervient dans nos vies : il y a une multitude d'outils attendant d'être apprivoisés pour partager notre vision au monde et notre pierre à l'édifice.
CHAKRA	Gorge – Communication
SENS	L'odorat

QUELQUES TIPS POUR LES MERCURIEN·NE·S

1 ♦ Pouvant être perçu·e·s comme les avocat·e·s du diable et excessivement bavard·e·s, les Mercurien·ne·s ont parfois des difficultés à s'émanciper de ce carcan choisi ou qu'on leur a imposé.
Le premier tip consiste à se redéfinir :

Je ne suis pas l'avocat·e du diable,

Je crois qu'il est intéressant et stimulant de défendre plusieurs points de vue.

Je ne suis pas excessivement bavard·e, je prends plaisir à communiquer et aime m'exprimer clairement.

2 ♦ Les Mercurien·ne·s sont excellent·e·s en matière de communication, doué·e·s pour les prises de parole en public, pour rédiger des speechs ou même parler de la pluie et du beau temps. En revanche, ils peuvent éprouver plus de difficultés à s'écouter et à communiquer avec eux ou elles-mêmes. Trois manières de se focaliser sur sa communication interne :

→ La rêverie : quand vous êtes absorbé·e par vos pensées, extrait·e d'une activité par vos songes, essayez d'y prêter davantage attention. Que se passe-t-il à l'intérieur de vous ? Quelles sont les images qui vous habitent ?

→ Se parler à voix haute : un bon moyen de s'encourager, de se féliciter et de s'aider à trouver la solution à un problème.

→ Écrire : quand vous avez des pensées intrusives, écrivez-les, débarrassez-vous-en ; quand vous avez de nouvelles idées, notez-les aussi. L'activité du *journaling*, c'est-à-dire tenir un journal/carnet intime, permet de rester en contact avec soi-même, cela enseigne à vivre et à raisonner avec toute sa personnalité.

Pratiquer la communication interne aide à mieux se connaître, à construire/renforcer une bonne estime de soi et à améliorer sa capacité à prendre des décisions.

3 ♦ Trois affirmations positives pour booster son énergie mercurienne :

Je communique facilement avec tout le monde.

J'aime exprimer le fond de mes pensées, je dis toujours ma vérité.

J'écoute et je reconnais la valeur présente dans le message des autres.

4 ♦ Le sens associé à Mercure est l'odorat. L'olfactothérapie est donc naturellement bénéfique pour les Mercurien·ne·s. Il s'agit d'une méthode de mieux-être psycho-émotionnelle basée sur l'utilisation des odeurs et leur pouvoir sur notre inconscient.
Pratiquer tout type d'exercice de respiration est fortement conseillé, à tout le monde et en particulièrement aux Mercurien·ne·s. Il existe de nombreuses applications sur le sujet, accessibles à tou·te·s, à condition d'avoir un smartphone. Par ailleurs, utiliser sa voix ne peut être que bénéfique, s'intéresser au nada yoga (yoga du son, de la voix et des vibrations) semble aussi être une très bonne idée.

MARS

∴ LE OU LA GUERRIER·IÈRE ∴

« Quand les temps sont durs, agissez.
Si ça marche, recommencez.
Si ça ne marche pas, faites quelque chose d'autre.
Mais ne vous arrêtez pas. »

Audre Lorde

Mars, c'est le début de toute chose, c'est le souffle vital, notre instinct de survie, c'est le truc qui nous fait dire « tiens bon, accroche-toi, on y est presque ». Mont bipolaire par excellence, car on le retrouve de part et d'autre dans la main, cet archétype est un peu la représentation grossière du duo de choc *good cop/bad cop*. D'un côté les élans chevaleresques et la maîtrise de soi à toute épreuve, et de l'autre l'envie de domination et de destruction, répondant à nos instincts les plus primaires. Pas de panique, nous avons besoin des deux, tout est une question d'équilibre.

QUI EST MARS DANS LA MYTHOLOGIE ?

Enfant légitime du couple divin par excellence, j'ai nommé Junon et Jupiter. Il semblerait cependant que ce dernier n'ait pas fécondé sa femme lors de cette grossesse. Eh non ! Être une femme libérée, tu sais c'est pas si facile, du coup, elle a fait un bébé toute seule… Pourquoi ? Pour se venger de son époux qui avait donné naissance tout seul à Minerve. On parle de *revenge porn*, mais peut-on parler de *revenge kid* ? Je ne sais pas ; en tout cas, Mars naît dans un contexte légèrement tendu. C'est grâce à une fleur mystérieuse que Junon l'enfante, et il est d'abord déclaré dieu de la Nature et de la Végétation.

Chez les Romains, où il est largement plus célébré que chez les Grecs (Arès), on considère que c'est la personnification de la force vitale. Les premières percées du printemps lui sont donc associées, car Mars en valeureux conquérant, se bat contre les forces hostiles de la nature. Astrologiquement parlant, il gouverne le signe du bélier, premier signe du zodiaque arrivé fin mars et annonçant le réveil de la terre endormie après l'hiver. C'est à lui qu'on attribue la prospérité des récoltes.

Né dans la colère et la vengeance, il a un hérité d'un appétit certain pour la violence : force brutale sur le champ de bataille, collectionneur de casques et de glaives, Mars inspire la crainte, mais aussi le respect. Dieu guerrier, on le célèbre deux fois l'an, en mars, bien sûr, pour fêter le retour des hostilités contre les ennemis, et aussi en octobre au moment de déposer les armes et de reprendre des forces.

Il est considéré comme le père de la civilisation romaine, car il est le géniteur de Rémus et de Romulus. C'est donc en héros qu'il est célébré par le peuple romain. Cela dit, s'il est aimé, il faut avouer que Mars aime, lui, difficilement. En revanche, il désire et il possède, se laissant guider par ses instincts les plus primaires : typiquement, il viole Rhéa Silvia (mère de Rémus et Romulus) dans son sommeil...

Son symbole cursif représente un bouclier et une lance ♂. Traditionnellement, on voit dans la flèche une représentation phallique, faisant de Mars l'emblème de la masculinité (rappel : les organes génitaux ne définissent pas le genre, ni l'expression de genre).

Dans la Rome antique, douze boucliers étaient suspendus dans son temple sur le forum d'Auguste. Ses lances y étaient conservées et, dès qu'elles s'agitaient, cela signifiait que la guerre était proche. Le commandant en chef s'exclamait devant les lances avant chaque campagne *Mars, Vigila !*, c'est-à-dire « Mars, éveille-toi ! », et les lances se mettaient à frémir, indiquant que le dieu Mars était opérationnel pour mener les légions à la victoire. De bon ou de mauvais augure, Mars est toujours associé à de nouveaux départs !

LE DOIGT DE MARS

L'archétype marsien n'a pas de doigt attitré, cependant son énergie se déploie dans une bonne poignée de main. Traditionnellement employée en signe de bienvenue, de remerciement ou comme gage de la conclusion d'un pacte, la poignée de main, et particulièrement celle effectuée avec la droite, s'impose entre les hommes à partir du Moyen Âge en Occident. Formés à être droitiers, les chevaliers tendaient la main droite à leurs interlocuteurs pour leur signifier qu'ils venaient en paix et n'avaient pas l'intention de dégainer leur épée. Une autre hypothèse avance que, lors de rencontres « civiles », tendre la main était un signe d'honnêteté et de droiture, ainsi pouvait-on constater qu'aucune arme ou objet contondant n'était dissimulé dans les manches.

D'un point de vue spirituel, on peut envisager le serrage de main comme un échange énergétique, nous verrons d'ailleurs très prochainement que les doigts, en chirologie, sont considérés comme nos antennes énergétiques ! On prend souvent le refus de serrer la main comme un affront (indépendamment, bien sûr, des précautions sanitaires), c'est un message corporel qui indique le non-désir de communication, ou du moins d'une quelconque entente : on ne veut rien avoir affaire de près ou de loin avec une personne à qui on refuse de serrer la main.

Quoi qu'il en soit, c'est une coutume, une habitude qui demeure, et vous savez sans doute qu'il existe même des livres, des articles ou encore des vidéos sur la bonne façon de se serrer la main ! Si on juge et qu'on est jugé·e sur notre poignée de main, c'est qu'elle sert d'une certaine manière de présentation dans la société actuelle. Il est en général tout aussi désagréable de tenir dans sa main une main molle et fuyante (hors situation de handicap) que de se faire broyer les doigts par une main écrasante et dominatrice.

◆◆◆ FAITES LE TEST ◆◆◆

Et vous ? Comment serrez-vous la main ?
Prenez un instant pour réfléchir, et souvenez-vous
de serrages de main particuliers : vous a-t-on déjà écrasé la main ?
A-t-on déjà retenu la vôtre prisonnière d'une poignée de main
pendant trop longtemps ? Pensez-vous que la façon dont
on s'empoigne peut avoir un lien avec sa personnalité ?
Notez toutes vos réponses ici.

LES MONTS DE MARS

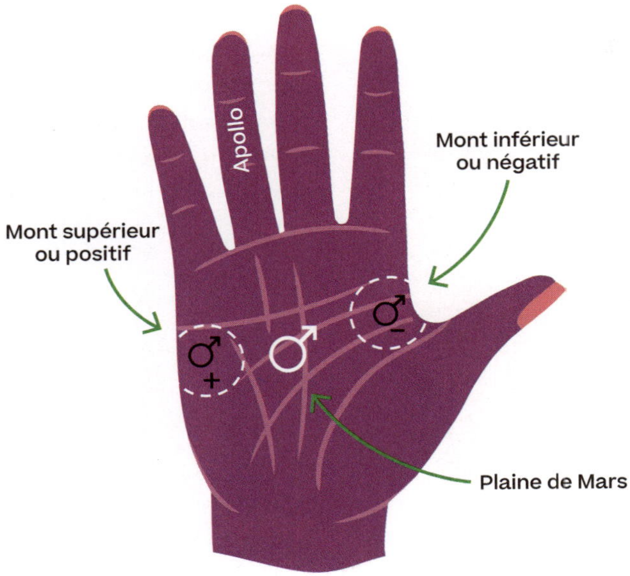

Il n'y a pas un mont de Mars mais deux, représentant les deux polarités d'une même énergie. Ainsi, on parle de Mars positif et de Mars négatif, lesquels se trouvent de part et d'autre de la main. L'espace entre les deux, lui, se nomme « la plaine de Mars ».

Le mont de Mars négatif se trouve entre les monts de Jupiter et de Vénus. Il incarne notre capacité à encaisser les chocs de la vie, il est lié à notre force physique et émotionnelle et renvoie à l'idée d'instinct.

Mars négatif, c'est aussi le symbole de notre énergie sexuelle : la zone de l'impulsion, du désir, et pas seulement du désir charnel. Il inclut également le désir de créer et d'entreprendre.

Idéalement, l'énergie portée par Mars négatif est là pour servir, soutenir et concrétiser les intentions conceptualisées en Mars positif.

Le mont de Mars positif se situe entre les monts de Mercure et de Luna.

Il est associé à notre force mentale et incarne la maîtrise de soi, la capacité à se contrôler dans n'importe quelle circonstance plutôt que de céder à son instinct. Mars positif, c'est la force tranquille, le nid de la résilience et de la persévérance. À eux deux, les monts de Mars symbolisent une main de fer dans un gant de velours.

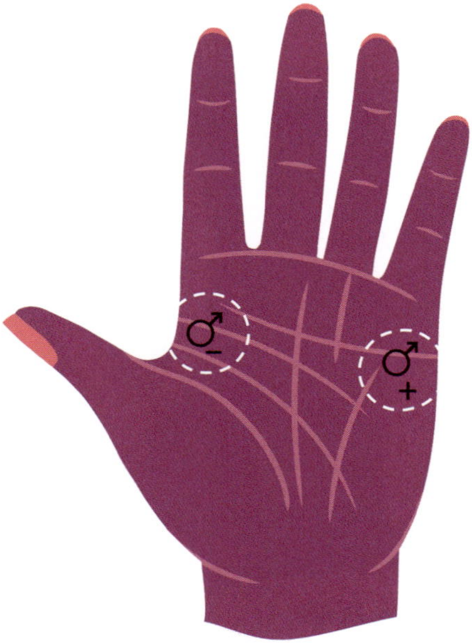

MARS ÉQUILIBRÉ

De manière générale, Mars symbolise le ou la guerrier·ière qui sommeille en nous, il fait écho à la détermination permettant de relever les défis de la vie, tout en se montrant respectueux de soi-même et des autres.

◆◆◆ TIP ◆◆◆

Pour vérifier si votre Mars est équilibré, placez une petite bille ou une perle ronde au milieu de votre paume, face vers le ciel. Secouez doucement votre main de gauche à droite ; si la bille ne tombe pas, vos deux monts sont équilibrés. Si elle tombe, regardez de quel côté, afin de savoir lequel de vos monts est le moins développé.

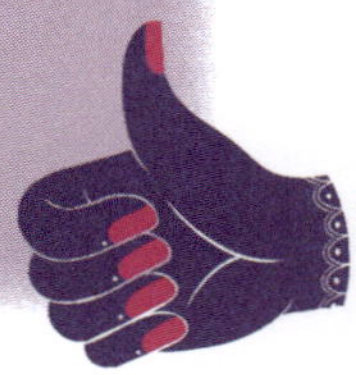

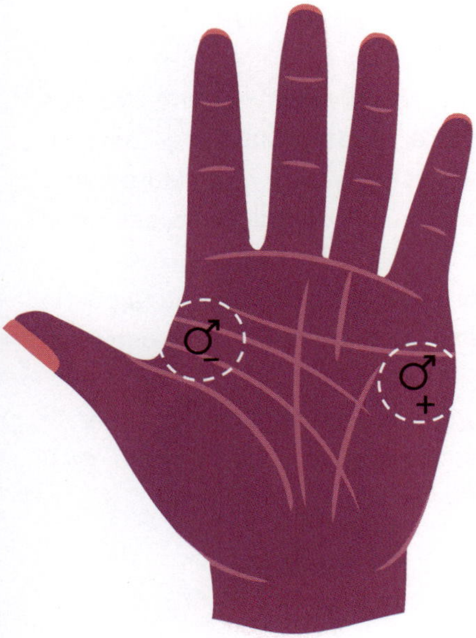

MARS SURDÉVELOPPÉ

Il suggère un manque d'introspection et de remise en question de sa personne. Il peut également indiquer une personnalité intense, aux énergies destructrices, accompagnée d'une très forte libido.
Le consentement peut être pour elle un véritable problème, car demeure un désir, conscient ou inconscient, d'asservir les autres et de dominer en tout point.

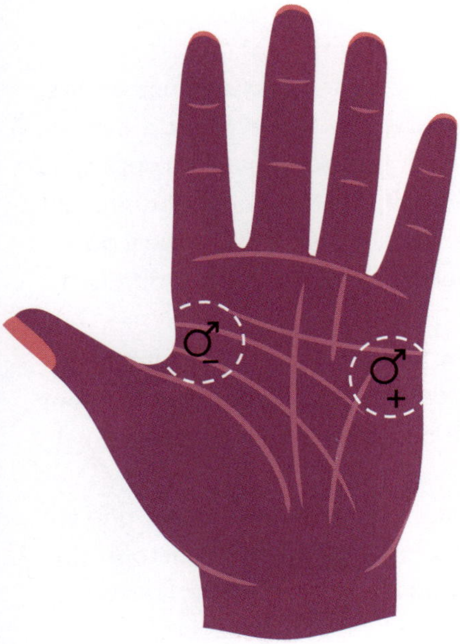

MARS SOUS-DÉVELOPPÉ

Il suggère une tendance défaitiste, un manque d'endurance physique et/ou mental, où les obstacles rencontrés peuvent paraître insurmontables.
Il fait également référence à un manque d'entrain pour la vie, à une nature « passive » qui laisserait les choses arriver, dotée du sentiment profond que « tout est perdu d'avance ».

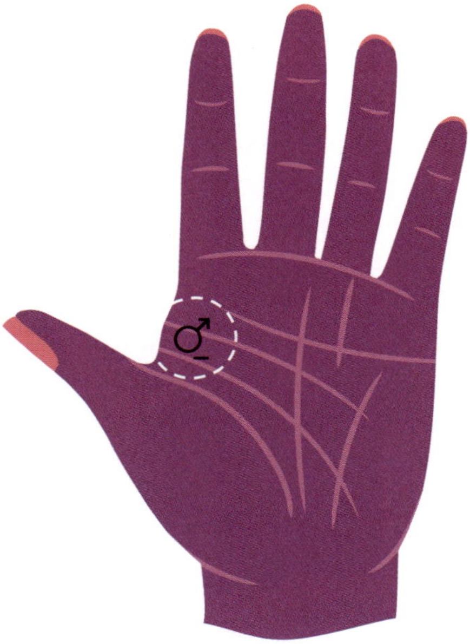

MARS ASYMÉTRIQUE

Dans la très grande majorité des cas de figure, quand Mars est asymétrique, c'est que le mont de Mars négatif domine. Un déséquilibre est donc présent.
Un Mars négatif surdéveloppé fait écho à un excédent de colère, de frustration et de ressentiment.
Il suggère une difficulté à laisser le passé derrière soi, à pardonner et à aller de l'avant.

QUI SONT LES MARSIEN·NE·S ?

◆ Comprendre l'archétype Marsien en chirologie n'est pas une mince affaire, puisqu'il est plus difficile de faire des généralités quand le mont à évaluer englobe en réalité deux monts distincts, représentant deux valeurs opposées et complémentaires. Les personnes ayant un mont de Mars négatif dominant seront Marsien·ne·s au même titre que celles ayant un mont de Mars positif dominant, cependant, leurs traits de personnalité seront quelque peu différents.

◆ Mars étant le guerrier, il transporte à la fois l'énergie de « l'agresseur » (Mars –) et celle du « défenseur » (Mars +). Idéalement, les deux monts sont équilibrés et forment un savant mélange de ces deux influences.

◆ Disons basiquement que les Marsien·ne·s + sont plus réfléchi·e·s que les Marsien·ne·s –, ces dernier·ière·s étant plus instinctif·ive·s et surtout plus impulsif·ive·s : iels ont tendance à partir au quart de tour, à agir d'abord et à réfléchir après. Le résultat direct étant une évaluation bancale des conséquences de leurs actions. Les Marsien·ne·s – ont un esprit assez agressif, mais se comportent plutôt comme des petits roquets quand on les perce à jour : iels aboient plus qu'iels ne mordent. Les démonstrations de force sont aussi un moyen de rassurer leur ego pas toujours au beau fixe. Les Marsien·ne·s – sont en revanche de très bon·ne·s initiateur·rice·s, peinant parfois à aller au bout des choses par manque d'autodiscipline et/ou par découragement.

♦ Les Marsien·ne·s + représentent quant à eux la force tranquille. Iels ne cherchent pas la bagarre mais sont toujours prêt·e·s à l'affronter. Leurs propos sont en adéquation avec leurs actes. Persévérant·e·s, iels ne sont pas du genre à renoncer.

♦ En général, les Marsien·ne·s agissent par passion, et avec beaucoup d'intensité. Iels sont animé·e·s par un fort besoin d'expression, qui n'est pas toujours verbal, et peut très bien passer par leurs mains ! On retrouve des artisan·e·s en tout genre parmi ce type. Iels semblent en effet accorder plus d'importance aux résultats tangibles qu'aux concepts.

♦ De nature pragmatique, iels partagent avec les Saturnien·ne·s un certain scepticisme, sans pour autant chercher à creuser : têtu·e·s, une fois qu'iels se sont fait une opinion, à la hâte ou non, iels préfèrent passer à autre chose.

♦ Leur franchise expéditive vient sans doute du fait qu'iels n'aiment pas se compliquer la vie et apprécient les choses simples ; au moins, le manque de tact permet d'aller droit au but ! On sait ainsi en général très vite si on est apprécié·e ou non par un·e Marsien·ne.

♦ De nature extravertie, comme les Apollonien·ne·s, iels n'ont pas peur de prendre de la place, quitte à déblayer le plancher s'iels en éprouvent le besoin. Communicatif·ive·s et confiant·e·s, les Marsien·ne·s ont une vie sociale bien remplie. Dévoué·e·s et loyaux·ales en amitié, iels ont tendance à avoir le cœur sur la main et à être très généreux·euses. Intègres et honnêtes, on peut sans l'ombre d'un doute compter sur eux et elles. En effet, iels n'hésiteront pas à remuer ciel et terre pour ceux·elles qu'iels aiment s'il le faut.

♦ Compétitif·ive·s et jusqu'au-boutistes, iels forcent le respect et l'admiration, non sans provoquer une pointe de crainte par moments. La frustration est sans doute le sentiment qu'iels ont le plus de mal à gérer, laquelle peut les pousser jusqu'à la violence verbale ou physique (pas nécessairement adressée contre une personne, elle peut s'exprimer par le bris d'objets ou le besoin de taper contre un mur).

♦ En matière de cœur (et de corps) les Marsien·ne·s sont les plus *hot* ! Sans équivoque, iels savent exprimer leur désir de manière compréhensible et directe. Leur sex-appeal est palpable, et leurs nombreux·ses admirateur·rice·s ne s'y trompent pas. Ayant une libido développée, la dimension sexuelle tient une place très importante dans leurs relations. Si les Apollonien·ne·s confondent volontiers amour et désir, les Marsien·ne·s confondent amour et possessivité, tendant d'ailleurs à avoir un petit peu plus de mal que les autres archétypes (excepté Jupiter) avec le consentement. Pouvant se montrer loyaux·ale·s et dévoué·e·s envers leurs partenaires, iels peuvent en revanche être dominant·e·s et écrasant·e·s, l'esprit collaboratif ne leur étant pas inné. Parfois réfractaires à la communication, surtout lorsqu'il s'agit de parler de sentiments profonds et d'émotions, iels peuvent percevoir la psychologie comme une perte de temps : se montrer vulnérable ne fait pas partie de leurs mœurs.

DIVINITÉ ASSOCIÉE	Mars, dieu de la Guerre, de la Jeunesse et de l'Agriculture. Il représente l'instinct, la violence et la vaillance.
MOTS-CLÉS +	Endurance, persévérance, défense, protection, passion, honnêteté, loyauté, résilience, assertivité, sexualité, désir, radicalité
MOTS-CLÉS -	Impulsivité, agressivité, violence, insatiabilité, insensibilité, vulgarité, radicalité, possessivité, convoitise
SIGNE ASTROLOGIQUE ASSOCIÉ	Bélier et scorpion
MOTTO	Je fonce et je me bats.
MON MARS EST DOMINANT SI...	... mon mont de Mars – est bombé et qu'il est rosé ou rougeâtre, si mon Mars + forme une courbe sur la percussion de ma main (tranche interne de la main quand les paumes sont levées vers le ciel, côté opposé au pouce) et crée un petit « rebord » entre le creux de ma main et ma percussion.

ARCANE DE TAROT	**La tour.** Cette carte cristallise la nature imprévisible de l'énergie marsienne. Elle représente l'étendue et la force d'un pouvoir brut, qui peut, s'il est mal dirigé, semer malheur et dévastation. La tour, c'est l'histoire d'un jeu de pouvoir et d'influence, et du changement inévitable engendré par ces dynamiques. C'est aussi une carte qui enseigne la résilience et la détermination, le courage de savoir recommencer. Autre carte : l'empereur.
CHAKRA	Sacré – Impulsion
SENS	Le toucher

QUELQUES TIPS POUR LES MARSIEN·NE·S

1 ♦ Pouvant être perçus comme rebelles, hyperactifs et impulsifs, les êtres marsiens se laissent parfois enfermer dans ces rôles choisis ou imposés, éprouvant ensuite des difficultés à en sortir.
Le premier tip consiste à se redéfinir :

Je ne suis pas rebelle, j'ai de fortes convictions, je suis audacieux·euse et déterminé·e.

Je ne suis pas hyperactif·ive, je suis énergique et enthousiaste.

Je ne suis pas impulsif·ve, je suis spontané·e et instinctif·ve.

2 ♦ L'énergie marsienne est associée à de très belles qualités. En revanche, Mars est aussi associé à la colère et à la destruction. Les Marsien·ne·s peuvent facilement s'accrocher à des souvenirs douloureux et sont prompt·e·s à

manifester du ressentiment : iels n'ont pas le pardon facile et, bien souvent, ceux à qui iels pardonnent le moins ne sont autres qu'eux-mêmes.

→ Il peut être pertinent de vous pardonner :
- ◆ d'avoir fait confiance à la mauvaise personne.
- ◆ de ne pas vous avoir choisi, vous.
- ◆ de vous être jugé trop durement...

Vous pouvez faire une liste de toutes les choses pour lesquelles vous souhaitez vous pardonner, et vous poser la question suivante en même temps : « Que signifie pour moi le pardon ? »

3 ◆ L'autre challenge pour les Marsien·ne·s, c'est d'apprendre à répondre à une situation et non pas à réagir à cette dernière.

→ Réagir à une situation c'est : être dans le besoin de se défendre tout de suite, passer à l'attaque, blâmer l'autre, contre-blâmer l'autre, etc. C'est se refermer sur soi, pratiquer l'évitement, refuser de communiquer, fuir. C'est répéter le même comportement encore et encore.

→ Répondre, c'est : clarifier son mental pour comprendre ce qui arrive, avoir recours à des outils tels que des techniques de respiration pour apaiser les réactions de son corps. C'est reconnaître son besoin de se défendre, son besoin d'attaquer, et ça peut être les dire à haute voix et de manière neutre : « J'ai envie de... tout casser, m'arracher les cheveux... » C'est reconnaître et nommer ses émotions C'est réfléchir à la manière dont cette reprise de pouvoir sur soi nous fait grandir. C'est se féliciter d'avoir déjoué le piège de ses habitudes.

4 ◆ Trois affirmations positives pour booster son énergie marsienne :

J'honore mes valeurs et celles des autres.

Je suis confiant·e et persévérant·e.

Je me bats pour mes convictions.

5 ◆ Le sens associé à Mars est le toucher : tout ce qui est en rapport avec la nature et l'exercice physique fera du bien à l'énergie marsienne.

LUNA

∴ LE OU LA VISIONNAIRE ∴

« Aucun organisme vivant ne peut continuer à exister
de manière saine dans des conditions de réalité absolue. »

Shirley Jackson

L'archétype lunarien, c'est un peu notre jardin secret, le berceau de notre perception et de notre imagination : à quel moment s'arrête le rêve, et quand la réalité commence-t-elle ? Suis-je éveillé·e ou endormi·e ? Et si je préférais le monde des songes, le monde que j'ai créé ? Luna représente aussi les parties les moins accessibles de nous-mêmes, elle fait écho au subconscient et à l'intuition.

QUI EST LUNA DANS LA MYTHOLOGIE ?

Voilà qui n'est pas une mince affaire. Contrairement aux autres dieux, Luna n'est pas une seule et même personne. Oui, Luna, c'est un peu toutes les femmes de ta vie en toi réunies. Ce n'est pas une surprise, la Lune est changeante, et sa transformation est la plus rapide de tous les astres qui peuplent le système solaire : elle offre une image d'elle différente chaque jour. On connaît bien sûr les différentes phases de la Lune, il apparaît donc logique qu'elle soit représentée par différents personnages, incarnée tour à tour et parfois en même temps par trois déesses distinctes, mais pas vraiment (oui, Luna brouille clairement les pistes) : on parle alors de la *Diva Triformis*, la triple déesse.
Il y a donc Luna, qui est la personnification supposée de la Lune, se baladant nuit après nuit sur son char dans le ciel, auquel est accroché l'astre nocturne. Sœur de Sol et d'Aurore, c'est, comme ces dernières, une divinité archaïque.

Luna est toujours représentée coiffée d'un croissant de Lune, elle incarne la Lune montante.

Vient ensuite Diane, dont nous avons déjà parlé, et qui est venue au monde en même temps qu'Apollo. C'est une de celles qui portent le titre de déesse vierge : se rappelant des cris de douleur lors de l'accouchement de sa mère, elle demande à son père Jupiter de lui accorder la virginité éternelle. C'est une des rares déesses, si ce n'est la seule, qui ait le droit de porter une tunique courte pour courir aisément à travers les bois ! Pardonnez-moi d'avance, mais là, je suis obligée de le dire quand même, oui, Diane, c'est l'archétype de la femme sauvage. Elle est en même temps la déesse de la Chasse et la patronne de la Faune et des Bois. Diane n'est surtout pas à envisager, comme on pourrait être tenté de le faire à l'aune d'un esprit tordu et misogyne, comme une femme frigide qui finira bouffée par son chat. Non. Pensez à la forêt vierge, aux territoires inexplorés et à toutes les possibilités que cela implique. Préservée du reste du monde, à l'abri de l'œil qui convoite et de l'œil qui désire, il existe une terre vaste et pure où il fait bon être soi et rien que soi, un terrain de jeu prêt à accueillir créativité et imagination sans limites.
Diane est aussi une divinité marine (pas étonnant quand on sait que la Lune influence les marées), elle se fait protectrice des navigateurs et symbolise la pleine Lune.
Déesse de la Musique, il lui arrive parfois de diriger le chœur des muses avec son frère Apollo.
Déesse de la Fertilité, de la Fécondité et de la maternité, notre doula des temps antiques accompagne généralement les femmes de la puberté aux premières couches.
Soupe au lait, Diane est assez expéditive et punit sévèrement quiconque l'agace.

Et vient enfin Trivia, déesse magicienne, arpentant routes et carrefours censés relier la terre aux enfers, qui se plaît en compagnie des fantômes et autres démons qui hantent l'entre-deux-mondes. Trivia est crainte et n'inspire pas vraiment confiance. Et pour cause : elle aime se promener dans les lieux communément associés au déplaisir, tels que les cimetières ou les scènes de crime ! Mystique et intuitive, elle est aussi associée au voyage, aux routes et aux chemins, les voyageurs l'invoquent volontiers afin d'éviter de s'égarer. Trivia incarne la Lune noire, l'inconnu et l'au-delà.

LE DOIGT DE LUNA

Comme Mars, Luna ne possède pas de doigt attitré, cependant vous pourrez constater une chose bien intrigante par vous-même. Si l'archétype lunarien correspond aussi à notre face cachée, c'est parce que, physiquement, il s'agit de la seule partie de la paume que l'on ne peut toucher avec aucun doigt de la même main.

◆◆◆ FAITES LE TEST ◆◆◆

Ouvrez vos deux mains face vers vous, essayez d'abord de toucher votre mont de Luna avec le pouce. Que se passe-t-il ? Essayez maintenant de le toucher tour à tour avec le doigt de Jupiter, de Saturne, d'Apollo et enfin de Mercure. Que se passe-t-il ? Aviez-vous déjà remarqué ce phénomène auparavant ? Que cela vous inspire-t-il ? Prenez quelques minutes pour noter vos impressions.

LE MONT DE LUNA

Le mont de Luna représente nos aspirations, nos émotions et notre sensibilité au monde.

L'archétype lunarien est intimement lié au sens du voyage, qu'il soit extérieur ou intérieur, à l'imagination et, par extension, à la créativité.

Lorsque nos paumes pointent vers le ciel, le mont de Luna se trouve sur la partie basse de la percussion de la main (tranche interne de la paume, opposée à la partie où se trouve l'implantation du pouce), entre le mont de Mars positif et le poignet.

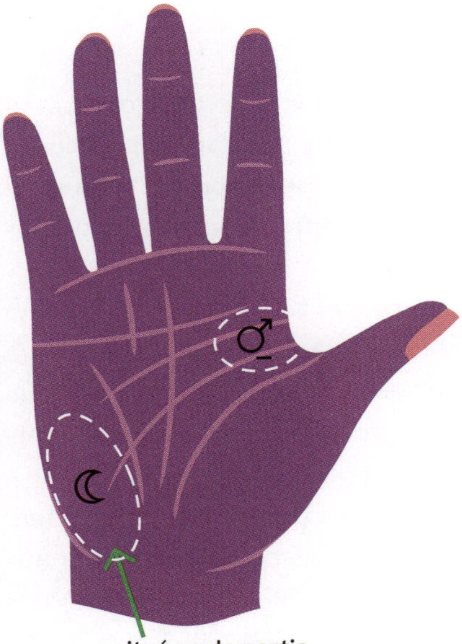

LUNA ÉQUILIBRÉ

Lorsque le mont de Luna est équilibré, il confère la capacité de rêver, sans se perdre pour autant dans des plans sur la comète : c'est le pouvoir d'imaginer avant de passer à la création.
C'est aussi le signe qu'une grande palette d'émotions peut être déployée aisément, dont l'empathie, qualité essentielle de l'archétype.
Cela suggère un rapport sain à tout type de spiritualité et une bonne écoute de ses intuitions.

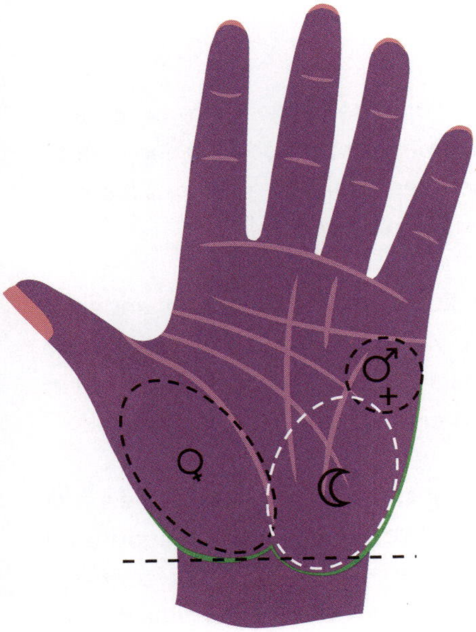

LUNA SURDÉVELOPPÉ

En chirologie, on considère que le mont de Luna est surdéveloppé lorsqu'il est significativement bombé, empiète sur le territoire des monts de Mars positif et/ou de Vénus, et qu'il descend sensiblement plus bas que le mont de Vénus dans la paume, empiétant au moins partiellement sur le début du poignet.
Cela suggère une tendance à être facilement submergé·e par ses émotions. La réalité peut être perçue comme pesante et hostile, si bien que le monde imaginaire devient presque le seul et unique refuge face au tourbillon de la vie. Cela peut entraîner une tendance à se couper du monde pour fuir le sentiment pesant d'être incompris·e, et conduire à une forme d'égoïsme et/ou d'égocentrisme.

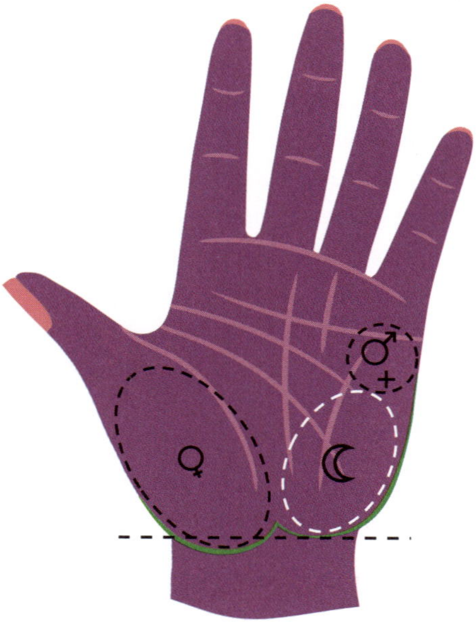

LUNA SOUS-DÉVELOPPÉ

Un mont de Luna sous-développé peut apparaître concave dans la paume, ou extrêmement plat : comme si on avait voulu faire rentrer le mont à l'intérieur de celle-ci.
La paume peut-être légèrement asymétrique, induisant que le mont de Luna n'est pas au même niveau que le mont de Vénus dans la paume, mais positionné plus haut.
Cela suggère une nature sceptique, cartésienne, ayant tendance à manquer de fantaisie. De manière générale, on peut aussi parler d'une nature ayant largement tendance à l'éternelle insatisfaction.

QUI SONT LES LUNARIEN·NE·S ?

◆ L'archétype de Luna contient les différents aspects de notre personnalité qui nous sont les moins accessibles, comme notre subconscient, notre inconscient et nos rêves. Pour cette raison, les Lunarien·ne·s sont les plus sensibles, les plus imaginatif·ive·s et les plus intuitif·ive·s.

◆ Ce qui caractérise particulièrement les Lunarien·ne·s, c'est leur capacité à se déconnecter du monde, à avoir l'air de vivre dans une autre sphère que la nôtre, ce qui peut, quand on ne les connaît pas, leur donner un air froid et hautain (amour de la projection quand tu nous tiens !).

◆ Les Lunarien·ne·s éprouvent souvent la sensation d'être inadapté·e·s à la société (c'est en fait la société qui le leur fait ressentir). Très à l'écoute de leurs sensations, de leurs émotions et de nature empathique, ce sont des éponges émotionnelles se gorgeant bien trop souvent et trop vite d'énergies ne leur appartenant pas. Le rinçage psychologique et émotionnel qui en découle les oblige à avoir besoin de s'isoler, pour se préserver et se régénérer : Lunarien·ne·s peuvent être des personnes solitaires.

♦ De charmante compagnie, quand leurs dispositions le leur permettent, leur imagination débordante, leur vision particulière du monde et des choses qui le constituent en font de fascinant·e·s interlocuteur·rice·s (peut-être pas les plus apprécié·es des Marsien·ne·s…). Partageant avec les Apollonien·ne·s l'amour de la versatilité, leur champ de compétences et leurs centres d'intérêt sont vastes et diversifiés. De nature nerveuse, car surstimulé·e·s par les fluctuations extérieures, comme les Mercurien·ne·s, iels tiennent difficilement en place, bien que cela se traduise d'une autre façon.

♦ L'archétype lunarien est celui des voyageur·euse. s : l'attraction pour les promesses d'un ailleurs (souvent fantasmé) le poussent vers l'aventure. Il a tendance à croire que l'herbe est forcément plus verte ailleurs ; ses pérégrinations sont souvent des fuites en avant. Si le voyage peut être spatial, il peut aussi être intérieur. Cet archétype est en effet réputé pour sa capacité à accéder à différentes strates de conscience, principalement via le rêve ou la contemplation méditative.

♦ Visionnaires, ayant une imagination fertile et riche, créativement parlant, iels peuvent cependant avoir du mal à faire émerger leurs idées dans le réel, à les matérialiser, principalement à cause d'un conflit interne centré autour d'un fort désir d'autoréalisation et d'une irrépressible apathie. La chanteuse Suzanne ou encore le groupe 1995 ont chacun publié un titre se nommant « La flemme » que je vous invite à explorer. Se faire aider peut-être particulièrement positif pour les Lunarien·ne·s.

♦ Peu pragmatiques, les Lunarien·ne·s travaillent d'ailleurs mieux en équipe (à condition qu'ils ou elles se sentent en sécurité), toujours là pour apporter un point de vue alternatif et de nouvelles idées, leur perspicacité et leur inspiration sont une réelle plus-value.

♦ Leur imagination débordante peut aussi leur jouer des tours ! Les Lunarien·ne·s ont tendance à se faire des films, et à tirer des conclusions hâtives sur des personnes ou des situations sans autres fondements que leur imagination et leur intuition. Étant également assez autocentré·e·s, iels se placent volontiers comme la victime d'une situation donnée ; iels peuvent par la même occasion éprouver des difficultés à assumer leurs responsabilités en cas de conflits.

♦ Leur sensibilité particulière en fait des esthètes se passionnant souvent pour la magie des mots, du langage et des langues étrangères. Chez les

Lunarien·ne·s, on retrouve beaucoup d'écrivain·e·s, de poètes et de poétesses, et bien sûr des artistes !

◆ Très intenses, les Lunarien·ne·s sont prompts aux excès et aux addictions. Iels partagent avec les Jupitérien·ne·s l'amour de la bonne chère, sauf qu'iels ont tendance à « manger leurs émotions ». Leur singularité fait qu'iels ont d'ailleurs souvent des goûts hors normes ou une appétence pour tout ce qui n'est pas commun, et c'est souvent la même histoire en matière de relations intimes…

◆ Les Lunarien·ne·s sont des êtres complexes qui ont à la fois besoin de beaucoup d'espace et de liberté, et de beaucoup d'attention. Partenaires capricieux·ses, car voyant les choses par leur prisme plutôt que dans leur globalité, absorbé·e·s par leurs pensées, iels peuvent être davantage préoccupé·e·s par leurs besoins que par ceux des autres. À la recherche de compréhension et de sécurité, iels peuvent témoigner un amour inconditionnel si ces deux éléments sont comblés. Romantiques et romanesques, iels ont une libido stimulée par l'imagination et sont souvent attiré·e·s par des personnes mystérieuses et/ou secrètes. Très sensuel·le·s dans leurs relations, iels ne sont pas vraiment tactiles hors de la sphère intime et peuvent sans problèmes privilégier les relations platoniques, tout en s'avérant très surprenant·e·s en matière de sexualité, spécifiquement grâce à leur imagination. Iels font souvent de meilleur·e·s ami·e·s qu'amant·e·s, probablement car leurs attentes ne sont alors pas les mêmes, et l'intensité des sentiments engagés non plus.

Pouvant se laisser absorber par l'autre, leur meilleur moyen de défense est l'agressivité passive.

DIVINITÉS ASSOCIÉES	Diana *triformis*, la déesse aux trois visages : Luna, Diana, Trivia. Si Luna est la personnification de la Lune, les déesses Diana et Trivia sont, elles, associées à la fertilité ou à la magie. Elles symbolisent l'ombre, la spiritualité et les songes.
MOTS-CLÉS +	Créativité, intuition, empathie, imagination, vision, spiritualité, connexion, profondeur, mysticisme, langage, voyage, évasion, solitude

MOTS-CLÉS -	Froideur, imprévisibilité, inconstance, introversion, morosité, mélancolie, mysticisme, égoïsme, mensonge, solitude
SIGNE ASTROLOGIQUE ASSOCIÉ	Cancer
MOTTO	J'imagine et je rêve.
MON LUNA EST DOMINANT SI...	… mon mont de Luna est supérieur ou égal au mont de Vénus, s'il s'étend sur la zone de percussion, s'il empiète sur la zone du poignet.
LES CARACTÉRISTIQUES LUNAIRES SONT RENFORCÉES QUAND...	… j'ai une main de type eau, des pulpes digitales charnues, une ligne de tête qui finit sur le mont de Luna, une ligne de tête qui s'achève en plusieurs branches, une ceinture de Vénus, une volute ou une spire ou une étoile sur le mont de Luna, une ligne de destin qui commence sur le mont de Luna.
ARCANE DE TAROT	**La grande prêtresse.** Connectée à l'intuition, aux profondeurs des sentiments et aux sens cachés, la grande prêtresse est, à l'instar de l'énergie lunaire, gardienne de secrets. Cette carte nous invite à entrer en résonance avec notre intuition et à plonger au plus profond de nous-mêmes, afin d'y puiser les ressources nécessaires pour face aux différents challenges qu'on pourrait rencontrer. C'est une énergie à la fois douce et puissante qui nous dit go *with the flow*.
CHAKRA	Troisième œil – Intuition
SENS	L'intuition

QUELQUES TIPS POUR LES LUNARIEN·N·E·S

1 ♦ Parfois considéré·e·s comme en quête permanente d'attention, les Lunarien·ne·s peuvent avoir des difficultés à sortir de ce rôle qu'on leur a attribué ou dans lequel ils se sont installés. Le premier tip consiste à se redéfinir :

Je ne suis pas en quête permanente d'attention.

Je cherche à me connecter aux autres.

2 ♦ Les Lunarien·ne·s ont de merveilleuses qualités intuitives et empathiques. De nature sensible et réceptive, ils peuvent avoir tendance à se laisser absorber par les émotions des autres. Dans ce cas, il peut être pertinent qu'iels répondent à ces questions :

→ En compagnie de quelles personnes est-ce que je me sens le plus épuisé·e énergétiquement ?

→ Pourquoi suis-je contrarié·e quand une personne est en désaccord avec moi ?

→ Pourquoi suis-je anxieux·se quand une personne de mon entourage est frustrée, en colère, triste ou insatisfaite ?

Et réfléchissez pour chacune de ses situations à ce dont vous avez besoin. Écrivez-le.

3 ♦ Les Lunarien·ne·s peuvent aussi avoir le sentiment d'être submergé·e·s par leurs propres émotions. Comment, dès lors, réussir à naviguer dans tous ces états d'âme ? Il peut être avantageux de travailler avec ses émotions en ces termes :

→ En nommant ses émotions. En ce moment, je me sens [nommer l'émotion], cette émotion agit ainsi sur moi : [noter ce que cette émotion vous procure].

→ En identifiant la cause. Que s'est-il passé ? J'étais [nommer le lieu, l'action], je me souviens d'avoir remarqué [indiquer les détails].

→ En identifiant la réponse physique et émotionnelle. Quand j'ai ressenti [nommer l'émotion], j'ai [décrire l'action/l'attitude/le langage corporel], les pensées qui me sont venues à l'esprit étaient [noter les pensées].
→ En confrontant les émotions. Est-ce que mon sentiment de [nommer l'émotion] était approprié à la situation ? Est-ce qu'il s'agissait d'une situation que je pouvais contrôler ? Si je ne pouvais pas contrôler cette situation, est-ce qu'il s'est passé quelque chose que je peux accepter et/ou tolérer ? Sinon, quelles sont les limites que je peux mettre en place pour me protéger ?
→ En définissant les limites. Établir la liste de mes limites personnelles, en incluant mes limites physiques, émotionnelles, psychologiques, verbales et temporelles.

4 ♦ Trois affirmations positives pour booster son énergie lunaire :

Mon imagination est sans limite.

Je suis enclin·e à recevoir.

Je me connecte facilement à mon intuition.

5 ♦ Le sens associé à Luna est l'intuition. Vous pouvez essayer de vous connecter davantage à votre intuition :
→ en pratiquant le *journaling*, c'est-à-dire en prenant l'habitude de tenir quotidiennement une sorte de journal intime.
→ en essayant de vous rendre à une adresse dont vous ne connaissez pas encore la destination exacte, et en choisissant de vous laisser guider par votre petite voix intérieure.
→ en essayant de deviner l'heure qu'il est avant de regarder votre téléphone.
→ vous pouvez aussi faire l'acquisition d'un oracle, qui est un jeu intuitif délivrant des messages.
→ vous pouvez apprendre, comme vous le faites d'ailleurs, à pratiquer la chirologie.

→ vous pouvez aussi décider de commencer un cahier des rêves. En effet, l'archétype lunarien est fortement associé aux mondes immatériels ; on considère qu'il a la capacité de prolonger son existence ou de vivre « d'autres vies » à travers ses rêves. Prenez l'habitude de noter vos rêves, remarquez leur récurrence ainsi que les couleurs et les symboles, et créez le référentiel de votre jardin secret pour y puiser des réponses.

→ vous pouvez aussi tester une séance de projection de lumière hypnagogique, dont les vertus relaxantes nous plongent dans des états de conscience modifiée : idéal pour booster la créativité et l'intuition.

L'eau étant aussi l'élément de l'archétype lunaire, vous offrir une séance de flottaison en isolation sensorielle[1] peut être une excellente manière de vous reconnecter à vous-même.

1. Bain dans une eau salée à température corporelle reproduisant l'effet d'apesanteur du cocon matriciel.

VÉNUS

∴ L'AIMANT·E ∴

« Désirer toucher les étoiles est ambitieux.
Désirer toucher les cœurs est sage. »

Maya Angelou

Vénus a la lourde tâche de nous faire expérimenter les pendants positifs de notre incarnation. Qu'il est difficile, parfois, d'habiter son corps quand les préoccupations journalières sont si pesantes et accaparantes ! Comment se faire plaisir physiquement quand notre espace mental est tellement surchargé qu'on en oublie de vivre, justement ? Vénus, c'est l'archétype du plaisir et des sens en ébullition. C'est la recherche d'amour, de jouissance et de divertissement qui nous anime. Avec ses capacités de cœur, c'est l'archétype nous permettant de nous émouvoir, de tisser du lien, de faire preuve de compassion et de générosité.

QUI EST VÉNUS DANS LA MYTHOLOGIE ?

Vous vous souvenez sans doute de Saturne, le parricide originel de notre épopée chirologique ? Eh bien, figurez-vous que je ne vous ai pas tout raconté à son sujet ! Saturne n'est pas le père de Vénus, non, pourtant leurs destins sont intrinsèquement liés. En effet, lorsqu'il a sectionné les parties intimes de son père, il les a jetées à la mer. Selon la légende, c'est comme ça que l'écume, *aphros*, en grec, est née. L'écume n'étant autre que le sperme d'Uranos (pensez-y quand vous serez à la plage !), qui a fécondé la mer et donné naissance à Vénus, Aphrodite en grec.

Selon la légende, Vénus a débarqué sur terre en surfant (plus ou moins) sur une coquille Saint-Jacques, accueillie en fanfare par les dieux subjugués par tant de beauté ; Virgile, dans *L'Éneide*, dit que « ses yeux scintillaient d'étoiles » et qu'elle « exhalait un parfum de fleurs suaves ».
Superbe en tout point, la plus belle de toutes les déesses, elle est représentée avec un miroir. Sensible à l'harmonie – il ne s'agirait pas de passer à côté du loisir de s'admirer –, la suffisance semblant être un trait de caractère qu'elle partage avec Apollo. Son symbole cursif, ♀, représente d'ailleurs un miroir, et c'est aujourd'hui c'est le symbole de la femme, quand celui de Mars désigne l'homme.
D'ailleurs, Vénus et Mars sont connu·e·s pour leur liaison passionnée : elle, objet du désir, lui, viril conquérant. Cependant, il ne faudrait pas croire que Vénus soit totalement passive ! Elle aime être aimée et convoitée. Elle ne forme pas avec Mars un couple sulfureux pour rien, car elle est aussi bel et bien maîtresse de son désir et court après la jouissance, sous toutes ses formes. Tous deux représentent les archétypes du féminin et du masculin, et les codes associés à ces deux énergies sont encore très présents dans notre société actuelle, binaire et patriarcale.
Pour revenir à l'histoire du miroir, on pourrait presque dire qu'elle a lancé une *trend* avec l'obsession de la jeunesse et de la beauté ! Vous vous souvenez de « miroir magique au mur, qui a beauté parfaite et pure » ? Vénus, c'est la première It-girl.

C'est une femme volage et adultère qui compte bien profiter de tous les plaisirs que la vie éternelle a à lui offrir, qu'elle soit mariée ou non. Vulcain, le plus laid des dieux, est son mari. Il a au moins la chance d'être extrêmement habile de ses mains (on espère que ça a servi à Vénus !) : dieu du Feu, il occupe une place très importante au panthéon, car c'est le forgeron des dieux, le créateur d'accessoires magiques en tout genre – il n'a rien à envier à Q, qui fournit en gadgets le célèbre agent 007. Il confectionne ainsi pour son épouse sa célèbre ceinture, le ceste. Cette dernière confère « grâces, attraits, sourire engageant, doux parler, soupirs les plus persuasifs, silence expressif et l'éloquence des yeux » à quiconque la porte. Vénus est séductrice, mais pas tentatrice, elle est même dotée d'une grande générosité, prêtant volontiers sa ceinture aux copines, dont Junon, quand celle-ci veut attirer l'attention de Jupiter et le faire tomber dans ses filets.
Vénus peut aussi s'avérer cruelle et vengeresse : elle condamne celui qui a révélé sa liaison avec Mars, Vulcain (son époux, on le rappelle), à ne jamais être heureux en amour.

On la connaît aussi sous le nom de Vénus *genitrix*, « celle qui engendre la lignée », on lui attribue ainsi des qualités de mère et de protectrice. Vénus *Victrix*, elle a le pouvoir d'accorder la victoire sous cette invocation. À cœur vaillant rien d'impossible n'est-ce pas ?

LE DOIGT DE VÉNUS

Comme l'archétype marsien, le vénusien n'est associé à aucun doigt, et j'ai peu de choses à dire à ce sujet, si ce n'est que l'on ressent un bien-être immédiat en massant cette zone.

••• FAITES LE TEST •••

Prenez le temps de jauger votre mont, secouez vos mains, puis effectuez plusieurs pressions rotatives sur cette zone. Que ressentez-vous ?

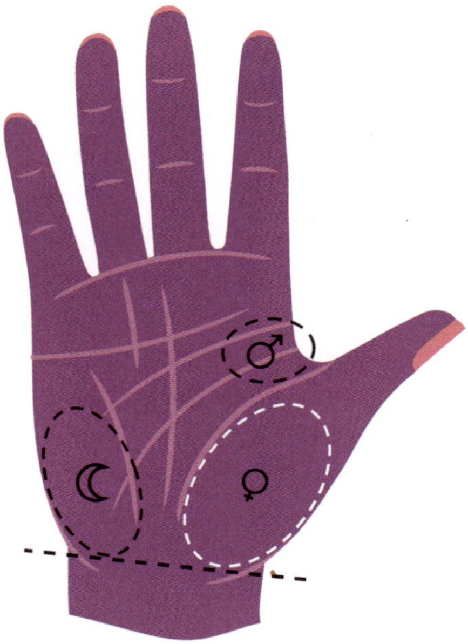

LE MONT DE VÉNUS

Le mont de Vénus est celui qui devrait occuper le plus d'espace dans la main. Idéalement, il est situé au même niveau que le mont de Luna, prend racine sous le mont de Mars inférieur, et épouse d'une belle courbe le début du poignet.

VÉNUS ÉQUILIBRÉ

Quand le mont de Vénus est équilibré, alors l'aptitude à aimer, à pardonner et à faire preuve de générosité est optimale.
De plus, cela suggère un rapport sain à son corps.

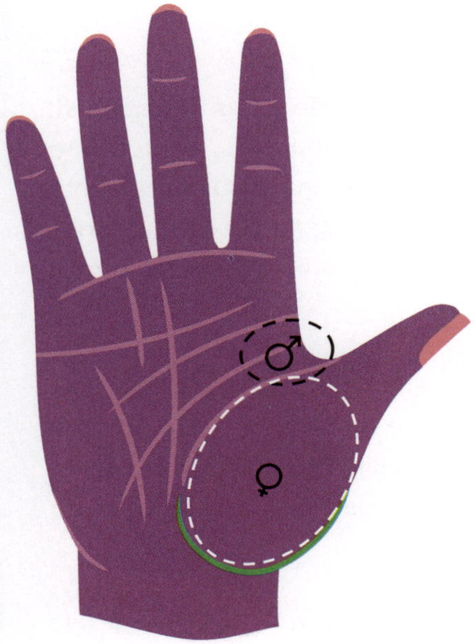

VÉNUS SURDÉVELOPPÉ

Le mont de Vénus est surdéveloppé quand il est particulièrement charnu et bombé, avec une teinte plus vive que le reste des monts de la main (souvent particulièrement rosé ou rougeâtre). Il empiète également sur le mont de Luna, et déborde partiellement ou complètement sur le poignet.
Il suggère une tendance à l'oisiveté et intensifie le côté épicurien.
Dans ces conditions, placer ses limites peut-être un challenge.

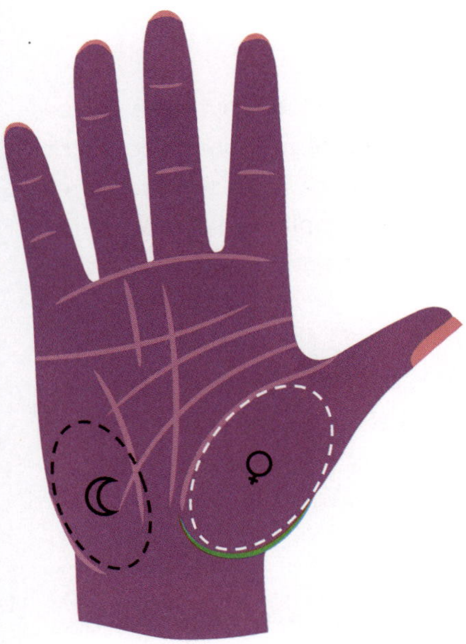

VÉNUS SOUS-DÉVELOPPÉ

On considère que le mont est sous développé lorsqu'il apparaît comme plat, peu bombé, et qu'il est plus haut que le mont de Luna dans la paume.
Cela suggère une nature réservée dans l'expression verbale et physique de ses sentiments. La recherche de passion amoureuse est clairement absente, et se dessine une tendance à appliquer plus qu'à la lettre l'adage « charité bien ordonnée commence par soi-même ».
Cela peut également se traduire par un manque d'amour de soi, et une déconnexion de son corps.
C'est un indicateur potentiel de manque d'énergie physique.

QUI SONT LES VÉNUSIEN·NE·S ?

◆ Iels inspirent la confiance. Généreux·ses et attentionné·e·s, ils font souvent preuve d'un optimisme et d'une joie de vivre contagieux·se·s. Apprécié·e·s par le plus grand nombre, les Vénusien·ne·s ont le don de nous faire aimer qui nous sommes, et c'est pour cela que leur compagnie est tant désirée, encourageante et bienveillante ; passer du temps avec eux et elles est comme une caresse sur le cœur.

◆ Sensibles à ce qu'on pense d'eux et elles, sans pour autant avoir un ego surdimensionné, les Vénusien·ne·s sont en quête d'harmonie. Ce sont des médiateur·rice·s né·e·s, possédant de grandes qualités diplomatiques. Ayant le conflit en horreur, iels sont capables de maintenir la paix à tout prix, même à leurs dépens.

◆ Étant de nature susceptible, sans être tout à fait enclin·e à le montrer, iels ont tendance à s'inquiéter davantage pour les autres que pour eux et elles-mêmes, et à donner beaucoup d'énergie et de leur temps au profit d'autrui. Moins par naïveté que par manque d'assertivité, il n'est pas rare qu'on tire avantage d'eux et elles tant ils peinent à s'affirmer.

◆ Souvent sous-estimé·e·s, car jugé·e·s superficiel·le·s et frivoles à cause de leur jovialité, de leur côté joueur et enfantin, iels ne manquent pourtant en aucun cas d'intelligence ou d'esprit ! En accord avec leurs sentiments et ceux des autres, iels peuvent parfois jouer de cette qualité pour tourner les choses à leur avantage ; « culpabilisation » et « chantage affectif » sont des termes qu'iels connaissent.

◆ Le plaisir de l'harmonie prend une place prépondérante dans toutes les sphères de leur vie. Les Vénusien·ne·s aiment les belles choses et ne sauraient se contenter du minimum spartiate attribué aux Marsien·ne·s, ou d'un confort pragmatique à la saturnienne. Non, il n'existe pas de futilités, et ce qui nous aide à nous sentir bien est absolument nécessaire.

◆ Leur foyer est généralement chaleureux et accueillant. Les Vénusien·ne·s font d'excellents hôte·ess·es, ravi·e·s de s'occuper des autres et de fournir du divertissement. Iels n'hésitent pas à mettre les petits plats dans les grands, par amour du détail, déjà, et aussi parce qu'iels aiment être aimé·e·s.

◆ Vénusien·ne·s apprécient tous les plaisirs de la vie et veulent en jouir absolument, faire plaisir et se faire plaisir est sans doute leur but. C'est aussi la raison pour laquelle iels aiment qu'on prenne soin d'eux et d'elles et ne sont pas les plus grand·e·s travailleur·euse·s qui soient. Sans plaisir, iels n'éprouvent que peu, voire pas du tout de motivation, et, pire encore, cela peut jouer négativement sur leur humeur générale.

◆ Si on ne pouvait vivre que d'amour et d'eau fraîche, les choses seraient bien plus simples, surtout pour les Vénusien·ne·s. De nature indécise, iels n'aiment ni prendre parti ni avoir de grosses responsabilités. Comme les Lunarien·ne·s, iels travaillent mieux en groupe et sont un véritable atout pour toutes les raisons énoncées précédemment.

◆ Parce qu'iels sont particulièrement altruistes, iels ont une tendance à l'anxiété. Fort heureusement, à l'écoute de leur corps, ils sont capables de se chouchouter, ce qui contribue activement à apaiser leur mental.

◆ Plutôt à l'aise avec leur corps, les Vénusien·ne·s ont les sens en ébullition. Ayant besoin de beaucoup d'affection, iels sont aussi très tactiles et savent donner aussi bien que recevoir.

◆ Dans leurs relations amoureuses, les Vénusien·ne·s s'épanouissent souvent dans des relations longues, basées sur l'honnêteté, la tendresse et l'amour. La sexualité et la sensualité y tiennent une place importante : iels aiment être touché·e·s, désirent ardemment et souhaitent être désiré·e·s de la même manière. Si la qualité de leur intimité est très importante, iels ont besoin de complicité, d'une pointe de romance et d'amusement, et l'aspect esthétique du couple (ou du modèle amoureux) est tout aussi important à leurs yeux. Malgré tous les sentiments de bienveillance dont iels peuvent faire preuve, l'apparence et l'image qu'iels renvoient leur tient à cœur. La question importante à se poser pour un·e Vénusien·ne est la suivante : faut-il choisir d'aller là où l'on aime ou là où l'on est aimé ?

DIVINITÉ ASSOCIÉE	Vénus, déesse de l'Amour, de la Beauté et des Plaisirs. Elle représente l'harmonie, la jouissance et l'indolence.
MOTS-CLÉS +	Amour, tendresse, grâce, sensualité, sexualité, beauté, compassion, plaisir, volupté, générosité, pardon, optimiste, sympathie, chaleur, altruisme, adelphité, *care*, incarnation, séduction
MOTS-CLÉS -	Paresse, hédonisme, codépendance, dépendance, indécision, complaisance, influençabilité, crédulité, jalousie
SIGNE ASTROLOGIQUE ASSOCIÉ	Taureau et balance
MOTTO	Je donne et je reçois.
MON VÉNUS EST DOMINANT SI...	… mon mont de Vénus est charnu et bombé, s'il est plus coloré que l'ensemble du reste de ma paume
ARCANE DE TAROT	**L'impératrice.** C'est la carte du *care* par excellence, celle qui nous reconnecte à notre nature nourricière, à l'abondance et à l'amour inconditionnel. L'impératrice nous invite à nous délecter de l'énergie vénusienne qui consiste à jouir du luxe et des plaisirs que la vie a à nous offrir. On peut aussi y voir un rappel à se concentrer sur nos besoins, nos désirs, et à une meilleure connexion à notre corps physique et à notre sensualité.
CHAKRA	Cœur – Amour
SENS	Le toucher

QUELQUES TIPS POUR LES VÉNUSIEN·NE·S

1 ◆ Pouvant être perçus comme futiles et naïf·ve·s, les Vénusien·ne·s endossent parfois si bien ce rôle qu'on leur impute ou qu'ils créent qu'ils peuvent éprouver des difficultés à évoluer en dehors de ce dernier.
Le premier tip consiste à se redéfinir :

Je ne suis pas futile, j'accorde de l'importance à mon confort personnel et j'aime être entouré·e de beauté.

Je ne suis pas naïf·ve.

Je ne vois simplement pas l'intérêt de remettre constamment en question la parole de mes pairs.

2 ◆ Les Vénusien·ne·s sont de nature si altruiste et généreuse qu'ils peuvent parfois manquer d'assertivité et avoir du mal à s'imposer et, par conséquent, à prendre soin d'eux-mêmes. Vous pouvez essayer de formuler certaines phrases ainsi :

AU LIEU DE DIRE...	AFFIRMEZ PLUTÔT
◆ *Je ne suis pas sûre que ça a vraiment du sens mais...*	◆ *Voilà ce qui fait sens pour moi...*
◆ *Évidemment que je peux le faire, alors que, en réalité, vous n'en n'avez pas la capacité à l'heure actuelle.*	◆ *J'ai d'autres priorités pour le moment. Quand je serai plus disponible, je te le ferai savoir.*

AU LIEU DE DIRE…	AFFIRMEZ PLUTÔT
◆ *Nan, mais j'ai pas envie d'abuser de ton temps…*	◆ *Quand serais-tu disponible pour qu'on discute ? J'ai vraiment besoin de parler avec toi.*
◆ *Peu importe, on fait comme tu veux.*	◆ *Voici ce que j'aimerais qu'on fasse, voici ce que je n'ai pas du tout envie de faire : …*
◆ ………………………………………… ………………………………………… …………………………………………	◆ ………………………………………… ………………………………………… …………………………………………
◆ ………………………………………… ………………………………………… …………………………………………	◆ ………………………………………… ………………………………………… …………………………………………

Amusez-vous à dresser une liste des phrases que vous avez l'habitude de prononcer parce que vous avez envie de faire plaisir aux autres, mais qui ne vous rendent pas toujours justice/heureux·se. Essayez de les transformer comme dans les exemples ci-dessus : de vous replacer au centre de votre vie.

3 ◆ Les Vénusien·ne·s sont aussi très sensibles à leur physique. En cela, il est important qu'ils entretiennent une relation saine à leur corps. Vous pouvez tâcher d'établir une meilleure relation à votre enveloppe charnelle en…

→… lui témoignant de la gratitude : au lieu de compter vos imperfections, lister toutes les choses pour lesquelles votre corps accomplit un travail merveilleux.

→… arrêtant de vous comparer aux autres. Profitez-en pour le faire le tri dans les comptes que vous suivez sur les réseaux sociaux, par exemple.

→… prenant en considération que la société dans laquelle on vit nous offre une image biaisée des corps, et qu'elle s'enrichit grâce à nos insécurités.

Rappelez-vous que votre corps vous appartient, et que vous ne devez rien à personne.

→... choisissant l'amour et la compassion envers vous-même jour après jour, en vous répétant « j'aime mon corps, j'accepte mon corps, je respecte mon corps ». Même si vous avez du mal au début, essayez de voir ce que ça donne au bout de quelques semaines.

→... essayant de regarder votre corps nu tous les jours, même si cela ne dure que dix secondes. Essayez d'augmenter le temps les jours où ça va bien.

→... vous touchant, qu'il s'agisse de caresses, de l'application d'une crème ou d'auto-érotisation, touchez-vous. Vous renforcez ainsi votre connexion corps-esprit et vous êtes plus à même de mieux définir vos limites et de prendre de meilleures décisions.

4 ◆ Trois affirmations pour booster l'énergie vénusienne :

Je suis capable de donner aux autres et à moi-même de façon inconditionnelle.

Je suis amour et beauté.

Je mérite et accepte tous les plaisirs de la vie.

5 ◆ Le sens associé à l'archétype de Vénus est le toucher. Prenez soin de votre corps, chouchoutez-le, massages, câlins, bisous, tant que c'est consenti, tout est bon à prendre.

LES ARCHÉTYPES DANS LA POP CULTURE ET DES EXEMPLES DU QUOTIDIEN

Les archétypes ne sont rien d'autre que… des archétypes. Il est donc tout à fait légitime que vous ne vous y reconnaissiez pas. Cependant, gardez bien en tête qu'ils servent à exacerber des traits de personnalité pour les rendre plus compréhensibles, plus accessibles, un peu comme si on les avait grossis avec une super loupe. Malgré cela, il arrive que le concept nous échappe et que certains d'entre eux nous parlent moins que d'autres. Ici, vous trouverez une série d'exemples archétypaux tirés de séries de la pop culture ou de « reconstitution » de scènes du quotidien.

Quand vous ferez vos premières lectures, n'oubliez pas de penser à tous ces archétypes et, bien sûr, avec jugeote et finesse, apportez-leur un peu de nuance.

GAME OF THRONES

JUPITER : Khaleesi / Jon Snow
SATURNE : Tywin Lannister / Maester Luwin
APOLLO : Ser Loras Tyrell / Jaime Lannister
MERCURE : Lord Baelish « Littlefinger » / Tyrion Lannister
MARS : Khal Drogo / Brienne of Tarth
LUNA : Lady Melisandre « the red witch » / Lysa Aryn
VENUS : Margaery Tyrell / Oberyn Martell

THE OFFICE (VERSION US)

JUPITER : Michael Scott
SATURNE : Angela Martin
APOLLO : Jim Halpert
MERCURE : Ryan Howard
MARS : Dwight Schrute
LUNA : Holly Flax
VENUS : Kelly Kapoor

DANS UNE ENTREPRISE

JUPITER : C'est le leader naturel, ayant la capacité d'inspirer le respect, d'attirer l'attention et surtout de la conserver. C'est *la* personne dont on ne peut se passer, et celle vers qui on se tourne lorsqu'il s'agit de prendre la bonne décision. Et on peut même se dire : « Mais que ferait Beyoncé à ma place ? » (non, c'est pas non plus Beyoncé, mais vous voyez ce que je veux dire). Qui dit grands pouvoirs, dit aussi grandes responsabilités : pour faire prospérer un business, il est important d'une part de se placer dans le rôle du modèle et d'éviter à tout prix les « faites ce que je dis mais pas ce que je fais ». Sa tâche est d'œuvrer à la bonne cohésion du groupe, pour que tout aille comme sur des roulettes.

SATURNE : C'est la personne qui incarne le sérieux et le sens des responsabilités. Bras droit du personnage jupitérien, il est analytique et méticuleux et dispense ses conseils avisés. Assez discret et clairement workaholic, c'est le premier arrivé et le dernier parti. Un brin mélancolique, et un poil misanthrope, ce personnage fait tout pour éviter l'horrible supplice du *small talk* de la machine à café. Néanmoins, si vous lui prouvez vos qualités humaines, vous ferez la connaissance d'une personne non sans charme, dotée d'un humour noir qui vous décrochera fatalement un sourire.

APOLLO : C'est la *shining star* de la boîte, qui adore bavarder, réseauter, rencontrer, divertir et évidemment s'amuser. C'est *la* personne fun de l'open space, solaire, cela va sans dire, toujours le sourire aux lèvres. Oui, sa positivité frôle parfois la toxicité, mais on l'aime bien quand même. C'est une personne parfaite pour la vente, ayant la tchatche idéale pour refourguer un radiateur à un Bédouin dans le désert, à grands coups de charme et de charisme. Elle peut aussi occuper la place de directeur·rice artistique, car l'apollinien·ne a l'œil pour tout ce qui est catchy ! C'est celui ou celle qui peut rôder un peu trop autour de la machine à café pour raconter ses exploits de la veille, et qui peut aussi traîner la patte quand il s'agit de se mettre à l'ouvrage. Aurait-iel tendance à se reposer sur ses lauriers ? Oui. Mais à la fin de la journée, le job est quand même fait.

MERCURE : C'est l'as de la communication. Cet archétype révèle un véritable talent pour le storytelling. C'est aussi lui qui sortira la boîte d'éventuels faux pas à l'aide de discours bien léchés et d'un timing parfait. Mercure a du flair, et il est assez souvent bon juge de la nature humaine. Pour ces raisons, on peut aussi le trouver à des postes de RH et, s'il est bon avec les chiffres, en avant le secteur financier !

MARS : C'est le battant de la team ! Avec son énergie combative, c'est *la* personne qui veut en découdre et la plus à l'aise avec les rapports de force. Active et directe, elle n'a pas tendance à passer par quatre chemins pour se faire entendre. Attention à ses poignées de main qui se veulent souvent écrasantes, voire humiliantes. Si elle vous aime bien, elle sera la meilleure des coaches ; appréciant l'esprit d'équipe et œuvrer à un objectif commun, elle vous poussera pour faire sortir le meilleur de vous-même.

LUNA : Ce serait la personne en freelance engagée pour ses idées visionnaires et sa façon de penser en dehors de la boîte. Hautement créative et imaginative, c'est le coup de boost d'une société. D'une nature plus froide que hautaine, il peut être difficile de tisser des liens avec elle, sauf si vous partagez une passion pour l'occulte, qui est souvent son petit plaisir coupable. Allez hop, un petit tirage de tarot entre midi et deux ça vous dit ?

VÉNUS : De nature plutôt frivole, enjouée et spontanée, c'est le visage qui nous met du baume au cœur quand on arrive au boulot un lundi pluvieux. Aussi charmante que l'archétype apollonien, le fait qu'elle soit moins centrée sur elle que sur les autres la rend nettement plus agréable. Sa mission, c'est de rendre l'open space heureux. Oui, l'archétype vénusien, c'est bien votre *happiness manager* !

C'EST À VOUS !

Réfléchissez à vos personnages de romans, de films, de séries ou de jeux vidéo préférés et faites-les entrer dans ces cases ! Creusez-vous les méninges, posez-vous des questions et notez les mots-clés associés à chaque personnage choisi. Ce jeu va vous aider à intégrer les caractéristiques associées aux différents archétypes. Plus tard, quand vous procéderez à des lectures palmaires, vous trouverez plus facilement des qualificatifs pour les décrire.
C'est un exercice qui va vous permettre de vous souvenir plus facilement de l'énergie générale de chacun des archétypes, grâce à l'image mentale que vous aurez imaginée.

ARCHÉTYPE	PERSONNAGES	MOTS-CLÉS
Jupiter		
Jupiter		
Saturne		
Saturne		
Mercure		
Mercure		
Mars		
Mars		
Luna		
Luna		
Vénus		
Vénus		

LES COMBINAISONS DE MONTS

Comme énoncé précédemment, nous ne sommes quasiment jamais des archétypes purs, et avons deux ou trois monts dominants. La chirologie étant principalement basée sur l'observation et les capacités de déduction de chacun, ce tableau vous aidera à comprendre les dynamiques à l'œuvre quand on parle de combinaisons de monts.

MONT DE SATURNE x MONT DE JUPITER : C'est la combinaison du travailleur acharné, *hard worker*, et du leader. Savant mélange d'éthique et d'ambition, où le sens des responsabilités et le pouvoir n'ont de sens que s'ils sont mis au profit du plus grand nombre.

MONT D'APOLLO X MONT DE JUPITER : C'est la combinaison de la popularité : les deux archétypes sont extravertis et sociaux. Savant mélange d'ambition et de style, il s'agit d'un concentré de charisme. Cela donne des leaders créatifs, c'est un bon profil pour être vedette, politicien·ne ou business(wo)man.

MONT DE MERCURE x MONT DE JUPITER : C'est généralement la combinaison du succès financier : savant mélange de diplomatie, d'excellente communication, de sociabilité et de stratégie, souvent mise au service du conseil. Le charisme jupitérien est appuyé par le sens du contact facile mercurien. Cette combinaison crée des personnes très persuasives, sachant faire tourner tout type de situation à leur avantage.

MONT DE MARS x MONT DE JUPITER : C'est la combinaison du ou de la guerrier·ière et du leader, de ceux et celles qui guident avec courage et noblesse (sauf s'il n'y a que le mont de Mars négatif qui est dominant : dans ce cas, la noblesse n'est pas toujours au rendez-vous, cela peut donner un profil de « requin » prêt à tout pour arriver à ses fins). Savant mélange d'altruisme et de noblesse de cœur, c'est la combinaison des justiciers·ière·s qui défendent une cause, et qui savent y rallier des admirateur·rice·s.

MONT DE VÉNUS x MONT DE JUPITER : C'est la combinaison de l'aimant·e et du leader, soit de celui ou celle qui guide avec amour et compassion. C'est un mélange empreint de *care*, d'idéalisme et d'humanisme. Cela crée des personnes qui sont au service des autres, mais dont les besoins personnels sont rarement honorés et respectés.

MONT DE LUNA x MONT DE JUPITER : C'est la combinaison idéale des leaders spirituels. Ses détenteur·rice·s aspirent à changer le monde positivement, c'est le mélange du ou de la visionnaire et guide. Ces deux archétypes étant fortement idéalistes, il peut arriver que les désillusions soient très grandes au final. D'un point de vue plus terre à terre, les archétypes jupitérien et lunaire étant des gourmets, on les retrouve souvent en cuisine, et plus particulièrement en pâtisserie.

MONT D'APOLLO x MONT DE SATURNE : C'est la combinaison de la savant·e et de l'artiste, de l'introversion et de l'extraversion. La méthode, les capacités analytiques et la recherche sont mises au service de la créativité et de l'intuition. C'est la combinaison des précurseur·euse·s.

MONT DE MERCURE x MONT DE SATURNE : C'est la combinaison du workaholisme par excellence, avec l'obsession du travail bien fait saturnienne, et l'excitation permanente mercurienne.
Partageant des qualités telles que l'attrait pour la/les recherche(s) approfondie(s), c'est la combinaison des spécialistes, des chercheur·euse·s, se dévouant à un domaine précis et pouvant parfois même l'enseigner.

MONT DE MARS x MONT DE SATURNE : C'est la combinaison gagnante pour la persévérance : rien ne lui résiste. Que cela prenne une minute ou un siècle, parvenir à ses fins est vital. C'est la combinaison qui produit les personnes les plus pragmatiques de toutes.

MONT DE VÉNUS x MONT DE SATURNE : C'est une heureuse combinaison qui mélange passion, sagesse, harmonie et détermination. Les personnes qui en sont dotées se réalisent souvent professionnellement à travers l'exercice d'un métier qu'elles affectionnent. Entre les qualités analytiques de Saturne et les qualités nourricières de Vénus, on considère que cette combinaison fait d'excellents parents ou adultes référent·e·s pour les enfants d'autrui.

MONT DE LUNA x MONT DE SATURNE : C'est la combinaison du ou de la visionnaire et du ou de la savant·e, rencontre passionnante de l'intuition et de l'investigation. Cette combinaison engendre généralement les personnes les plus taiseuses et introverties, ou ne désirant tout simplement pas se mélanger avec n'importe qui. Ce sont des lecteur·rice·s, des penseur·euse·s, possiblement des écrivain·e·s aussi. Beaucoup sont attiré·e·s par les sciences occultes et l'ésotérisme, aussi on retrouve beaucoup de « conseiller·ère·s spirituel·le·s » doté·e·s de cette combinaison.

MONT DE MERCURE x MONT D'APOLLO : C'est la combinaison du style, du fun et du sens des affaires, guidée par l'imagination comme seule limite. Son motto se résume à *work hard, play hard*. Doué·e·s dans de nombreux domaines et particulièrement en matière de communication, c'est une combinaison très favorable, avec une excellente capacité à se vendre. Attention, toutefois, c'est aussi la combinaison la plus douée pour la manipulation.

MONT DE MARS x MONT D'APOLLO : C'est la combinaison de l'intensité, avec en vedettes l'artiste et le ou la guerrier·ière, autant dire que ça appelle un peu le drama. C'est aussi une combinaison très sexy, qui rend généralement ses propriétaires attractif·ive·s. Combinaison du dynamisme, c'est celle des explorateur·rice·s d'expériences, toujours en quête de nouvelles aventures.

MONT DE VENUS x MONT D'APOLLO : C'est la combinaison de deux archétypes partageant beaucoup d'intérêts communs, dont le *farniente* et l'appréciation de la beauté ambiante. C'est peut-être la plus stylée des combinaisons, générant souvent des personnes très à l'aise avec leur corps, qui peut devenir leur outil de travail. C'est aussi une combinaison qui donne beaucoup d'artistes et de performers de talent. On retrouve également nombre de ces profils dans le secteur de l'hôtellerie, idéalement de luxe.

MONT DE LUNA x MONT D'APOLLO : C'est la combinaison de l'imagination et de la créativité par excellence, peut-être celle de ceux qu'on nomme les « originaux ». L'expression personnelle est une priorité, et elle peut prendre de diverses formes. On retrouve de nombreux artistes, ici. C'est ceux et celles qui sont les plus enclin·e·s à être dans « leur monde », pouvant par conséquent avoir tendance à être plus égocentriques aussi.

MONT DE MARS x MONT DE MERCURE : C'est une combinaison de courage, d'énergie et de persévérance. Elle produit des personnes qui ne lâchent rien et qui sont très efficaces sous pression. On retrouve souvent cette combinaison chez les urgentistes, les journalistes, les chef·fe·s (de cuisine, de service, de projets...) et les personnes ayant une carrière militaire de terrain. Chirologiquement parlant, c'est le profil le plus « famille ».

MONT DE VENUS x MONT DE MERCURE : C'est la combinaison du ou de la communicateur·rice et de l'aimant·e, doux cocktail de charme, d'optimisme et de générosité, d'écoute. C'est une nature encourageante. Cette combinaison produit des personnes qui sont en général très douées avec les enfants, mais aussi pour le conseil ou le soutien moral. Elles font de bon·ne·s thérapeutes, spécifiquement dans les domaines reliés à la sexualité.

MONT DE LUNA x MONT DE MERCURE : C'est la combinaison des communicateur·rice·s habiles, des voyageurs et de ceux et celles qui n'apprécient pas le devant de la scène et préfèrent rester dans l'ombre, possiblement secrets à propos d'eux ou d'elles-mêmes. Le don pour la communication de Mercure

et celui de l'imagination pour Luna en font généralement de très bon·ne·s écrivain·e·s, que les textes soient destinés à être lus ou non.
MONT DE VÉNUS x MONT DE MARS : C'est une combinaison très puissante où l'on retrouve le ou la guerrier·ière au service de l'amour ! Amour, loyauté, honnêteté, autant de mots positifs pour définir ce savant mélange. Ce sont nos *social justice warrior*, à la recherche de paix universelle, de justice, d'équité et de droits.

MONT DE LUNA x MONT DE MARS : C'est une combinaison positive, surtout pour l'archétype lunaire, auquel l'archétype marsien apporte ténacité et persévérance. Il s'agit du ou de la guerrier·ière au service du ou de la visionnaire. L'imagination débordante est canalisée par l'influence pragmatique marsienne. Mars aide Luna à matérialiser ses rêves.

MONT DE LUNA X MONT DE VÉNUS : C'est la combinaison des rêveur·euse·s, elle mélange une nature idéaliste et aimante. Cette alliance produit peu de personnes carriéristes, car elles valorisent davantage le fait de vivre, de ressentir les choses et de les expérimenter, sans aucun autre désir que celui d'exister. Empathiques, compatissant·e·s, sachant faire plaisir aux autres et se faire plaisir, ce sont souvent des personnes s'épanouissant professionnellement dans les domaines du *care*.

SOS, JE N'ARRIVE PAS À TROUVER MON ARCHÉTYPE DOMINANT

Sauf votre respect, il semble peu probable que vous ayez une main chirologique idéale, c'est-à-dire avec tous les monts et les doigts parfaitement équilibrés. Si c'est le cas, vous êtes sans doute un ange tombé du ciel !
Sinon, c'est le moment de respirer calmement, amplement, et de vous concentrer davantage sur vos mains.
Il est souvent difficile de réussir à trouver ses archétypes dominants du premier coup. Laissez-vous du temps, observez les mains d'autres personnes, cela vous donnera matière à comparaison et vous aidera dans votre phase d'apprentissage et de reconnaissance !

Si toutefois vous avez encore trop de mal à identifier vos archétypes dominants, référez-vous au poster situé en fin de livre : sur celui-ci, vous découvrirez un tableau récapitulatif indiquant les différents éléments de la main qui accentuent les traits de tel ou tel archétype.

Souvenez-vous que vous n'êtes pas contraint·e·s de remplir votre poster ou les encarts proposés du premier coup, laissez-vous libre d'explorer d'abord l'univers chirologique avant de passer à l'acte.
YOU GOT THIS !

QUID DE NEPTUNE, PLUTON ET URANUS ?

Nombreuses sont les personnes à s'aventurer dans l'univers de la chirologie après s'être intéressées à l'astrologie. Cette dernière, vulgarisée depuis de nombreuses années, fait déjà partie de nos mœurs, et ce, finalement, qu'on le veuille ou non. En effet, nous connaissons tous·tes notre signe astrologique, qui désigne en fait notre signe solaire, et qui d'ailleurs ne définit pas notre personnalité, contrairement à ce que la section astrologie des journaux ou des magazines aimerait nous faire croire avec les horoscopes.
La grille de lecture utilisée en chirologie est en de nombreux points semblable à celle de l'astrologie. Il est question dans les deux cas de se référer à l'influence supposée des énergies planétaires sur le pourquoi et le comment de nos existences humaines.

Vous avez pu constater que chaque planète chirologique est affiliée à un signe astrologique. Cependant, on attribue aujourd'hui le signe des poissons

à Neptune, le signe du verseau à Uranus, et celui du scorpion à Pluton, considérant que chaque planète gouverne un signe.
Ces planètes ayant été découvertes respectivement en 1846, 1781 et 1930, elles ont été ajoutées progressivement à la grille de lecture astrologique. Pourquoi ne parle-t-on pas alors de l'influence de ces planètes en chirologie ? Personnellement, ce n'est pas la méthode qui m'a été enseignée, ni celle que j'ai choisi d'appliquer. Bien que je trouve cet ajout très intéressant, je n'ai pas le sentiment qu'il apporte un véritable plus à une lecture, car la palette offerte par les archétypes originels permet déjà de dresser des portraits complexes, détaillés et pertinents.

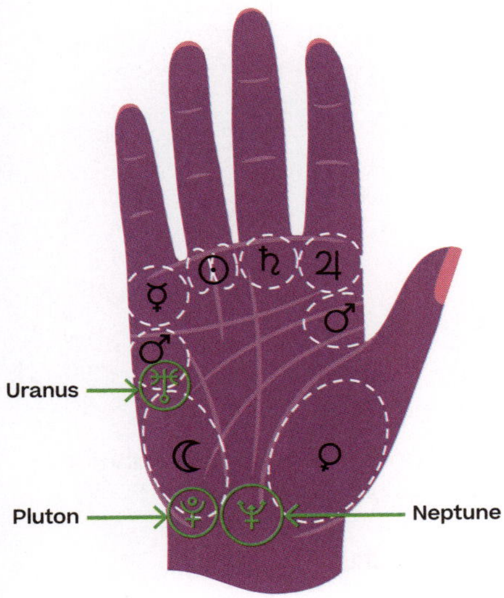

Toutefois, si vous avez le désir d'explorer davantage cette voie, voici où sont placés ces « nouveaux » monts dans la main, et ce qu'ils signifient.

- ♅ Le mont d'Uranus, situé entre les monts de Mars et de Luna, correspond à l'originalité et à l'ingéniosité.
- ♇ Le mont de Pluton, situé sur la moitié basse du mont de Luna, correspond à notre part d'ombre, et fait écho aux concepts de la mort, de la régénération et de la renaissance.
- ♆ Le mont de Neptune, situé au milieu de la base des monts de Vénus et de Luna, et légèrement à cheval sur la base du poignet, correspond aux concepts de mysticisme et d'hypersensibilité.

DOIGTS, ONGLES ET PHALANGES

En plus de l'analyse des monts de la paume, d'autres facteurs nous donnent des indications sur nous-mêmes et complètent notre lecture ; il serait dommage de passer à côté de ces éléments.
En chirologie, on considère les doigts comme des antennes énergétiques qui nous permettent de faire la jonction entre notre monde intérieur et le monde

extérieur. C'est par nos doigts que l'énergie circule et s'exprime, sachant que nous matérialisations nos pensées et nos désirs par l'utilisation de nos mains, et ce qu'il s'agisse d'une chose aussi triviale que de se faire un café ou aussi complexe que la réalisation d'une opération chirurgicale. Nos mains, nos doigts, sont intimement liés à notre esprit.

••• C'EST À VOUS ! •••

Prenez un instant pour observer vos doigts,
faites-les remuer, touchez-les de la racine vers la pointe.
Que remarquez-vous ?
Prenez un instant pour noter toutes les choses
qui vous sautent aux yeux, ainsi, vous aiguiserez votre œil
et aurez plus de facilité à mettre en pratique ce qui suit !
Rappel très important : notez vraiment tout,
il n'y a pas de mauvaises réponses.

DE QUELS DOIGTS JE ME CHAUFFE ?

DOIGTS NOUEUX OU DOIGTS LISSES ?

Ce qu'on nomme les doigts noueux sont ceux qui présentent des articulations bien visibles, ne donnant pas au doigt une apparence lisse.

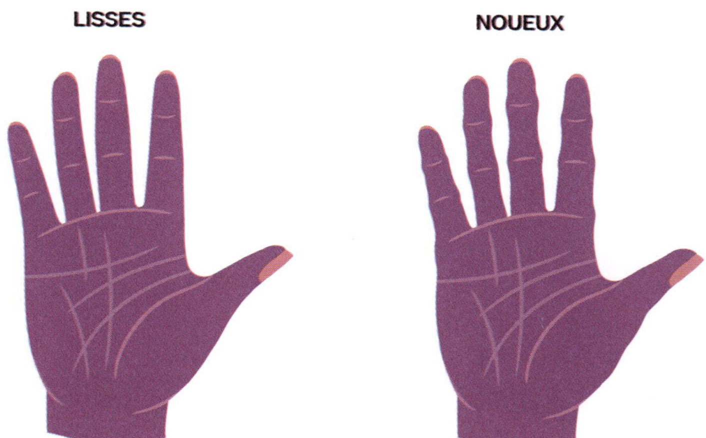

Ces « nœuds » osseux sont considérés comme des « check points » en chirologie, des points de contrôle où l'énergie est contrainte de faire une pause

avant de pouvoir circuler. Chaque nœud osseux est une interférence entre le flux énergétique et celui des informations car, rappelons-le, les doigts dans la cartographie palmaire (voir p. 67) sont rattachés au royaume mental.
Ils sont un filtre à la spontanéité et accroissent le besoin d'analyse et de temps de délibération. L'expression verbale est ralentie par le besoin d'examiner intérieurement et intellectuellement ce qui se passe. Les personnes ayant des doigts noueux auront tendance à faire des pauses lorsqu'elles s'expriment, à choisir leurs mots avec soin.
Ce qui est très intéressant, c'est qu'il est possible de ne pas avoir de nœuds sur tous les doigts. Dans ce cas, il est très pertinent d'observer à quel(s) mont(s) il(s) est/sont rattaché(s), et d'étudier de plus près la symbolique de l'archétype pour voir comment cela influence un sujet dans sa manière de réfléchir et de communiquer.
On peut également avoir des nœuds entre les phalanges onglées et les phalanges médianes seulement, ou entre les phalanges médianes et les dernières phalanges uniquement. Des nœuds au niveau de l'articulation supérieure (celle étant la plus proche de l'ongle) suggèrent que l'archétype du doigt associé est gouverné par la raison et a une façon déductive de penser, tandis qu'un nœud au niveau de l'articulation inférieure est associé au besoin d'organisation et de prudence en matière d'action. Des nœuds sur les deux suggèrent une nature méticuleuse et perspicace.

Des doigts lisses indiquent un flux d'énergie ininterrompu : il y a un besoin de rapidité, les réponses et les comportements sont plus instinctifs et spontanés.

DES DOIGTS FINS OU ÉPAIS ?

Plus les doigts sont fins et plus la nature d'une personne est délicate et idéaliste, plus ils sont épais et plus la personne est matérialiste et pragmatique.

DOIGTS/PHALANGES INCLINÉ(E)S OU NON ?

Il arrive que nos doigts ou nos phalanges aient une certaine inclinaison ; elle peut être naturelle ou causée par un accident. Dans ce dernier cas, la valeur de l'analyse n'aura pas autant de poids sur le phénomène que s'il s'agissait de la morphologie initiale.

	JUPITER	SATURNE	APOLLO	MERCURE
JUPITER INCLINÉ VERS…		Estime personnelle évoluant en fonction de ce que les autres pensent de soi, manque d'assertivité.		
SATURNE INCLINÉ VERS…	Évitement émotionnel (il s'agit d'éviter toute émotion inconfortable en fuyant toute confrontation interpersonnelle qui pourrait la générer), comble son temps à tout prix.		Confusion interne, difficulté à prendre des décisions, auto-critique, acerbe.	
APOLLO INCLINÉ VERS…		Sacrifice de ses passions/désirs au profit de ses responsabilités, supporte mal la critique, peur de passer à l'action.		Communicateur·rice indépendant·e, n'a pas peur d'exprimer ses idées, même les *unpopular opinions*.
MERCURE INCLINÉ VERS…				Légèrement incliné : grandes facultés de persuasion. Très incliné, dite phalange « cassée » : manipulation aisée de la vérité, manque de foi en soi, la communication peut être biaisée.

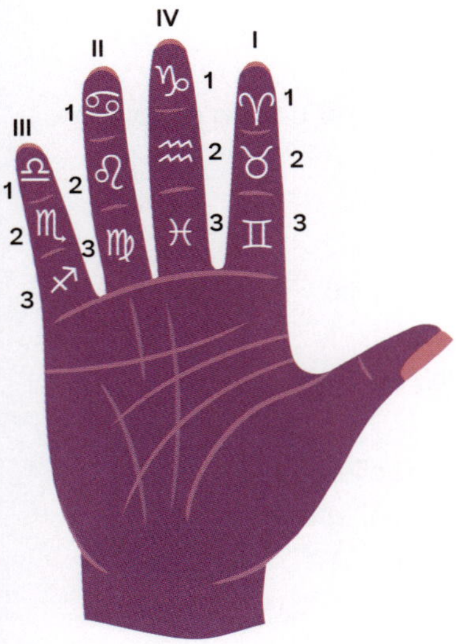

LES PHALANGES

Il y a 12 phalanges dans la main, chacune correspondant à un signe astrologique et à un domaine particulier. En outre, à chaque doigt sa saison !

On remarque que les signes astrologiques des phalanges onglées, de droite à gauche, le bélier, le capricorne, le cancer et la balance, sont des signes cardinaux : leur énergie lance chaque saison astrologique. Jupiter (1) représente le printemps, Apollo (2) représente l'été, Mercure (3) représente l'automne et Saturne, l'hiver.

En chirologie, ces phalanges sont associées au royaume mental.

Les phalanges médianes portent les signes, de droite à gauche, du taureau, du verseau, du lion et du scorpion : ce sont des signes fixes, associés au royaume pragmatique. Enfin, les phalanges inférieures portent les signes, de droite à gauche, des gémeaux, des poissons, de la vierge et du sagittaire : ce sont des signes mutables rattachés au monde physique. Idéalement, les phalanges sont toutes égales, ce qui, vous connaissez la chanson, maintenant, arrive très rarement.

COMMENT UTILISER CES INFORMATIONS ?

Vous pouvez :

- mesurer chaque phalange de chaque doigt afin de connaître l'énergie qui domine votre doigt. C'est la phalange la plus longue qui prédomine.
- vous intéresser aux correspondances astrologiques, et comparer ce que vous trouvez dans vos mains avec votre thème natal. Par exemple, à quel endroit apparaît le signe en question dans votre carte du ciel ? À quelle maison est-il rattaché ?
- masser votre plus petite phalange en faisant un mouvement circulaire et en répétant une affirmation positive.

- **Jupiter 1 :** j'ai confiance en moi et je me laisse guider (avec la chanson « Dieu m'a donné la foi » d'Ophélie Winter en fond +1 point)
- **Jupiter 2 :** je mérite ce que désire
- **Jupiter 3 :** je fixe mes limites comme je veux

- **Saturne 1 :** mes apprentissages me font grandir
- **Saturne 2 :** je suis organisé·e, j'ai tout le temps dont j'ai besoin pour compléter mes tâches
- **Saturne 3 :** je mérite toute la sécurité dont j'ai besoin

- **Apollo 1 :** j'éprouve de la gratitude pour ce que je suis
- **Apollo 2 :** je suis créatif·ive
- **Apollo 3 :** je me connecte facilement aux autres

- **Mercure 1 :** j'ai des idées géniales que j'exprime facilement
- **Mercure 2 :** je suis aussi important·e que les autres, je compte
- **Mercure 3 :** je sais exprimer ma sensualité

	PHALANGE ONGLÉE 1	PHALANGE MÉDIANE 2	PHALANGE BASSE 3
JUPITER…	… représente la connexion à ses idéaux et à sa spiritualité.	… représente le goût pour l'ambition.	… représente les limites et la façon dont est manifestée l'autorité.
SATURNE…	… représente la capacité à intégrer et à restituer un apprentissage donné, à prendre des décisions.	… représente les capacités organisationnelles et la façon dont ces responsabilités sont gérées.	… représente le sens de l'intégrité, l'éthique, et la façon de répondre aux besoins personnels.
APOLLO	… représente la façon dont on accueille son individualité : est-on pleinement soi-même, on endosse-t-on un rôle ?	… représente la façon dont on embrasse sa créativité.	… représente le degré de sociabilité.

MERCURE	… représente la capacité à exprimer ses idées.	… représente la capacité à défendre ses propres intérêts, à prendre position pour soi, et à mesurer sa valeur personnelle.	… représente la façon dont on se connecte sensuellement et sexuellement, et la manière dont on communique physiquement.

LE POUCE

En chirologie, on considère que le pouce est une extension directe de *toute* sa personnalité.
Il nous renseigne particulièrement sur la manière dont on aborde la vie.
Saviez-vous que, en chirologie védique, les plus grand·e·s praticien·ne·s parviennent même à faire une analyse complète en se basant uniquement sur leurs observations du pouce ?

PHALANGES

Le pouce est un cas à part. La phalange onglée correspond à notre volonté et la partie basse à notre esprit logique. Idéalement, les deux phalanges sont censées faire la même taille ; c'est cependant rarement le cas.
Si la phalange onglée est plus longue que la phalange basse, alors son propriétaire se montrera plein d'enthousiasme pour commencer de nouveaux projets, aura toujours une nouvelle idée à explorer dans un coin de sa tête. Sans efforts constants, il lui sera malheureusement difficile de les matérialiser, car, sans méthode, il déploie beaucoup d'énergie, mais ne la canalise pas ; l'absence de ligne directrice et de solution concrète à une problématique donnée rend les ambitions confuses et tortueuses, d'où l'envie de recommencer quelque chose de nouveau chaque fois.
Si, à l'inverse, c'est la phalange basse qui est plus longue, alors les plans sont bien établis dans la tête, on le plan A, mais aussi les plans B et C, sauf qu'un manque de volonté empêche de passer à l'action. Il se peut aussi que ce soit un côté perfectionniste et précautionneux qui freine la prise de risque et empêche de se lancer.

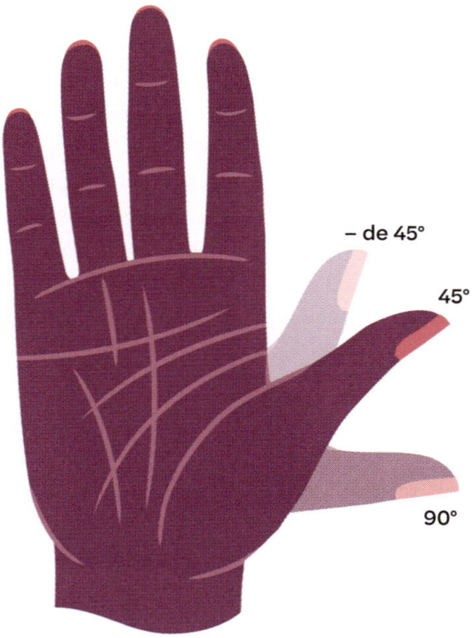

OUVERTURE DU POUCE

◆ Plus le pouce est ouvert, plus on est de nature sociable, généreuse et extravertie.
◆ Plus le pouce est plié vers l'intérieur plus on est de nature introvertie, méfiante, précautionneuse, et l'on peut aussi avoir tendance à manquer d'estime de soi

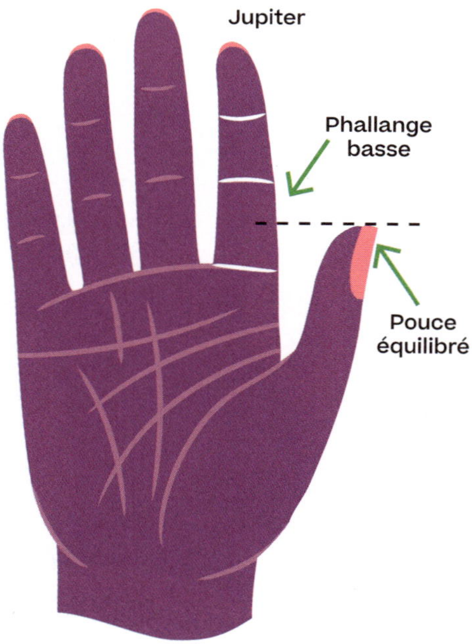

LONGUEUR

On considère que le pouce est équilibré lorsque son extrémité arrive au niveau de la moitié de la phalange basse de Jupiter.
◆ Plus le pouce est grand et large, plus la nature de la personne est assertive, dominante, indépendante et encline à prendre initiatives et des responsabilités.
◆ Inversement, plus le pouce est petit et fin, et plus la personne aura besoin d'être entourée, refusant toute responsabilité engageant un autre individu qu'elle.

LES ONGLES

De gauche à droite et de haut en bas : un ongle grand et large, un ongle étroit et long, un ongle en « coquillage », un ongle très court, et un ongle très court et étroit.

L'ONGLE GRAND ET LARGE :

Il s'agit de l'ongle idéal, pratiquement égal en largeur et en longueur. Il implique une bonne utilisation des fonctions intellectuelles et nerveuses. Personne capable de répondre positivement aux situations de stress.

L'ONGLE ÉTROIT ET LONG :

Son porteur est souvent délicat, aime l'ordre et les belles choses. Il est rêveur et délicat, plus cérébral qu'actif. Ce type d'ongle renforce l'instabilité émotionnelle.

L'ONGLE EN « COQUILLAGE » :

On le nomme ainsi car son apparence rappelle la coquille Saint-Jacques, étroite à la base et large au bout. Son porteur aspire à l'harmonie et partage certains traits de caractère avec les ongles grands et larges. Le problème se situe dans la partie étriquée de l'ongle : le système nerveux est compressé à la base. Cela dénote une nature critique et une tendance à l'insatisfaction.

L'ONGLE TRÈS COURT ET L'ONGLE TRÈS COURT ET ÉTROIT :

On le trouve souvent chez les personnes qui rongent leurs ongles, ce qui correspond exactement à l'idée de se « bouffer » le cerveau. Les taux de nervosité et d'anxiété sont à leur comble. Il y a une tendance à l'irritation et à l'agacement « facile » dans la sphère privée. Selon le type de main et les autres modificateurs chirologiques, il est possible que ces personnes expriment leur frustration régulièrement et de façon agressive et passive. Ce type de comportement cache une vulnérabilité accrue.

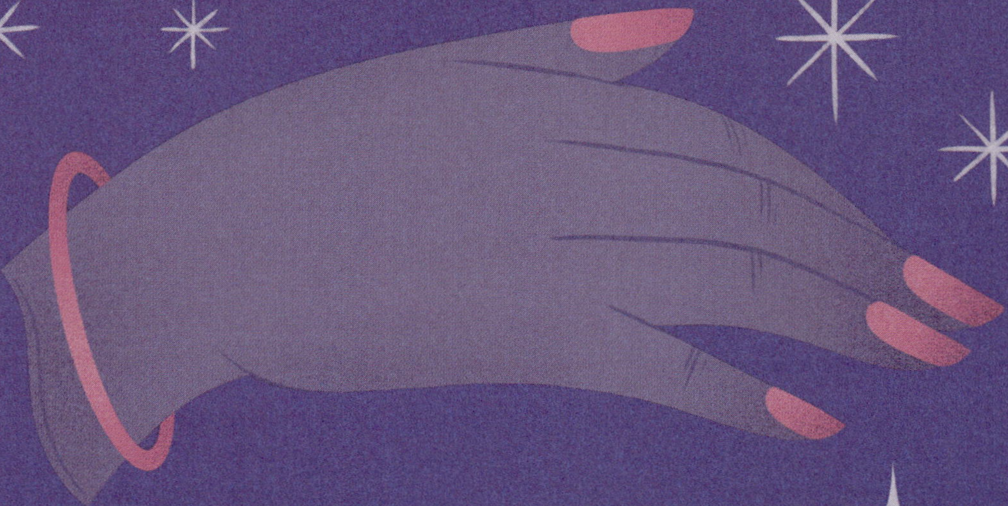

• Chapitre V •

LES LIGNES DE LA MAIN

Après avoir découvert notre territoire et gravi nos monts, il est temps d'embarquer sur nos pirogues imaginaires pour remonter le courant de nos rivières d'énergie : nos lignes de la main, bien sûr ! Nous allons les scruter en long, en large, et même en travers, afin d'accumuler un maximum de connaissances, notamment sur nos schémas affectifs ou mentaux.

LES LIGNES, NOS RIVIÈRES D'ÉNERGIE

Il peut paraître étonnant de constater que les lignes sont loin d'être les premiers éléments étudiés lors d'une lecture chirologique.
En chirologie, dans la cartographie palmaire, on considère que les lignes de la main sont des rivières d'énergie assurant la bonne circulation de nos fonctions essentielles : notamment notre capacité à aimer, à réfléchir, à structurer notre vie, et aussi notre désir de vivre, ce qu'on peut nommer « l'élan vital ».
Si les lignes sont semblables à des rivières, alors il est important de les envisager en mouvement. Derrière les lignes, il y a une idée de flux.
Il n'est sage de s'aventurer dans leur déchiffrage que lorsque la théorie des monts est bien intégrée.
En effet, la position des lignes dans la main, leur commencement, leur fin, leur inclinaison, sont influencé·e·s par les monts qu'elles traversent : sur leur passage, elles puisent dans leurs énergies archétypales. Comprendre la fonction d'un mont, comprendre son archétype, est nécessaire pour appréhender le message de la ligne dans son intégralité.

D'OÙ VIENNENT LES LIGNES ?

En chirologie, on considère que les lignes sont générées par notre activité cérébrale. Nous les créons inconsciemment.
On estime donc, dans cette optique, que plus nous avons de lignes, et plus nous sommes sensibles et perméables à notre environnement, plus les stimuli extérieurs nous affectent. Avoir beaucoup de lignes dans la main est synonyme d'une activité cérébrale très développée, et peut également être

perçu comme un signe d'encombrement mental (s'il y a de nombreuses lignes et qu'il est difficile de les départager les unes des autres) et d'anxiété. A contrario, avoir peu de lignes dans la main suggère une complexité psychologique moindre (ce qui n'a aucun rapport avec l'intelligence d'une personne), un esprit plus clair et plus calme. Cela sous-entend aussi une nature moins encline à l'introspection et à se remettre en question. Cela peut également être le signe d'un blocage émotionnel profond, de l'ordre du subconscient, dont le but est d'aider une personne à continuer de fonctionner sans avoir à remettre en cause tout le système de croyances sur lequel sa vie est basée.

LES LIGNES CHANGENT-ELLES ?

Oui ! Ce qu'il y a de merveilleux, c'est que rien n'est gravé dans le marbre. Souvenez-vous : les lignes sont des rivières d'énergie qui fluctuent en fonction du territoire, et le territoire, c'est nous et notre personnalité.
Les lignes de la main active évoluent naturellement tous les six mois/un an. Cette dernière constituant une carte de qui nous sommes et de la façon dont nous nous dirigeons dans la vie, il est logique que ses lignes varient en fonction des nouveaux éléments que nous expérimentons au fil du temps. Il ne s'agit généralement pas de changements majeurs, quand la vie suit son cours, mais plutôt de l'apparition ou de la disparition de signes et/ou de branches (voir parties suivantes).
Cependant, il arrive qu'on puisse observer des modifications sur les lignes principales et secondaires et, encore mieux, influer directement et consciemment sur leur trajectoire ! Comment ? En changeant ses habitudes de vie, son *lifestyle*, en pratiquant la répétition d'affirmations positives ou en se massant différentes zones de la main, par exemple.
Les lignes de la main passive sont quant à elles très peu susceptibles de changer. Elles constituent notre point de départ, ce qui nous a été donné au commencement. Cependant, il faut garder à l'esprit que des changements sur la main passive peuvent tout de même advenir : on constate particulièrement ces modifications suite à un épisode brutal et traumatique, mais aussi à une conversion religieuse et spirituelle. Ces deux cas peuvent en effet contribuer à « reformater » notre vision du monde.

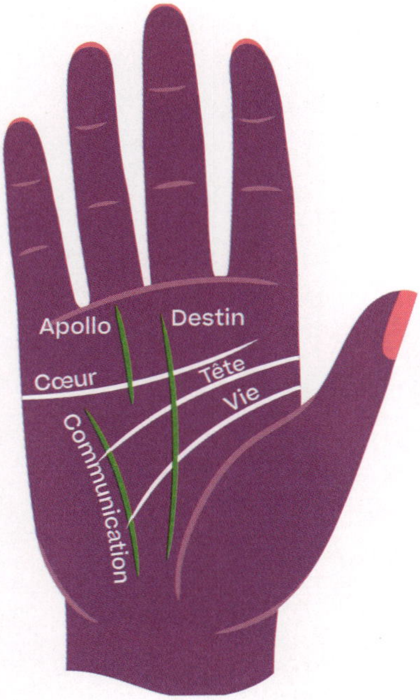

COMBIEN AVONS-NOUS DE LIGNES ?

On compte trois lignes principales :

- la ligne de vie ;
- la ligne de tête ;
- la ligne de cœur.

Elles sont présentes dans plus de 90 % des mains, néanmoins il arrive parfois que la ligne de cœur et la ligne de tête ne forment qu'une, c'est ce qu'on nomme la « ligne simienne ». Nous reviendrons sur ce cas particulier plus tard (voir p. 206).

La ligne de vie représente notre vitalité et notre regard sur le monde ; la ligne de tête symbolise l'organisation de notre pensée, la façon dont on réagit aux problèmes qui nous sont posés, et comment nous les résolvons ; la ligne de cœur, quant à elle, est notre jauge émotionnelle, c'est l'expression de nos sentiments et notre capacité à pardonner.

On compte trois lignes secondaires :

- la ligne de destin ;
- la ligne de communication ;
- la ligne d'Apollo.

Pas de panique, il est possible que ces lignes ne soient pas présentes chez vous : elles le sont chez moins de 50 % de la population.

La ligne de destin représente notre désir de structurer notre vie ; la ligne de communication reflète naturellement notre manière de communiquer avec les autres, mais aussi avec nous-même ; la ligne d'Apollo nous renseigne sur les éventuels talents déjà présents en nous.

Il existe une myriade d'autres lignes, plus ou moins identifiables et ayant plus ou moins d'importance. Ôtez-vous de l'esprit, si tant est que vous y songiez, que vous pourrez interpréter chaque détail apparaissant dans une main. Souvenez-vous que la quantité de lignes correspond à l'activité cérébrale d'une personne et, parfois, la multitude de microlignes s'enchevêtrant les unes dans les autres n'est que la traduction des connexions faites par notre système nerveux.

DIS-MOI COMMENT EST TA LIGNE ET JE TE DIRAI… BIEN DES CHOSES !

ASPECT, QUALITÉS ET DÉFAUTS DES LIGNES

De manière générale, on recherche les mêmes qualités pour chaque ligne. Puisque nous les envisageons comme des rivières d'énergie, il est souhaitable, d'une part, que le flux soit ininterrompu, c'est-à-dire qu'il n'y ait pas d'obstacles sur leur trajectoire, et, d'autre part, que l'écoulement puisse se faire paisiblement : dans un sillon suffisamment spacieux pour les contenir.
Ce qu'il est important de prendre en considération, c'est l'aspect général des trois lignes principales, et de la ligne de destin si elle est présente.
Si toutes les lignes d'une main sont très fines, on peut considérer que celle-ci appartient à une personne de nature délicate, dont les lignes correspondent à la constitution. Si, au contraire, toutes les lignes d'une main sont épaisses et marquées, sauf une, cela indiquera que l'énergie de cette main est celle qui influence le moins son porteur.

LA QUALITÉ DE LA LIGNE

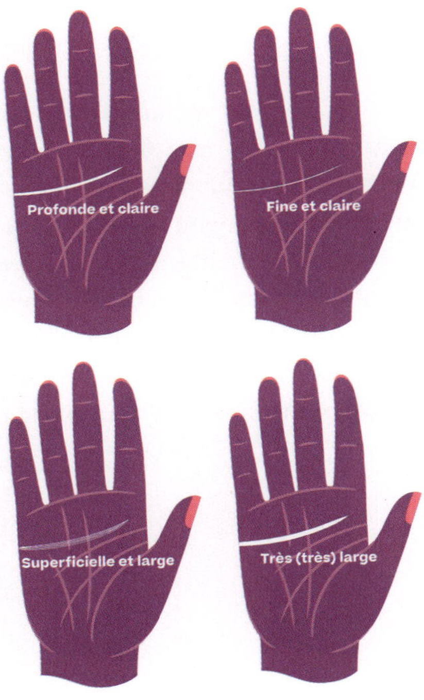

- **Profonde et claire :** C'est la formation idéale. La ligne est facilement identifiable, elle est marquée, nette et d'épaisseur constante. Elle assure aux énergies une circulation optimale.

- **Fine et claire :** La ligne est délicate et peu profondément imprimée dans la main. Elle suggère un caractère moins assertif, une plus grande réceptivité aux énergies extérieures, lesquelles peuvent donc avoir une plus grande influence.

- **Superficielle et large :** La ligne n'est pas nettement constituée, comme formée de plein de fines lignes superposées. Ce cas de figure indique une dispersion d'énergie, maladroitement dirigée, qui nous submerge et prend le dessus. Cela suggère une tendance à se laisser déborder par les événements et ses émotions : ce sont alors eux qui nous dirigent, et non l'inverse.

- **Très (très) large :** Comme son nom l'indique, elle est TRÈS large, mais aussi profonde. Cette formation dénote une nature extravertie, ainsi qu'une importante énergie physique. Cela suggère une forte conscience de soi-même, un fond possiblement égocentré et un besoin de prendre de la place, de se sentir exister par tous les moyens.

LES DÉFAUTS ET POINTS POSITIFS DE LA LIGNE

Encore une fois, rassurez-vous, il est très rare d'avoir des lignes parfaitement formées. Il existe un idéal qui sert de modèle, mais nous ne sommes pas des causes perdues si les nôtres ne répondent pas à tous les critères d'excellence. Nos lignes sont le reflet de notre activité cérébrale, de nos pensées, de nos émotions. Nos systèmes nerveux sont mis à rude épreuve tous les jours, entre les actualités, nos vies professionnelles, nos familles, nos relations en général, nos envies… Et tout ce flot d'informations nous inonde.
Découvrir ses lignes, c'est aller à la rencontre de soi-même, afin de s'accorder plus de temps, plus de compréhension, d'amour et de compassion.

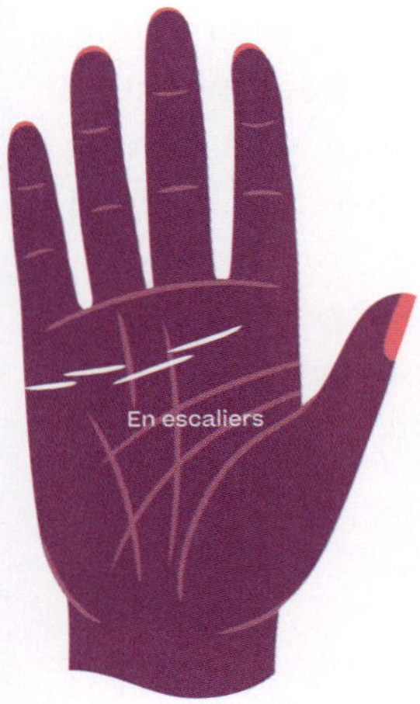

◆ **En escaliers :** La ligne est continue mais morcelée. Elle indique une tendance à l'indécision, et donc à l'inconstance.

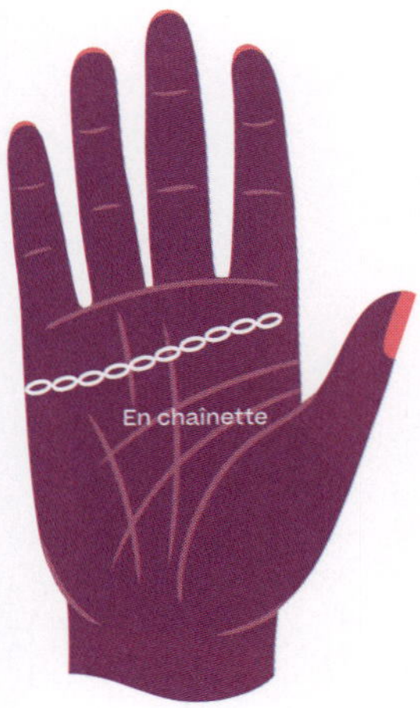

◆ **En chaînette :** Chaque « maillon » présent sur la chaînette représente une interruption de courant énergétique. Avec cette formation, l'énergie tourne en rond, ce qui indique que les mêmes schémas émotionnels et psychologiques ont tendance à être répétés. Cela indique également une nature anxieuse, encline au doute et peu sûre d'elle.

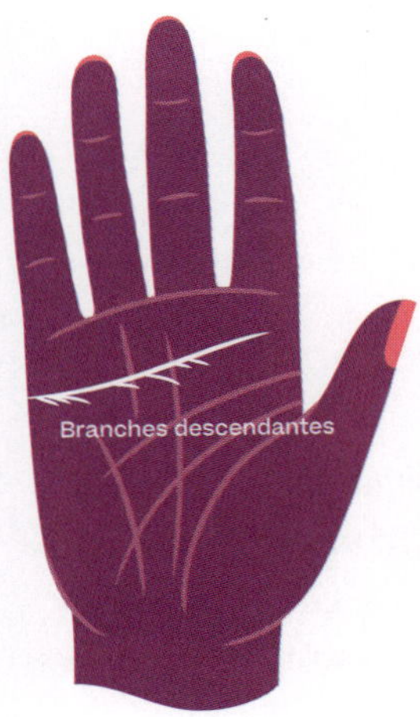

◆ **Branches descendantes :** Il ne faut pas confondre les branches descendantes avec les lignes « barrages », qui interfèrent avec les lignes principales ou secondaires en leur barrant littéralement la route (cela fait partie des lignes qu'on ne peut pas analyser en tant que telles : elles n'ont pas la même valeur symbolique que les lignes reconnues mais indiquent un obstacle sur la route).
Les lignes descendantes signifient que l'énergie est attirée vers le bas. Nous sommes alourdi·e·s par des éléments de notre existence qui nous pèsent. Cela peut avoir pour incidence une tendance à voir le verre à moitié vide plutôt qu'à moitié plein.
Chaque branche descendante peut être interprétée comme le reflet d'une déception, d'une contrariété ou d'une expérience assimilée par son porteur comme un échec.
Si l'on en constate une quantité importante (plus d'une dizaine sur une même ligne), cela peut suggérer une nature nostalgique ou ayant tendance à ressasser le passé, ou même à ruminer sur des faits qu'on ne peut plus changer.

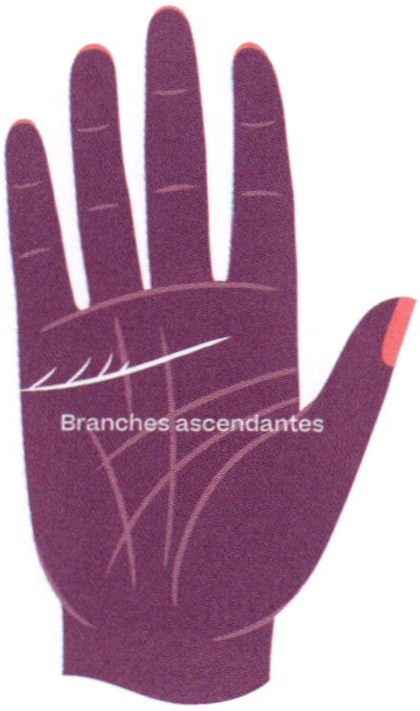

♦ **Branches ascendantes :** Les branches ascendantes sont le contraire des branches descendantes. Chacune des branches se dirigeant vers le haut symbolise une inspiration, une victoire, un moment de félicité…
Si l'on en constate une quantité importante (plus d'une dizaine sur l'ensemble des lignes de la main), cela suggère une nature optimiste.

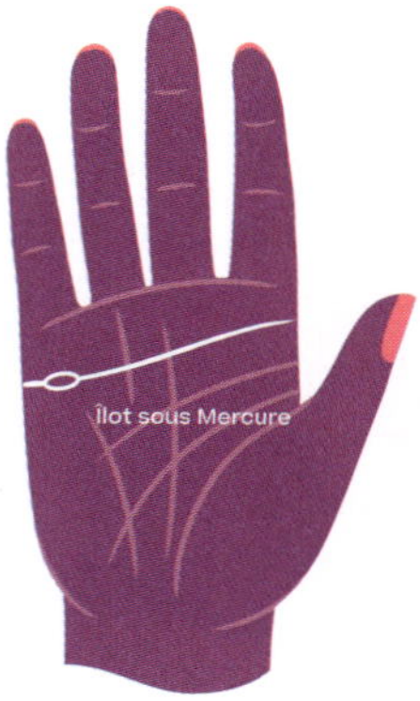

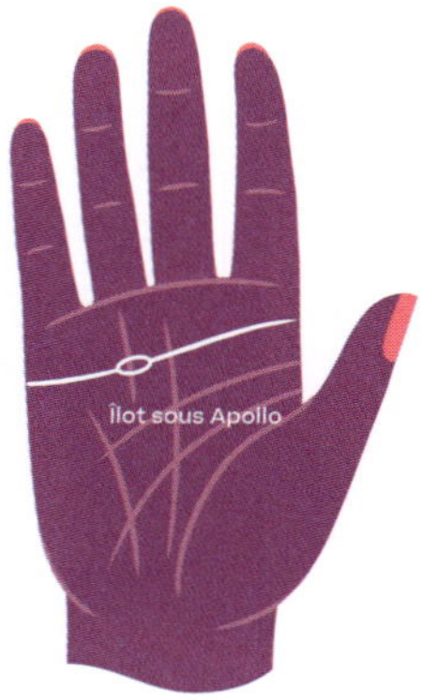

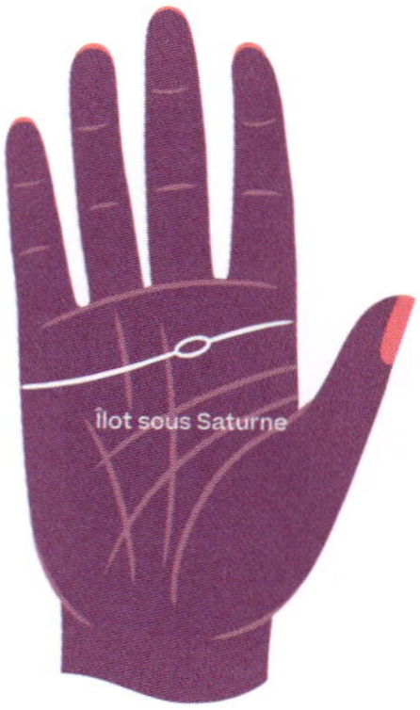

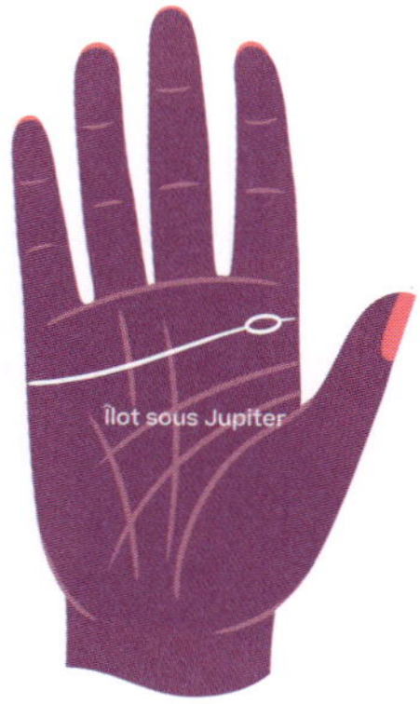

♦ **Îlots :** Les îlots forment des sortes de bulles ovales sur la ligne mais qui ne l'interrompent pas. Ils représentent une zone de stagnation. L'objectif est donc ici de réussir à trouver ce qu'ils représentent pour nous. Leur présence indique différentes choses selon la ligne sur laquelle ils se trouvent, et à quelle énergie archétypale (en fonction du mont) ils sont associés.

LIGNES PRINCIPALES : VIE, TÊTE ET CŒUR

Synonymes de notre compréhension du monde, elles nous renseignent sur la façon dont nous utilisons et coordonnons nos énergies physiques, mentales et émotionnelles.
Nous l'avons dit et répété : la chirologie fonctionne en entonnoir, et par strates. Chaque nouvelle découverte se superpose à la précédente pour approfondir l'analyse. Nos rivières d'énergie, nos lignes, donc, traversent de façon tout à fait unique, selon la main de chaque personne, l'ensemble des monts, en perdant sur leur passage une partie de leur énergie. C'est la raison pour laquelle il est important de bien comprendre les enjeux de chaque archétype. En fonction de là où la ligne commence ou s'arrête, elle se gorge de la symbolique du mont.

LA LIGNE DE VIE : NOTRE VITALITÉ

La ligne de vie représente notre vitalité, notre énergie physique, la façon dont nous prenons soin de notre corps, dont nous souhaitons vivre notre vie. Elle incarne aussi notre joie de vivre.

C'EST À VOUS !

Prenez un instant pour regarder votre ligne de vie,
sur la main active et sur la main passive.
Tracez sa trajectoire du bout des doigts. Que ressentez-vous ?
Qu'est-ce que les mots « vitalité » et « énergie » vous inspirent ?
Interrogez-vous : à quels moments sentez-vous
que vous avez le plus d'énergie physique ?
Quel rapport entretenez-vous avec votre corps ?
Quelle évolution avez-vous pu constater dans votre façon d'envisager
votre corps durant l'enfance, à l'adolescence, et maintenant ?

LOCALISATION ET ASPECT IDÉAL

Elle commence sa course entre les monts de Jupiter et Mars négatif, et la termine à la base du poignet, en entourant le mont de Vénus d'un bel arc. Elle est longue, claire, complètement séparée de la ligne du destin, courbe et ininterrompue.

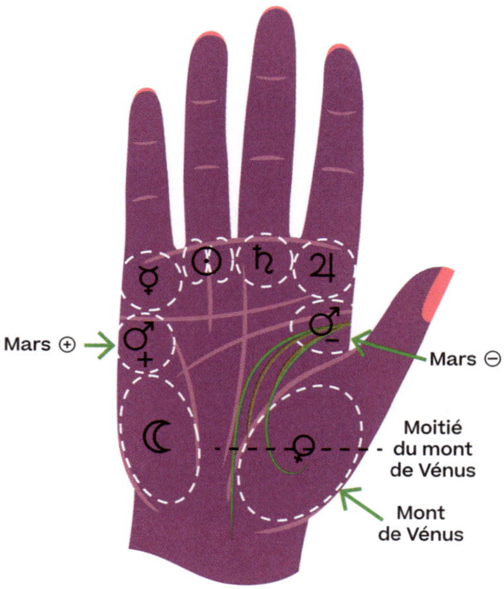

Sur l'image ci-contre, vous pouvez voir plusieurs exemples de longueurs de lignes.

- On considère qu'une ligne de vie est longue si elle dépasse la moitié du mont de Vénus. (Ligne de couleur rouge.)

- On considère que la ligne de vie est courte lorsqu'elle est égale ou inférieure à la moitié du mont de Vénus. (Lignes de couleur noire, l'une s'arrêtant à la moitié, l'autre étant plus courte.)

- Lorsque l'on dit que la ligne de vie finit sa course à l'intérieur du mont de Vénus, cela peut ressembler à cela (ligne de couleur bleue, première ligne à droite) : la terminaison de ligne se trouve bien ancrée dans le mont et possède une forme incurvée.

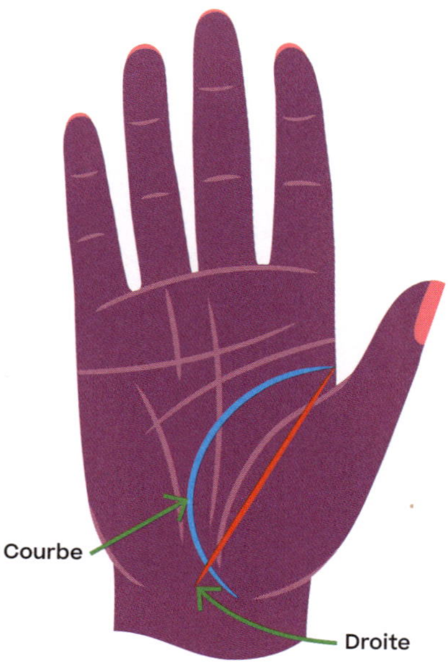

Sur l'image ci-contre, vous pouvez voir un type de ligne courbe (en bleu) et de ligne droite (en rouge). Concernant la thématique de lignes courbes/lignes droites, ce dessin servira d'exemple pour le reste des lignes. Cela dit, il me semble que vous pouvez très largement vous faire confiance pour faire la différence entre une ligne courbe et ligne droite, il n'y a pas de mystère là-dedans, pas plus que de piège !

LONGUEUR

◆ **Ligne longue :** indique une nature stable ou en quête de stabilité, une capacité à se projeter sur le long terme et à accepter les différents challenges de l'existence. Suggère un désir de vivre sa vie sainement et une aspiration au bonheur.
◆ **Ligne courte :** indique une tendance à s'identifier aux obstacles auxquels on est confronté·e·s. Difficultés à avoir une vision à long terme, à se projeter, tendance à prendre la vie comme elle vient, et parfois à ses dépens. Quand la ligne de vie est courte, il n'est pas rare de voir dans la paume la présence d'une ligne de destin, qui joue un rôle de soutien pour la ligne vie. La ligne de destin vient ajouter de la motivation et de la détermination. Dans ce cas, les personnes concernées ont tendance à compter sur leur énergie nerveuse bien plus que physique et, malheureusement, ont aussi tendance à ne pas prendre assez soin de leur corps. Beaucoup de personnes workaholiques ont ce type de formation.

FORME

◆ **Ligne courbe et ronde :** associées à l'harmonie naturelle, les lignes courbes sont toujours des privilèges, confèrent de la flexibilité et de la souplesse à qui les porte. Sont gages de qualités aimables.
◆ **Ligne droite :** sans surprise, et par analogie, il y a un manque de rondeur. Suggère une tendance à affronter les choses frontalement, une nature impatiente et rigide. Prédisposition à vouloir que les choses soient faites à sa façon, nature un peu plus encline à la domination. Au lieu d'apparaître complètement droites, il peut arriver que les lignes soient formées de plusieurs segments continus dont les points de contact forment des angles.
◆ **Ligne droite à la base et courbe par la suite :** suggère une inclination pour la souplesse avec le temps.
◆ **Ligne courbe à la base et se raidit par la suite :** suggère une tendance à se durcir avec le temps.

POSITION

◆ **Position idéale :** préserve les énergies vénusiennes du mont, confère de l'harmonie, permet de vivre le moment présent.
◆ **Ligne proche du pouce :** tendance à aller contre le courant, à résister aux opportunités de la vie, nature précautionneuse faisant possiblement des choix

en réponse à la peur. Enclin·e à l'inquiétude et à la méfiance, bloque ses qualités de générosité, possibles difficultés à recevoir.

- Ligne très éloignée du pouce : tendance à dépasser ses limites et à prendre des risques, désir d'exploration et d'expérimentations, esprit aventureux, besoin de stimulations constantes, difficulté à être dans le présent, tendance à se projeter sur la prochaine chose à faire/accomplir, peu de préoccupation pour la santé et le bien-être de son corps.

POINT DE DÉPART DE LA LIGNE

- Entre les monts de Jupiter et de Mars : confère le sens de la direction et de l'ambition de Jupiter, ainsi que l'énergie nécessaire de Mars pour supporter ses prises de décision. Suggère une nature optimiste et une inclination pour aller de l'avant.
- Sur le mont de Jupiter : cette localisation rend généralement la ligne plus droite, puisqu'elle commence plus haut qu'idéalement. Suggère une nature un peu rigide, et surtout très passionnée, avec généralement un désir de satisfaire ses envies qui peut donner lieu à des tendances obsessionnelles. Nature un peu plus autocentrée, qui peut parfois perdre de vue la nécessité de prendre les autres en considération.
- Sur le mont de Mars négatif : suggère une nature à tendance pessimiste. La réponse de l'énergie marsienne n'est pas toujours l'attaque et l'agression, mais parfois la protection et, de fait, une nature potentiellement méfiante, qui favorise l'isolation ou le manque d'ouverture à la vie de manière générale par souci de sécurité, pour éviter de souffrir.

RAPPORT À LA LIGNE DE TÊTE

- Espace restreint entre la ligne de vie et la ligne de tête : suggère une attitude détendue et objective.
- Grand espace entre la ligne de vie et la ligne de tête : sous-entend une nature très enthousiaste et active, ainsi qu'une forte personnalité.
- Lignes de vie et de tête conjointes : indique une forte sensibilité et, possiblement, une forte influence familiale sur la façon d'envisager la vie. Lignes se séparant tôt dans la paume, représentent la période à laquelle un sens de liberté est né (avis personnel, sentiment d'être soi, construction de son identité).

POINT FINAL DE LA LIGNE

- **À la base du poignet :** emplacement idéal, aucune perte d'énergie, le courant circule et est contenu jusqu'à la fin.
- **De manière plus ou moins droite dans la partie basse de la main, entre les monts de Luna et de Vénus :** emplacement en rapport avec les vies antérieures et les leçons karmiques, suggère beaucoup d'intensité, et le besoin de réaliser des désirs « du passé » ; tendance à aller droit au but, vers ses objectifs.
- **Sur le mont de Luna :** l'énergie vénusienne n'est pas suffisamment contenue, recherche du plaisir et de l'excitation dans la vie, manque de discipline généralement associé à des difficultés à prendre ses responsabilités.
- **Au niveau du milieu du mont de Vénus ou au-dessus :** manque d'énergie, peur, peu de plaisirs terrestres, peut résulter d'une mauvaise alimentation.
- **À l'intérieur du mont de Vénus :** préférence pour l'isolation et/ou la solitude ou tendance à la fuite, nature évitante.
- **En fourche en bout de ligne (1,5 cm de longueur et moins) :** ouverture d'esprit, passion pour les autres cultures (attention à l'appropriation culturelle).
- **En branche (la ligne se sépare en deux lignes) :** ouverture au changement, esprit de découverte.
- **En branche dont une finissant sur le mont de Luna :** tendance à beaucoup s'appuyer sur l'imagination, inclination pour la fuite des réalités ou désir de le faire.
- **En multiples branches :** enclin·e à l'éparpillement, très impacté·e par son énergie mentale, tendance à ne pas prendre suffisamment soin de son corps ; l'énergie vitale est principalement dirigée vers l'extérieur et non vers soi.

IRRÉGULARITÉS SUR LA LIGNE

- **Ininterruption :** formation idéale, le courant passe de manière optimale, bonne énergie vitale.
- **Interruption(s) :** choc(s), épreuve(s) de la vie qui nous a/ont marqué·e·s.
- **Chaînette :** sensation d'isolement, de solitude, difficultés à comprendre le sens de la vie (ce qui peut aussi arriver sans avoir de ligne de vie en chaînette), anxiété, difficultés à accepter la vie telle qu'elle est.
- **Îlots :** ils peuvent se trouver à différents endroits sur la ligne et indiquent des blocages d'énergie, une sensation de stagnation, un possible manque d'attention apporté au corps.

♦ **Ligne double :** indécision, difficultés à prendre des décisions, à accepter le changement.

♦ **Interférences :** obstacles dans notre parcours de vie ; il est avantageux de les envisager comme des opportunités pour apprendre et grandir (même si on s'en passerait volontiers).

♦ **Ligne faible (par rapport aux autres) :** difficultés à habiter son corps, tendance à être principalement dans le mental, possibilité de nier ses sensations physiques et de ne pas assez considérer son corps.

♦ **Difficultés à identifier la ligne dans son intégralité :** composée de plusieurs segments, manquant de clarté, dotée de beaucoup d'informations linéaires, elle suggère des priorités opaques.

♦ **Impossibilité à discerner la ligne (formation rare) :** suggère une course effrénée au bonheur, tendance à le chercher davantage de manière externe (par le biais d'activités sportives et/ou extrêmes, par la multiplication de rapports interpersonnels en tout genre…) de sorte à toujours rester occupé·e plutôt que de faire face à soi-même ; traduit généralement la peur de la mort.

Bravo ! Vous avez trouvé votre ligne de vie, vous connaissez sa qualité, sa trajectoire et sa longueur ! Reportez toutes les informations glanées ici dans votre poster à la fin du livre.

DEUX ÉLÉMENTS QUI SOUTIENNENT UNE LIGNE DE VIE FAIBLE

1 ♦ La présence d'une ligne de destin renforce toujours une ligne de vie faible : cette dernière lui apporte de la motivation et de la détermination pour continuer à aller de l'avant.

2 ♦ La présence d'une ligne de soutien, aussi nommée « ligne sœur » ou « ligne de Mars », suggère qu'il nous est possible de compter sur une aide extérieure. Le sentiment que nous recevons du soutien, peut-être moral, émotionnel, psychologique et/ou financier, est présent. En rapport avec la vision que nous avons de nos proches, il peut y avoir plusieurs lignes de soutien dans la main. Elles peuvent correspondre à un ami, un parent, un animal de compagnie, mais aussi à un professionnel de la santé ou pourquoi pas un bon bouquin.

TIPS POUR BOOSTER SA LIGNE DE VIE

- Principalement en rapport avec notre vitalité, notre ligne de vie est directement connectée à notre corps : la meilleure façon d'améliorer la qualité de sa ligne de vie, c'est de s'occuper de soi !

- Privilégiez une alimentation saine et variée, mais aussi réconfortante et gourmande : le but est de se faire suffisamment plaisir et confiance, afin d'éviter les excès.

- Accordez-vous, dans la mesure du possible, un temps de sommeil nécessaire ou des temps de repos.

- Ménagez-vous, accordez-vous l'attention que vous méritez.

- Bougez, dans la mesure du possible : restez actif·ive ne serait-ce qu'une dizaine de minutes par jour. Si vous n'êtes pas en capacité physique de le faire seul·e, n'hésitez pas à vous faire aider.

- Touchez-vous ! Cultivez votre rapport au corps en vous connectant à vos sensations, améliorez le positionnement de vos limites en vous apportant une écoute particulière : posez-vous des questions, qu'est-ce qui est OK pour vous ? Qui a le droit de vous toucher et comment ? À quel moment cessez-vous de faire quelque chose qui vous fait plaisir et pourquoi ? Etc.

- Et restez hydraté·e·s !

LA LIGNE DE TÊTE : NOTRE FAÇON D'ORGANISER NOS PENSÉES ET NOTRE IMAGINATION

La ligne de tête représente la façon dont notre esprit s'articule, notre capacité à prendre des décisions, et la manière dont nous exprimons nos pensées.

◆◆◆ FAITES LE TEST ◆◆◆

Prenez un instant pour observer votre ligne de tête,
sur la main active et sur la main passive.
Tracez sa trajectoire du bout des doigts. Que ressentez-vous ?
Qu'est-ce que les mots « pensée » et « imagination » vous inspirent ?
Interrogez-vous : à quels moments sentez-vous que vous avez
le sentiment de réfléchir de manière optimale ?
Quel rapport entretenez-vous avec votre imagination ?
Quelle évolution avez-vous pu constater dans la façon
dont vous envisagiez le monde durant l'enfance,
à l'adolescence et dans votre manière de l'appréhender maintenant ?

LOCALISATION ET ASPECT GÉNÉRAL

Elle est indépendante de la ligne de vie et traverse le milieu de la paume, sans pour autant toucher la percussion de la main : elle devrait finir entre les monts de Mars positif et de Luna. Elle commence au milieu des monts de Jupiter et de Mars négatif. Ici, Jupiter symbolise notre rôle à jouer dans la société et nous indique une trajectoire à suivre ; il est toujours associé à l'ambition. Mars prodigue quant à lui l'énergie et le courage nécessaires pour supporter nos idées, nos pensées et notre vision. La ligne est légèrement courbe, nous rend ainsi plus souple·s et plus apte·s à coopérer avec les autres et à les comprendre. Elle devrait être aussi nette que possible.

LONGUEUR, POSITION, FORME ET POINT FINAL

◆ **Ligne entre les monts de Luna et de Mars positif (naturellement courbe) :** suggère un bon mélange des énergies créatives de Luna et des qualités de persévérance de Mars positif. Cette formation est nommée la « ligne du pionnier », conférant à son ou sa porteur·euse un esprit conquérant prêt à en découdre et à relever les challenges ingénieusement. Si la ligne est particulièrement courbe, cela indique une nature conciliante, encline à prendre l'avis des autres en considération.

◆ **Ligne plus courte ou égale à Mercure (naturellement droite) :** tendance à être stoppé·e dans son élan, sensible aux influences extérieures, prompt·e à remettre en question sa validité, difficultés à avoir une vision sur le long terme, manque de souplesse.

- **Ligne droite sur la percussion de la main (traverse la paume de part en part) :** grande force mentale, endurance nerveuse, tendance à l'obstination, esprit étroit (pense détenir la vérité), suggère un possible manque de fantaisie, nature dominante.
- **Ligne sur le mont de Luna (très courbe) :** tendance à vivre dans son univers, créativité et imagination exacerbées. Cela suggère aussi une forte activité cérébrale nocturne, ou la capacité à être très connecté·e à ses rêves. La présence d'une ligne de destin solide est un critère recherché pour ce type de formation. Une ligne de destin apporte une ligne directrice et donne l'opportunité de matérialiser ses rêves.
- **Ligne de tête absente :** voir « La ligne simienne », p. 206.

POINT DE DÉPART DE LA LIGNE

- **Indépendant et proche de la ligne de vie :** placement idéal, dispose de l'énergie pure de la ligne.
- **Très éloigné de la ligne de vie :** esprit indépendant, influencé par les énergies jupitériennes d'ambition et d'autoréalisation, aime que les choses soient faites à sa façon, tendance à être un outsider dans sa famille.
- **Conjoint à la ligne de vie (partant du même point de départ) :** nature sensible, influences familiales sur sa façon de penser, qui peut être en opposition aux valeurs inculquées ou en reproduction.

IRRÉGULARITÉS SUR LA LIGNE

- **Non homogène (très commun) :** confusion mentale.
- **Nombreuses interférences sur la ligne :** esprit agité, le flot de la pensée a tendance à partir dans de multiples directions, difficultés de concentration.
- **Chaînettes :** anxiété, sentiment d'insécurité ou/de vulnérabilité. Tendance à répéter des schémas de pensée, difficultés à avancer.
- **Branche entre la ligne de tête et la ligne de cœur :** c'est une interférence, l'esprit a du mal à penser de manière objective, conflit entre raison et émotion.
- **Ligne double :** indécision, difficulté à faire des choix
- **Branches descendantes :** problématique, obstacle qui occupe de l'espace mental et draine l'énergie.
- **Îlot au niveau du mont de Jupiter :** suggère un blocage émotionnel et la création d'un système de pensée fondé sur une ou plusieurs expériences

traumatisantes survenues dans l'enfance. Notez qu'il existe toutes formes de traumatismes, des plus bénins au plus effroyables, mais qu'ils ont tous la capacité à laisser une empreinte marquante, résultant de pensées négatives quant à la manière dont nous nous percevons et à la manière dont ont à l'impression d'être perçu·e·s.

- **Îlot au niveau du mont de Saturne :** suggère une forte frustration, possiblement une expérience que l'on assimile personnellement à un échec, difficulté à passer à autre chose, désir possible de vengeance et/ou de revanche face à une situation. Peut aussi être associé à un sentiment de culpabilité vis-à-vis d'une situation pour laquelle nous n'aurions pas pris nos responsabilités.
- **Îlot au niveau du mont d'Apollo :** souvent lié à une blessure d'ego.
- **Îlot au niveau du mont de Mercure :** manifestation de regret par rapport à un domaine précis, difficultés d'expression.

TERMINAISON DE LA LIGNE

- **Branche :** ouverture d'esprit, capacité à toujours voir les deux côtés d'une situation, énergie influencée par le mont sur lequel la branche se finit, tendance à avoir deux personnalités.
- **Fourche :** mêmes qualités que pour la présence d'une branche, sans pour autant avoir deux facettes.
- **Trident (au moins trois terminaisons) :** esprit très inventif, tendance à manipuler la vérité.

Bravo ! Vous avez trouvé votre ligne de tête, vous connaissez sa qualité, sa trajectoire et sa longueur ! Reportez toutes les informations glanées ici dans votre poster à la fin du livre.

TIPS POUR BOOSTER SA LIGNE DE TÊTE

- La première chose à faire, c'est d'apprendre à respirer ! Accordez-vous du temps pour vous concentrer sur votre respiration ; chaque fois que vous vous sentez à court d'idées, stressé·e, confus·e, RESPIREZ. Une bonne oxygénation permet au cerveau de fonctionner de manière optimale, cela crée de l'espace mental et donc du mieux-être. Il existe de nombreuses applications nous permettant de travailler gratuitement notre souffle et notre respiration, c'est le moment de s'y mettre !

- Désencombrez votre esprit au maximum – plus facile à dire qu'à faire, je vous l'accorde. Essayez de pratiquer des techniques de relaxation telles que le nidra yoga ou le taï-chi, laissez-vous tenter par la sonothérapie, la méditation ou l'autohypnose, et si vous n'êtes pas encore tout à fait à l'aise avec l'idée de rester en place, favorisez la pleine conscience durant des activités telles que la marche, le chant ou le coloriage.

- Évitez le stress superflu. Si vous faites des études, que vous avez une famille, un travail ou que vous êtes simplement un·e humain·e vivant au XXIe siècle, les sources de stress potentielles sont partout. Parfois, protéger son esprit peut ressembler à se couper des réseaux pendant un temps, arrêter de suivre du contenu qui ne nous procure pas de joie, mais au contraire tristesse, colère et frustration. Ça peut être dire stop aux infos, dire stop à une conversation que l'on n'a pas envie d'avoir sur le moment avec Gilbert ou Monique. Dire non, tout simplement. Ou du moins essayer. Et c'est déjà pas mal.

- Délestez-vous de ce qui vous pèse, prenez soin de votre santé mentale et faites-vous aider, accompagner par des professionnels. Parfois, deux ou trois séances avec un psychologue peuvent suffire pour repartir sur des bases plus saines. Et si l'on se rend compte qu'il nous faudra plus de temps, si c'est en notre pouvoir, je crois que c'est important de le prendre.

LA LIGNE DE CŒUR : NOTRE JAUGE ÉMOTIONNELLE

La ligne de cœur représente la façon dont nous gérons nos émotions, notre manière de nous connecter aux autres, dont nous aimons et souhaitons ou souhaiterions être aimé·e·s.

◆◆◆ FAITES LE TEST ◆◆◆

Prenez un instant pour regarder votre ligne de cœur, sur la main active et sur la main passive. Tracez sa trajectoire du bout des doigts. Que ressentez-vous ? Qu'est-ce que les mots « amour » et « compassion » vous inspirent ? Interrogez-vous : à quels moments avez-vous l'impression d'aimer le plus ? Quel rapport entretenez-vous avec l'amour et le pardon ? Quelle évolution avez-vous pu constater avec la façon dont vous aimiez durant l'enfance, à l'adolescence et celle dont vous le faites maintenant ?

LOCALISATION ET ASPECT GÉNÉRAL

Elle commence sa course entre les monts de Mercure et de Mars positif, et y puise l'énergie communicatrice mercurienne et l'énergie loyale marsienne. Elle est courbe, nette, claire, ascendante, et finit sa course entre les monts de Saturne et de Jupiter. C'est sa position idéale.

LONGUEUR, POSITION, FORME ET POINT FINAL

- **Longue et droite sur le mont de Jupiter :** manque de souplesse, nature plutôt rigide et décidée à faire ce qu'elle entend, possibilité d'être tranchant·e dans ses rapports à l'autre, surtout si les choses ne vont pas dans son sens. De nature joviale et plaisante, capable de donner et de recevoir, ainsi que d'exprimer ses sentiments, relations amoureuses souvent plus conflictuelles que les autres relations interpersonnelles, désir de contrôle, conscient ou inconscient.
- **Longue et droite, courbe ascendante sur le milieu du mont de Jupiter et plus haut (toujours sur Jupiter) :** nature aimante, généreuse et dévouée. Également idéaliste, ce qui peut engendrer un bon nombre de déceptions. Capable de comprendre, de répondre et d'anticiper les besoins des autres. Difficultés à admettre que tout le monde n'est pas capable d'aimer de cette façon. Recherche la passion, côté romanesque.
- **Longue et descendante sur le mont de Jupiter :** désir d'amour, de connexion et d'harmonie contrarié par un problème de confiance en soi, et aussi envers les autres, difficultés à se montrer vulnérable et à se reposer sur une autre personne. Nature exigeante et critique car dominée par la peur de souffrir dans ses relations, spécifiquement amoureuses.

Si on constate que cette formation est présente sur les mains passive et active, cela suggère qu'il y a eu un manque de réponse aux besoins émotionnels durant l'enfance, des attentes basiques (amour, protection, compréhension...) n'ont pas été comblées et ont engendré un sentiment de méfiance, et la pensée selon laquelle il est plus sage et plus sûr de compter (uniquement) sur soi.

♦ **Longue et descendante sur le mont de Mars inférieur :** imprégnée des énergies de Mars négatif, ce n'est pas la place de la ligne de cœur. L'énergie marsienne sert à attaquer, à se défendre et à se protéger. Suggère une difficulté à laisser entrer l'amour dans sa vie, tendance à l'évitement émotionnel. Dans les relations amoureuses, inclination pour la consommation plutôt que pour l'investissement, prédilection à jouir des plaisirs plutôt que de les partager. Difficultés à pardonner, à soi-même et aux autres.

♦ **Longue, ascendante et courbe, entre les monts de Saturne et de Jupiter :** nature généreuse, responsable, stable et encline à l'engagement.

♦ **Courte et droite, sous le mont de Saturne :** nature sérieuse pouvant manquer de spontanéité, ou ayant tendance à être très cérébrale. Sentiments tranchés : j'adore ou je déteste, peu de demi-mesure. Les relations amoureuses sont plutôt conditionnelles. Valorise sa sécurité personnelle, tendances égoïstes.

♦ **Courte et ascendante sur le mont de Saturne** : nature très pragmatique, compréhension des besoins des autres. Haut sens des responsabilités ; dans les relations amoureuses, agit davantage par obligation que par envie. Souvent, recherche de la sécurité matérielle et financière.

♦ **Plus courte que sous le mont de Saturne :** phénomène extrêmement rare, suggère une nature très égocentrique, complètement désintéressée et détournée des autres. Peut avoir un rapport avec une particularité neuro-atypique. Dans ce cas, ne pas prendre en considération ce qui a été dit plus haut.

IRRÉGULARITÉS ET POINTS POSITIFS SUR LA LIGNE

♦ **Interruptions :** correspondent à des chocs, identification aux sentiments correspondants. Peuvent représenter un deuil, une grosse peine de cœur...

♦ **Lignes superposées :** le courant n'est pas considéré comme discontinu, mais suggère une adaptation progressive à un changement non désiré.

♦ **Point blanc** : ce n'est pas un point blanc à proprement parler, mais il apparaît blanc sur une empreinte palmaire et ressemble à un tout petit trou sur la ligne. Correspond à un épisode stressant. S'intéresser à la zone où il se trouve, car il est en rapport avec l'énergie du mont associée.

♦ **Îlot sur le mont de Jupiter :** associé à un blocage émotionnel hérité de l'enfance.

- **Îlot sur le mont de Saturne** : tendance à éprouver du ressentiment, difficultés à passer à autre chose.
- **Îlot sur le mont d'Apollo :** désir de reconnaissance frustré/non accompli, tendance à fonder les relations physiques sur l'apparence, présence d'a priori.
- **Îlot sur le mont de Mercure :** non-dit, problèmes de communication, quelque chose doit être exprimé pour permettre à l'énergie de la ligne de circuler librement ; un îlot sur le mont de Mercure peut entraîner l'apparition d'îlots sur les monts d'Apollo et de Saturne.
- **Chaînette :** perte d'énergie, énergie émotionnelle diminuée et affaiblie, anxiété, sentiment d'insécurité, manque de stabilité émotionnelle, tendance à répéter les schémas amoureux.
- **Nombreuses interférences sur la ligne :** confusion émotionnelle, nature encline à être dirigée par ses émotions et à ne pas en être maîtresse, tendance à être débordé·e : émotivité, intensité, possible vulnérabilité.
- **Branches descendantes :** déception d'ordre familial, amical ou amoureux qui nous pèse sur le cœur, tendance à l'insatisfaction.
- **Formation ressemblant à un « plumeau » en début de ligne :** sous le mont de Mercure, cela témoigne d'une appréhension à se lancer dans les relations interpersonnelles – c'est un peu effrayant, quand on y pense, de faire la démarche de se connecter à de nouvelles personnes. Cela signifie aussi que nous possédons certaines limites et que nous sommes capables de faire confiance à nos émotions et à nos intuitions pour nous guider.
- **Branches ascendantes** : moments de félicité, bons souvenirs, espoir.

TERMINAISON DE LIGNE

- **En fourche :** désir d'équilibre, une branche représente le côté réaliste et logique, l'autre, l'amour inconditionnel.
- **En trident :** désir de connexion suprême à tout ce qui nous entoure. Il y a une branche pour la sphère spirituelle, une autre pour la sphère mentale et une troisième pour la sphère physique. C'est une terminaison qu'on rencontre chez beaucoup d'artistes ou de slasheurs (personnes multi-casquettes). Inspire généralement les autres autour de soi.

Bravo ! Vous avez trouvé votre ligne de cœur, vous connaissez sa qualité, sa trajectoire et sa longueur ! Reportez toutes les informations glanées ici dans votre poster à la fin du livre.

TIPS POUR BOOSTER SA LIGNE DE CŒUR

C'est une sacrée question : comment faire rentrer plus d'amour dans sa vie ? Si c'était simple, il paraît évident que personne ne serait malheureux. Je n'ai pas de formule magique à vous proposer, juste des petits riens qui parfois font toute la différence lors d'une journée chagrine.

♦ Apprenez à exprimer vos sentiments. On ne vous a pas enseigné à le faire ? Qu'à cela ne tienne, il n'est jamais trop tard pour apprendre ! Si vous avez du mal à communiquer verbalement, dans un premier, munissez-vous d'un petit carnet dans lequel vous pouvez noter toutes vos émotions et tout ce qui vous passe par la tête et par le cœur. Afin de comprendre vos émotions de manière optimale, il est important de pouvoir les identifier, et pour ce faire il faut les nommer. Il existe un outil fabuleux : la roue des émotions. Celle-ci permet d'abord d'identifier le type général d'émotion que vous pouvez ressentir, et vous apporte du vocabulaire sur ses nuances et son intensité. Vous trouverez en ligne de nombreux modèles gratuits.

♦ Faites preuve de gratitude dès que vous le pouvez. C'est un moyen très simple de vous aider à vous focaliser sur les choses qui vont bien, qui vous font du bien et qui sont belles. On peut éprouver de la gratitude parce qu'on a vu un superbe rayon de soleil, qu'on a mangé un délicieux croissant ou parce qu'un gros matou tout doux s'est laissé caresser dans la rue. On peut témoigner sa gratitude tout·e seul·e, dans un coin, en posant les mains sur son cœur et en énonçant à haute voix toutes les choses de la journée pour lesquelles on en a éprouvé.

♦ Cultivez l'écoute active : les relations sont plus harmonieuses lorsqu'on prête une attention réelle à ce que les autres nous témoignent. Il est à mon sens aussi important d'exprimer ses émotions que d'accueillir celles des autres (hors cas extrêmes, cela va de soi).

♦ Apprenez à vous pardonner. Encore un sujet difficile… Parfois, on est tellement dur·e·s envers nous-mêmes que nous sommes les premier·ière·s à nous punir et à nous empêcher d'accéder à un peu plus de bonheur. Vous pouvez faire une liste, ou vous écrire une lettre en la rédigeant à la première personne, et vous dire toutes les choses pour lesquelles vous vous pardonnez. Vous pouvez brûler cette lettre ensuite et effectuer une petite danse la victoire en faisant attention de ne pas mettre le feu chez vous ! #safetyfirst

◆ Faites-vous des câlins, même à vous-même, c'est bon pour le moral et ça aide à apprendre à recevoir.

◆ Délestez-vous dans la mesure du possible de vos anciennes blessures. Encore une fois, n'hésitez pas à consulter un professionnel de la santé mentale pour vous aider si vous en ressentez le besoin, ou même par simple curiosité. Ça peut faire du bien.

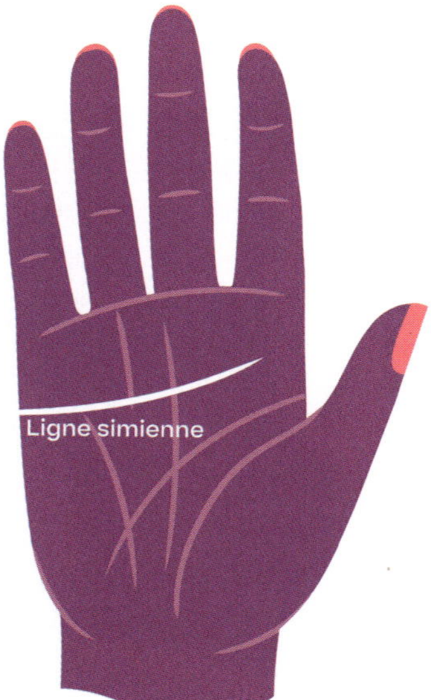

LA LIGNE SIMIENNE, UN CAS PARTICULIER

Il arrive que, dans la paume, on ne puisse pas distinguer la ligne de cœur de la ligne de tête : les deux sont alors conjointes et assurent alternativement les deux fonctions en même temps. Cette ligne doit son nom aux premières recherches anthropologiques destinées à classifier et à catégoriser les primates, lesquelles statuèrent que seul ce type d'espèce possédait une seule ligne palmaire transverse. L'appellation « ligne simienne » vient du terme zoologique « simien » qui signifie « relatif aux singes ».
L'expérience nous a enseigné que les singes n'étaient pas les seuls à posséder ce type de ligne : nous autres, les humains, ça nous concerne aussi !

On peut noter que la majorité des personnes ayant fait partie d'un panel d'étude scientifique concernant leurs lignes simiennes se sont révélées dotées de particularités chromosomiques. Ainsi, 55 % environ des personnes ayant le syndrome de Down (aussi connu sous le nom de trisomie 21) ont une ligne simienne. Attention, la présence d'une ou plusieurs lignes simiennes ne signifie pas qu'on présente obligatoirement une particularité chromosomique. On sait aussi que les personnes assignées à être des hommes à la naissance sont deux fois plus nombreuses à en posséder.

La présence d'une ligne simienne témoigne d'une grande intensité, à la fois mentale et émotionnelle. D'un point de vue positif, on peut considérer qu'elle confère le potentiel nécessaire pour aligner ses désirs. Il y a beaucoup d'énergie physique dans cette ligne, puisqu'elle supporte deux influences opposées et complémentaires. Si les rapports peuvent être plus éprouvants concernant les relations interpersonnelles, ils sont aussi beaucoup plus directs, francs, honnêtes et sans détour.

Les personnes dotées d'une ligne simienne ont souvent besoin de beaucoup d'attention et aiment être entourées de personnes disponibles pour elles.

Elles peuvent avoir tendance à refuser une vision des choses étrangère à la leur qui les exposerait à différents types de conflits.

Il y a ici beaucoup de force en jeu, mais aussi beaucoup de vulnérabilité : le plus gros challenge pour les personnes ayant une ligne simienne, c'est d'apprendre à gérer leurs émotions.

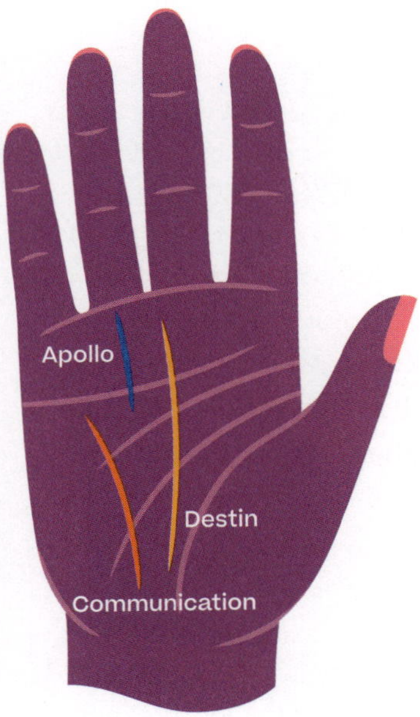

LES LIGNES SECONDAIRES : DESTIN, APOLLO ET COMMUNICATION

Comme nous l'avons vu précédemment, il se peut que vous n'ayez qu'une, voire aucune de ces trois lignes présentes dans la main, et ce n'est pas grave du tout ! Ces signes secondaires peuvent suggérer que nous sommes plus complexes (ce qui n'est ni bien, ni mal, juste un fait) et que nous avons une meilleure connaissance de nous-mêmes ou du moins une nature plus analytique et pointilleuse, ayant besoin de trouver du sens un peu partout.

LA LIGNE DE DESTIN : NOTRE FAÇON DE STRUCTURER NOTRE VIE

Bien qu'elle se nomme « ligne de destin », celle-ci ne présage en rien d'un chemin de vie tout tracé, qui ne serait là que pour nous révéler une fatalité.

Non. Et puis, souvenez-vous, nos lignes changent, et nous avons le pouvoir de modifier leur trajectoire.

La ligne de destin nous donne des informations sur nos désirs d'accomplissement personnel, qu'ils soient d'ordre professionnel, familial, créatif, ou dans tout autre domaine que l'on souhaite réaliser. La ligne de destin est associée à l'énergie saturnienne, elle tient donc naturellement un rôle structurant, c'est le pilier autour duquel on bâtit notre vie.

LOCALISATION ET ASPECT GÉNÉRAL

Idéalement, elle commence sa course à la base de la paume entre les monts de Vénus et de Luna, et remonte l'intégralité de la paume jusque sur le mont de Saturne.
Elle est claire, nette et dépourvue de cassures.

FORMATION

◆ **Ligne unique :** vision sur le long terme, sens des priorités pragmatique.
◆ **Plusieurs lignes côte à côte ou présence de nombreuses lignes d'interférence :** difficultés à se concentrer sur une chose à la fois, constamment stoppé·e dans son élan, sensible aux distractions.
◆ **Absence de ligne :** non-identification de ses talents personnels, difficultés à évaluer son potentiel, manque de stabilité, peine à honorer ses engagements, tendance à ne pas saisir les opportunités, sentiment d'être perdu·e et/ou ballotté·e par la vie.

POINT DE DÉPART DE LA LIGNE

◆ **Entre les monts de Vénus et de Luna :** zone relative aux vies passées, au karma. Suggère que nous avons dans cette vie un bagage karmique renfermant un instinct naturel pour accomplir des choses. Sentiment d'avoir quelque chose à accomplir. Facilités à trouver des voies dans lesquelles s'engager. Présence d'une boussole intérieure.
◆ **Sur le mont de Luna :** imagination exacerbée, guidée par ses rêves et ses visions. Nature empathique, généralement stimulée par le besoin des autres, excellentes capacités de connexion à autrui, désir sincère d'aider son prochain.

◆ **Sur la ligne de vie :** nature passionnée, enthousiaste et audacieuse. Tendance à prendre des risques, désir d'être son ou sa propre patron·ne et/ou de diriger.

IRRÉGULARITÉS SUR LA LIGNE

◆ **Ininterruption :** formation idéale, très rare, utilisation optimale de l'énergie de la ligne.

◆ **Interruptions** : sentiment de perte de sécurité et/ou de repères, de confiance en soi momentanée, changement brutal non souhaité.

◆ **Interférences :** chaque ligne d'interférence faisant barrage horizontalement représente un challenge à affronter ou qui a déjà été affronté. Il arrive parfois qu'on se mette nous-mêmes des bâtons dans les roues. Bonjour, autosabotage !

◆ **Lignes superposées :** indiquent un changement graduel, élimination progressive d'un élément superflu, métamorphose, réinvention, renouveau.

◆ **Étoile** : présence d'un conflit, d'une opposition, d'un imprévu nous poussant à nous adapter malgré nous et à en tirer profit (voir « Dans la plaine de Mars », p. 223)

◆ **Îlot(s) :** impression d'incompréhension et d'isolement. Possible sentiment de jalousie face aux accomplissements des autres.

POINT FINAL DE LA LIGNE

◆ **Sur le mont de Saturne :** pas ou peu besoin de la validation de ses pairs pour se sentir bien et continuer à avancer sur son chemin personnel. Recherche de « sa vérité », c'est-à-dire ce qui a du sens pour soi. Capacité à mettre à profit son expérience et ses apprentissages. Permet de garder le cap : une ligne de Saturne finissant sur le mont de Saturne, c'est comme un phare dans la nuit. Capacité à voir le bon côté des choses malgré les différentes épreuves de la vie.

◆ **Sur la ligne de tête :** tendance à privilégier ce qu'il *faut* faire plutôt que ce qu'on *veut* faire, frilosité face à la prise de risque, besoin de sécurité financière. Nature qui peut être dominée par l'ego dans les choix professionnels : désir de prestige, d'argent, de respectabilité (en fonction des critères de la société capitaliste). Peut aussi suggérer une détresse psychologique ou une grande précarité financière ; l'un dans l'autre, il s'agit d'un positionnement de survie. Autolimitation, possiblement autant peur de l'échec que du succès.

◆ **Sur la ligne de cœur :** tendance à se laisser guider par ses émotions, recherche du plaisir. Accroît la sensibilité d'une personnalité, peut être arrêté·e dans son élan par choix pour s'accorder à ce que souhaite/attend son entourage. Tendance au sacrifice. Possibilité d'abandon de sa quête personnelle pour éviter de souffrir.

◆ **Dans le quadrilatère (espace entre la ligne de cœur et la ligne de tête) :** mélange des deux descriptions précédentes, caractérisé par la difficulté à faire des choix. Indique en effet une indécision quant à la direction que l'on souhaite prendre pour soi, peut donner l'impression parfois de faire un pas en avant, deux pas en arrière, en perpétuelle quête de sens. « Où vais-je, ou cours-je, dans quel état j'erre ? »

NON-TIPS POUR BOOSTER SA LIGNE DE DESTIN

Selon moi, la ligne de destin est l'une des plus difficiles à appréhender : complexe, reposant sur nombre d'éléments, c'est un vrai challenge de trouver des trucs et astuces pour la booster.

À la place, je vais donc plutôt vous raconter un petit bout de mon histoire personnelle. Figurez-vous que j'ai une ligne de destin magnifique ou, du moins, présentant de très belles dispositions, que ce soit dans ma main active ou passive. Néanmoins, pendant très longtemps, j'ai eu le sentiment d'aller dans tous les sens et dans aucun à la fois. Enfant, j'ai voulu faire presque tous les métiers du monde puis, à l'âge de choisir, je suis devenue certaine que je serais prof d'anglais. Après quelques mois à l'université, en LLCE anglais, je me suis rendu compte que, en fait, ça ne me plaisait pas du tout.
J'ai changé de voie et me suis inscrite en sociologie. Entre-temps, je suis tombée enceinte de mon premier enfant. Arrivée à la licence, je n'avais plus tout eu envie de faire ça non plus. J'ai décidé de repartir à l'école pour devenir esthéticienne. Là, je suis tombée enceinte de mon deuxième enfant, et, après avoir travaillé dans ce secteur, ce n'était toujours pas ça. J'ai passé un CAP pâtisserie en candidat libre, puis, de fil en aiguille je suis arrivée ici. Mais vous savez tout ça.
Ce que je veux vous dire ici, c'est que, parfois, on a l'impression d'être perdu·e et de ne pas savoir à quel saint se vouer. Il y a des encore bien des jours,

d'ailleurs, où j'ai envie de m'arracher les cheveux (et, *spoiler alert*, c'est arrivé plusieurs fois pendant l'écriture de ce livre) parce que tout me semble confus. Il n'y a aucune recette miracle, aucun manuel qui peut nous apprendre à vivre notre vie. Mais je suis de celles qui croient, vous l'aurez sans doute remarqué, que se laisser de la place mentale, physique et émotionnelle pour (s')explorer est toujours une bonne chose.

Le conseil que je pourrais peut-être vous donner et qui m'a été transmis par ma très chère amie Sarah, c'est que, si vous voulez donner un sens à votre vie (comme ça, pour rigoler), ou du moins une ligne directrice, **essayez non pas de trouver une activité particulière à faire à tout prix, mais trouvez-vous un verbe d'action.**

Attention, c'est un exercice plus dur qu'il n'y paraît et qui m'a contrainte à bien me creuser les méninges. Le but du jeu est de trouver un verbe qui englobe vos qualités, ce que vous aimez faire et ce qui, d'une manière ou d'une autre, vous comble, au moins un peu, dans la vie. Et puis si votre mot, c'est « dormir », c'est très bien aussi. Nous sommes nombreux·euses à travailler par nécessité et non par vocation.

Mon mot d'action à moi, c'est « nourrir ». En réfléchissant à tout mon parcours scolaire, personnel et professionnel, je peux tout résumer grâce à ce mot. Ce qui me botte, dans la vie, c'est nourrir les autres au sens propre, avec mon activité de cheffe, et au sens figuré en partageant comme ici savoir et réflexions.

◆◆◆ C'EST À VOUS ! ◆◆◆

Ta mission, si tu l'acceptes :
trouver ton mot d'action et expliquer pourquoi tu l'as choisi !

LA LIGNE DE COMMUNICATION : NOTRE MANIÈRE DE COMMUNIQUER AVEC LES AUTRES ET AVEC NOUS-MÊME

En diagonal dans la paume entre les monts de Vénus et de Mercure, cette ligne nous renseigne sur notre façon de communiquer de manière inter- et intra-personnelle.

ASPECT DE LA LIGNE

Il est rare que cette ligne soit claire, nette et en seul morceau. Mais peu importe son apparence, à mon sens, c'est toujours un point positif que d'en avoir une, puisque, souvenez-vous, les lignes secondaires sont synonymes d'une meilleure connaissance de soi ou d'un désir de mieux se connaître.
Si vous n'avez pas de ligne de communication, ça ne veut pas pour autant dire que vous êtes un·e mauvais·e communicateur·rice, en revanche, peut-être que, si vous en avez envie, vous pouvez améliorer vos compétences en la matière.
Si, parmi vos monts dominants, vous comptez Mercure, vous êtes considéré·e en chirologie comme doué·e dans le domaine de la communication orale ; Vénus indique que vous savez communiquer votre affection ; doté·e de Luna, vous avez une très bonne communication interne, etc.

LONGUEUR, COMMENCEMENT ET POINT FINAL DE LA LIGNE

Plus la ligne est longue et plus la communication est claire et fluide : on se fait comprendre de manière optimale, sans équivoque, et on comprend aussi très bien ses interlocuteurs sans quiproquo. Une ligne interrompue ou présentant des interférences dirige moins bien l'énergie associée.

♦ Si la ligne de Mercure s'arrête sur la ligne de tête, cela suggère de très bonnes qualités rédactionnelles, ou une très bonne éloquence, en tout cas, tout ce qui se rapporte à une manière de s'exprimer face à un public large et varié. Il s'agit de communication de surface, ne requérant pas d'implication émotionnelle.

- **Si la ligne de Mercure s'arrête sur la ligne de cœur,** cela indique une tendance à peser ses mots, et à ne pas toujours dire la vérité pour éviter de blesser ses interlocuteur·rice·s. Cette formation de ligne peut générer du conflit interne chez son ou sa porteur·euse, puisque ses paroles ne sont pas toujours en accord avec ses pensées. Dans ce cas-là, son écoute intérieure n'est pas respectée.

- **Si la ligne de Mercure dépasse la ligne de cœur,** c'est le signe que la communication interne et externe est très satisfaisante et équilibrée.

- **Si la ligne de Mercure commence sur la ligne de vie,** il y a de fortes chances pour que la personne détenant cette ligne ait une activité professionnelle ou un hobby intimement lié·e·s avec la communication. Possiblement bavarde, sont motto pourrait être : « Communiquer, c'est exister. »

- **Si la ligne de Mercure est contenue entre la ligne de tête et la ligne de cœur,** cela suggère une tendance à douter de sa voix interne et de son intuition, et donc un manque d'écoute de soi.

TIPS POUR BOOSTER SA LIGNE DE COMMUNICATION

Si jamais vous n'avez pas froid aux yeux, vous pouvez tester ce qu'on appelle l'« honnêteté radicale ». Il existe plein de ressources sur le Net que vous pouvez vous amuser à découvrir si vous le souhaitez. Il s'agit de dire tout ce qu'on pense. Absolument tout, même les choses désobligeantes, même les paroles indicibles. À vos risques et périls ! Personnellement, je ne suis pas du tout friande de ce genre de challenge, bien qu'il s'agisse d'un mode de vie pour certaines personnes. Pour booster votre ligne de communication, vous pouvez aussi lire à voix haute, lire davantage tout court, vous amuser à exprimer des sentiments ou des émotions par la danse, la musique ou le dessin. Vous pouvez aussi prendre des cours de théâtre, commencer un blog, créer du contenu quel qu'il soit, écouter des podcasts...

LA LIGNE D'APOLLO

La ligne d'Apollo est la plus petite des lignes secondaires. Il arrive que certaines personnes en aient de très longues, mais cela reste un phénomène assez rare. Cette ligne, placée verticalement entre le double mont d'Apollo, a plusieurs significations.

Une ligne seule, droite et sans interférences, est un signe positif : elle confère à la personne qui la porte un talent ou plutôt une prédisposition pour un domaine particulier, à vous de trouver lequel.

Plusieurs lignes suggèrent que la personne dispose de plusieurs cordes à son arc.

Les lignes d'Apollo sont aussi assimilées au charisme et à l'attraction, on dit qu'elles donnent un charme supplémentaire à une personne, un petit je ne sais quoi. Mais cela peut aussi signifier que la personne qui la porte possède un certain magnétisme, qui attire tous types de personnes à elle. On connaît tous quelqu'un·e qui, n'importe où qu'iel aille, finit toujours par attirer une personne et lui faire la causette. Quelqu'un·e qui a sans doute une ligne d'Apollo, donc !

Il peut arriver que la ou les lignes d'Apollo soient brouillées par des lignes d'interférence. Dans ce cas, cela suggère une nature encline au doute et à la remise en question, qui a peu confiance en ses capacités et/ou en ses dons.

Mais avoir ou ne pas avoir de ligne d'Apollo a relativement peu d'importance, puisqu'il s'agit d'une ligne bonus.

TIPS POUR BOOSTER SA LIGNE D'APOLLO

Trois idées d'affirmations positives :

Je fais le choix d'offrir mes talents au monde.

Je dessine la vie que je veux.

J'ai un flow de créativité infini.

Bravo ! Vous avez trouvé toutes vos lignes secondaires, n'oubliez pas de les reporter dans les encadrés prévus à cet effet, présents dans votre poster situé en fin de livre !

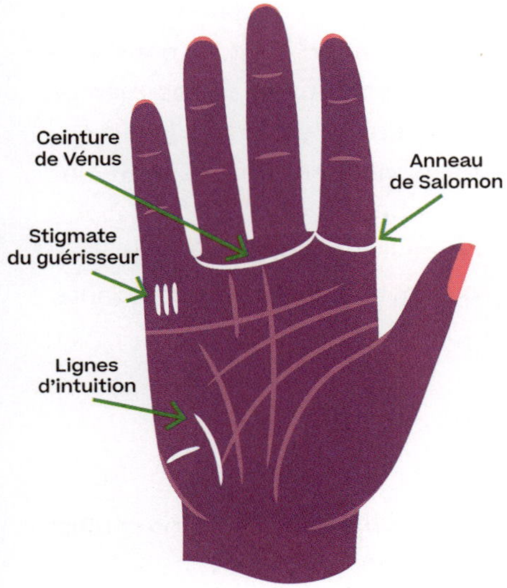

QUAND Y EN N'A PLUS, Y EN A ENCORE

À mi-chemin entre lignes et signes particuliers, quels secrets nos mains renferment-elles encore ?
Si nous devions détailler chaque ligne ou signe présent·e·s, nous serions indubitablement parti·e·s pour écrire une encyclopédie. Nous allons plutôt nous concentrer ici sur les formations linéaires les plus communément rencontrées, et celles qui impactent le plus la création d'un profil chirologique.

LA CEINTURE DE VÉNUS

Vous vous souvenez ? Nous avons parlé de la fameuse ceinture de Vénus, le ceste, dans le chapitre 4, consacré aux monts (voir p. 153). N'est-il pas amusant de la retrouver dans la main ?

LOCALISATION

La ceinture de Vénus crée un arc plus ou moins harmonieux, implanté entre les doigts de Mercure et de Jupiter. Elle encercle donc partiellement les doigts d'Apollo et de Saturne.
Comme son nom l'indique, elle est associée à l'énergie vénusienne !

INTERPRÉTATION

La présence d'une belle ceinture de Vénus, claire, nette et sans interruption, accentue l'importance de l'archétype vénusien dans la paume et confère à son ou sa porteur·euse sensualité exacerbée et passion. La passion, ici, ne concerne pas que les relations amoureuses ou charnelles, mais aussi les élans créatifs. Oui ! Cette ceinture de Vénus met aussi en avant de belles capacités artistiques, notamment.

La présence d'une ceinture de Vénus très anguleuse (c'est-à-dire présentant, au lieu d'une belle courbe, des sortes de segments reliés les uns aux autres, formant divers angles), formée en escalier ou interrompue, bien qu'elle renforce les qualités vénusiennes, est porteuse de doutes. En effet, on considère que ses porteur·euse·s sont plus enclin·e·s à douter d'eux et d'elles-mêmes dans les domaines évoqués plus haut, ce qui pourrait les rendre jaloux·ses dans leurs relations interpersonnelles, et même envieux·ses de la réussite des autres dans des domaines artistiques et/ou créatifs.
Si la ceinture de Vénus est fortement hachurée, cela suggère un manque d'estime de soi concernant son corps, entraînant souvent une vie sexuelle stimulante.

L'ANNEAU DE SALOMON

LOCALISATION

L'anneau de Salomon se trouve sur le mont de Jupiter. On le nomme ainsi bien qu'il forme davantage un demi-cercle sur le mont.

INTERPRÉTATION

La présence d'un anneau de Salomon indique que la personne porteuse est bonne juge de caractère et possède des qualités analytiques et d'observation développées.
Ce signe suggère également une grande soif de connaissance, une passion pour la vérité et un désir de connexion spirituelle.
Plus il y a de lignes parallèles sous l'anneau, plus on serait apte à déceler toute trace de mensonge.
D'un point de vue moins glorieux, l'expression de ses points de vue peut être partagée avec autorité.

Pour l'anecdote, sachez que l'anneau de Salomon a été nommé ainsi en référence au Jugement de Salomon, dont l'histoire est contée dans l'Ancien Testament, 1 Ro 3 :16-28.
Il y est dit que, un jour, deux prostituées ayant accouché sous le même toit à trois jours d'intervalle vinrent se présenter devant le roi. L'une des deux aurait perdu son bébé dans la nuit et dérobé le nourrisson de l'autre, en plaçant son enfant mort à son sein. Lorsque cette dernière se réveilla, elle ne reconnut pas son fils, et accusa l'autre de le lui avoir volé. Le roi Salomon n'eut d'autre choix

que de trancher ! Et c'est ce qu'il faillit faire au sens propre... Puisqu'il n'y avait aucun témoin avec elles pour attester des faits, et que ni l'une ni l'autre ne voulait se résoudre à lâcher l'enfant, le roi demanda à ses serviteurs qu'on apporte une épée et qu'on coupe l'enfant en parts égales, pour que chacune ait sa bonne moitié. L'une ne put s'y contraindre et supplia qu'on laisse l'enfant vivre, tandis que l'autre clama haut et fort : « Ni à toi, ni à moi il ne sera ! Tranchez ! » Ainsi le roi Salomon sut qui était la vraie mère, et voilà pourquoi les porteur·euse·s d'anneau de Salomon sont réputé·e·s être bon·ne·s juges de caractère !

LA OU LES LIGNE(S) D'INTUITION

LOCALISATION

Placées sur le mont de Luna, les lignes d'intuition peuvent prendre plusieurs formes : être verticales et effectuer une courbe vers la tranche (extérieure) de la main, ou être horizontales et effectuer une courbe vers l'intérieur du mont, en pointant vers le bas.

INTERPRÉTATION

Plus il y a de lignes d'intuition, et plus cela renforce l'intuition de la personne qui en est pourvue.

LE STIGMATE DU OU DE LA GUÉRISSEUR·EUSE

LOCALISATION

Situé sur le mont de Mercure, le stigmate du ou de la guérisseur·euse est formé d'au moins trois petites lignes parallèles pour être reconnu comme tel.

INTERPRÉTATION

On retrouve souvent ce stigmate chez des personnes travaillant dans le social, les milieux médicaux et/ou paramédicaux.
Si vous avez ce signe mais que ce n'est pas votre cas, cela suggère que vous avez des capacités d'écoute hors pair, et que vous êtes souvent l'épaule confortable sur laquelle vos ami·e·s viennent pleurer.
Doué·e·s pour prodiguer des conseils aux autres, ce serait encore mieux si vous les appliquiez à vous-même !

N'oubliez pas d'inscrire vos éventuelles trouvailles dans le poster prévu à cet effet disponible en fin d'ouvrage !

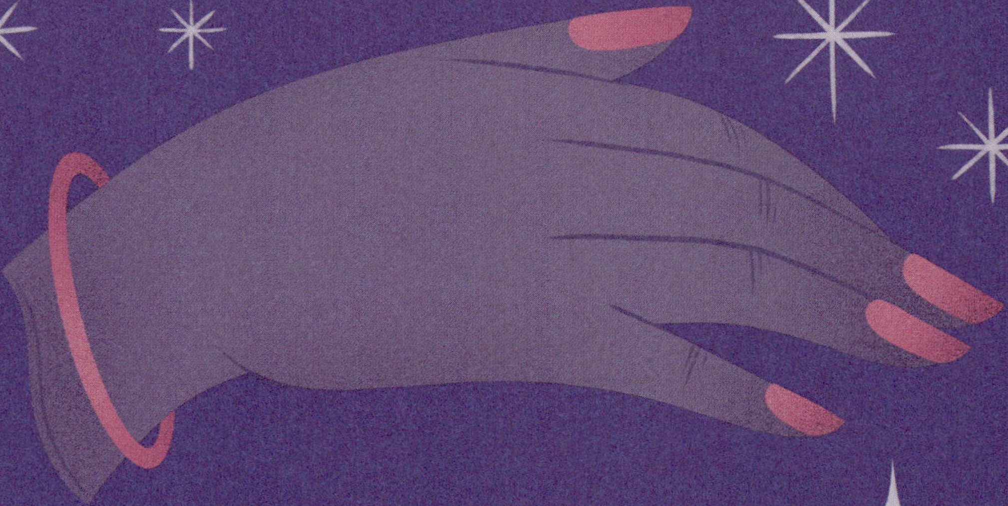

• Chapitre VI •

LES SIGNES PARTICULIERS

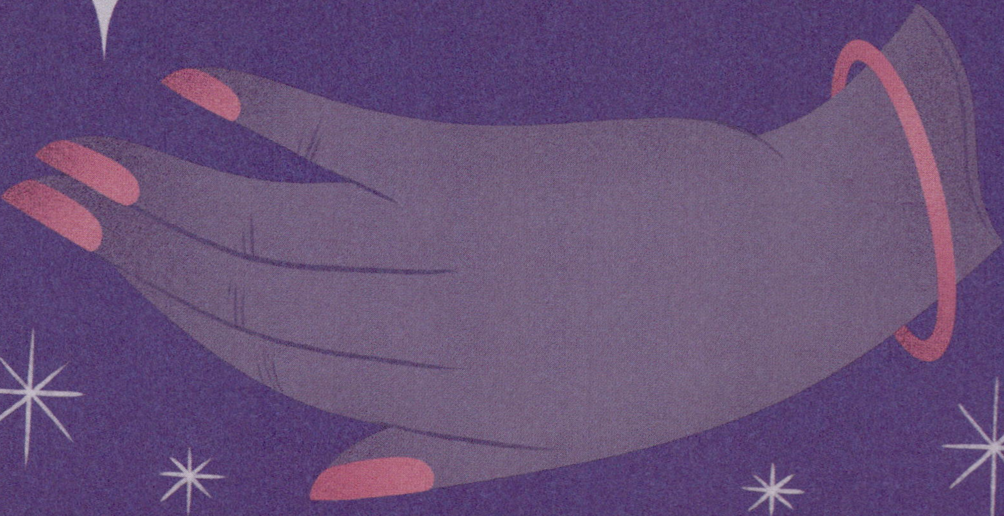

Nous connaissons à présent notre territoire, nos monts dominants, nos lignes, à nous les signes particuliers ! Ils sont à envisager comme une altération du territoire pouvant être positive ou se révéler un défi : une mine de diamants ou une zone à risque sismique, quoi. Mais, dans les deux cas, ça va bien se passer !

IL SUFFIRA D'UN SIGNE

En plus de l'importance de la formation des monts, de l'inclinaison des doigts ou du placement des lignes dans la main, on peut trouver dans les paumes ce qu'on nomme des signes particuliers.

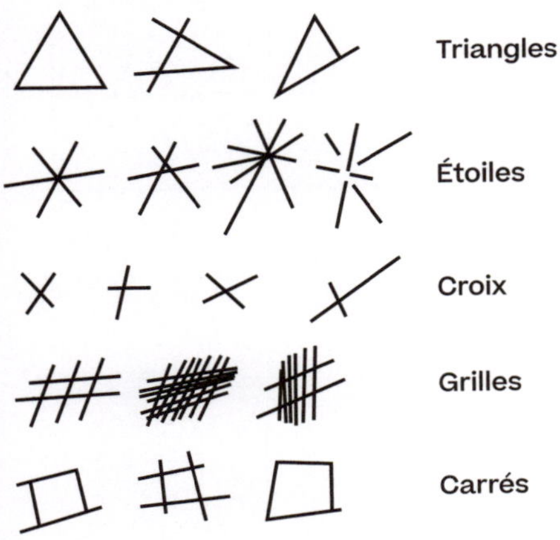

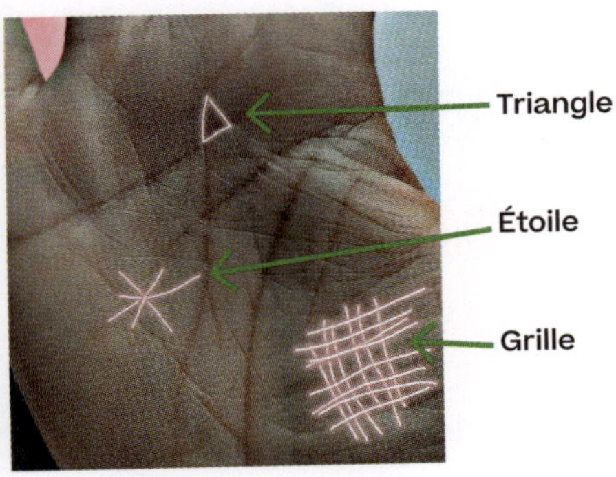

On compte cinq types de signes particuliers :

1 ♦ les triangles ;
2 ♦ les étoiles ;
3 ♦ les croix ;
4 ♦ les grilles ;
5 ♦ les carrés.

Bien qu'on leur attribue des appellations géométriques, ces signes ne constituent que très rarement des formes parfaites. Il faudra parfois s'armer de patience pour les distinguer... Utiliser une loupe peut s'avérer très utile dans ce cas, tout comme prendre une photo de la paume, l'agrandir et lui appliquer un filtre HDR (voir p. 16 si vous avez besoin d'un récap).
Les signes peuvent ressembler aux schémas présentés ci-contre.

Ils peuvent être formés par une association de lignes et de branches, mais aussi apparaître tels quels dans la main.
Comme les lignes, ces signes ne sont pas figés, ils peuvent apparaître et disparaître des paumes avec le temps.

Dans la tradition chiromancienne, les signes particuliers sont presque toujours associés à des catastrophes. Heureusement, en chirologie moderne, ces interprétations varient et sont attribuées à des comportements ou à des tendances.

TYPE DE SIGNE	CORRESPONDANCE
△ triangle	toujours positif
✳ étoile (six branches et plus)	« explosion », bonne ou mauvaise
X + croix	blocage
# grille	énergie
□ carré	protection/réparation

LES SIGNES PARTICULIERS SUR LES MONTS

	TRIANGLE	ÉTOILE	CROIX	GRILLE	CARRÉ
JUPITER	capacité à rallier des personnes à une cause	aptitudes de leadership renforcées	sens accru de la compétition / conflit interne	orgueil	appelé le « carré du professeur » : capacité à transmettre ses idées et des informations de manière effective. Prédisposition particulière à enseigner et/ou à inspirer son entourage / développement spirituel
SATURNE	renforce le sens des responsabilités / la force de caractère	une leçon karmique doit être apprise	dépression / mélancolie	hypersensibilité	sentiment de sécurité relatif au foyer ou à l'argent
APOLLO	mise à profit des compétences artistiques	fortune (en termes de biens et/ou de succès)	mauvaise exploitation de ses talents / conflits internes	besoin de reconnaissance	sens de l'honneur / droiture
MERCURE	capacités entrepreneuriales accrues	charisme	rapport conflictuel à l'argent	communication intrapersonnelle brouillée	bonne résistance au stress
MARS	facilités à sortir de sa zone de confort	étoile bien formée = *self made (wo)man* / étoile mal formée = tempérament explosif	désir de domination, à l'aise avec la notion de rapport de force	nervosité	nature disciplinée, rapport sain à l'autorité
LUNA	perspicacité accrue	imagination accrue / capacités psychiques	vision de la réalité distordue / mensonges / codépendance	rêves désagréables, cauchemars / difficultés à se connecter, à faire confiance à son intuition	signe de protection pour les voyageurs / romantisme
VÉNUS	bon équilibre émotionnel	libido développée / nature très affectueuse, tactile	insécurité émotionnelle, peur du rejet, peur de l'abandon	gratification des plaisirs physiques / recherche du plaisir immédiat	apporte du confort émotionnel / générosité

LES SIGNES PARTICULIERS À D'AUTRES EMPLACEMENTS

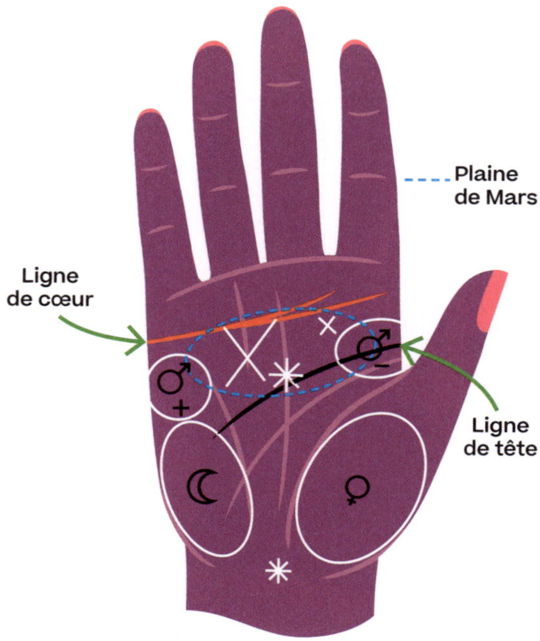

Les signes particuliers sont à prendre en considération lors de la lecture chirologique globale. Contradictoires vis-à-vis de certains éléments, ils ajoutent de la complexité au décryptage d'une personnalité.

	ÉTOILE	CROIX
Dans le quadrilatère (espace situé entre la ligne de cœur et la ligne de tête)		Appelées les « croix mystiques », on pensait jadis qu'elles se rencontraient chez les personnes ayant des capacités psychiques hors du commun. Aujourd'hui, on considère plutôt qu'on les retrouve chez des personnes s'intéressant à la psychologie ou à l'ésotérisme. Elles peuvent être en contact avec les lignes de tête et de cœur. Cependant, les croix qui « flottent » dans le quadrilatère, et sont nommées « croix de la sorcière », indiqueraient une aptitude à communiquer avec les forces de l'invisible.
Entre la base des monts de Luna et de Vénus	Appelées « croix de Neptune », elles correspondent aux vies antérieures marquantes que nous aurions eues, et témoignent de l'importance de l'influence de ces dernières sur notre vie actuelle. Il serait possible de s'y connecter, notamment en travaillant sur l'étude de ses rêves. Les personnes possédant cette étoile auraient aussi la possibilité de faire des rêves lucides[1]. L'étoile de Neptune ne peut être validée en tant que telle que si elle possède au moins six branches et un centre fermé.	
Dans la plaine de Mars	Appelées « étoiles des larmes », elles expriment la capacité d'une personne à s'identifier au chagrin, à la perte ou au deuil. Souvent présente chez des personnes ayant une grande force de caractère et ayant survécu à des expériences de vie traumatiques. Capacité à faire briller les autres.	

1. Rêves au cours desquels le rêveur a conscience d'être en train de rêver.

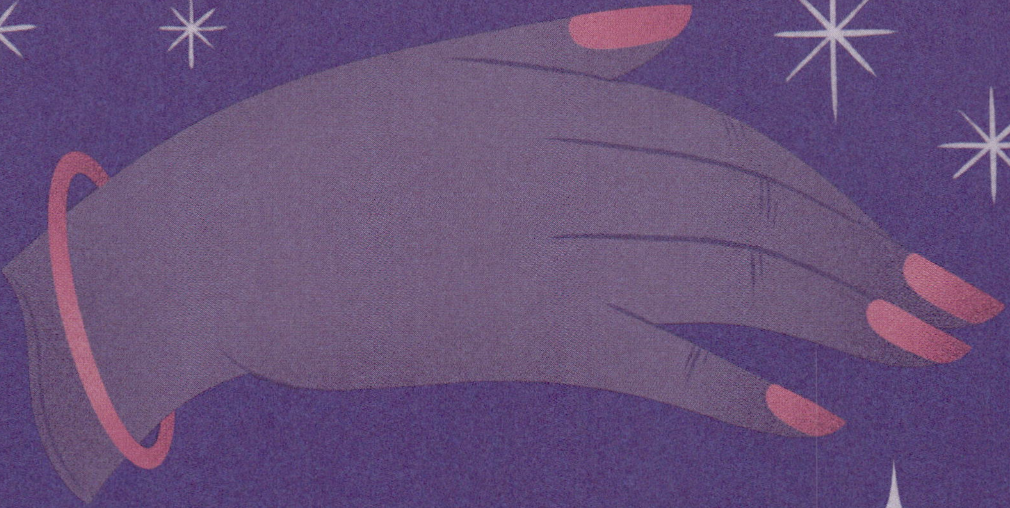

• Chapitre VII •

LES DERMATOGLYPHES

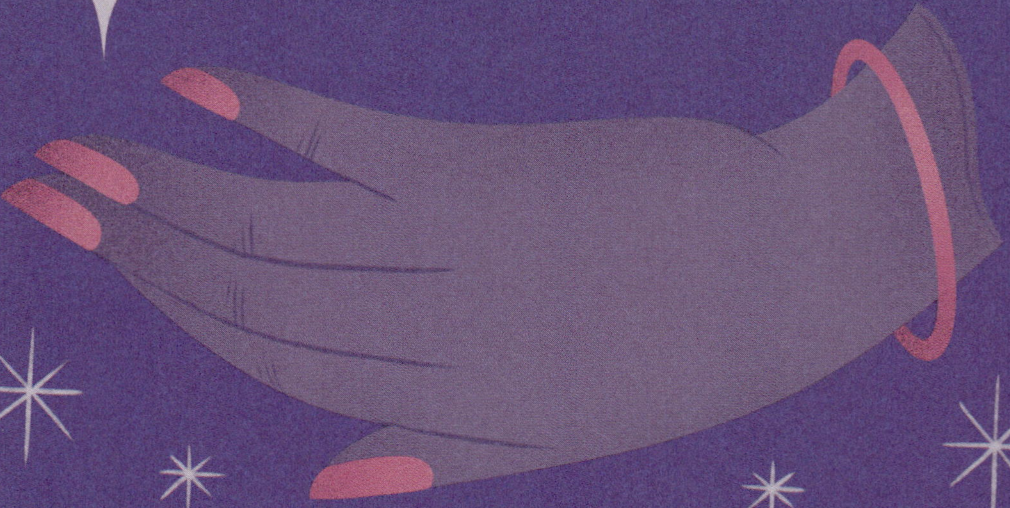

Félicitations ! Nous avons atteint la dernière étape du voyage. C'est le moment de se munir de sa loupe, car les dermatoglyphes sont les pros du camouflage. Cette phase vient clôturer la première : si notre type de main est notre territoire, les dermatoglyphes sont notre essence même. Nous allons donc découvrir des éléments constitutifs de notre personnalité en analysant des « dessins » formés par nos empreintes.

CES SIGNES QUI NE CHANGENT JAMAIS

Dans ce chapitre, vous trouverez chaque fois un petit dessin qui représente le glyphe en question. N'hésitez pas à regarder si vous en avez un vous-même !
« Le labyrinthe est un type de portail qui symbolise notre processus de vie, le cycle de mort et de renaissance. [...] Un labyrinthe unicursal, c'est-à-dire créé d'une seule ligne, possède un seul chemin d'entrée et de sortie, et sa "simplicité" permet de faire de son parcours un processus méditatif[1]. »
Si vous vous amusez à observer les sillons parcourant vos mains, vous découvrirez un incroyable dédale, dans lequel il peut être intéressant de s'abandonner. Les dermatoglyphes ne sont ni les lignes, ni les signes particuliers, ce sont ces dessins, des motifs creusés dans vos paumes. Ce sont eux qui font que vos mains ne sont d'ailleurs pas complètement lisses, et c'est ce qui vous assure une bonne préhension !
Nous avons vu précédemment que nos lignes pouvaient évoluer, or, il existe dans nos mains des signes qui ne changent jamais, ce sont eux, les dermatoglyphes.

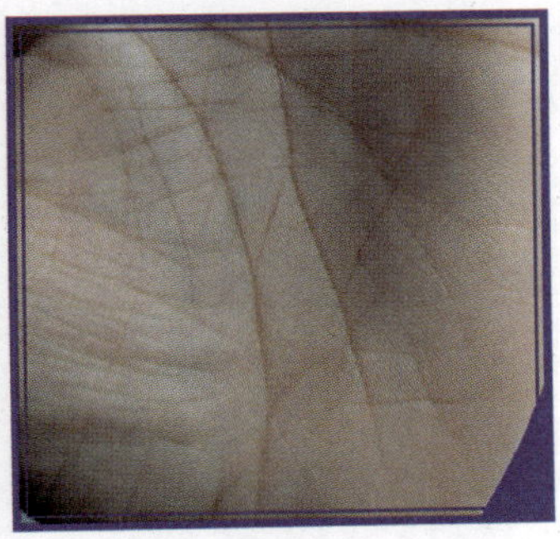

Si ce terme vous semble exotique, rassurez-vous, vous êtes certainement déjà familier·ière avec le concept d'empreintes digitales : certain·e·s, comme moi, y ont recours pour accéder au contenu de leur téléphone ou de leur ordinateur. On a peut-être déjà relevé vos empreintes officiellement, pour des renouvellements de papiers, par exemple ? Eh bien, les dermatoglyphes, c'est tout ça !

1. Jemma Foster, *La Géométrie sacrée*, 2020.

YOU ARE HERE

BRÈVE HISTOIRE DES DERMATOGLYPHES

Les premières traces d'utilisation des empreintes comme système de reconnaissance dateraient de l'Égypte ancienne et remonteraient à plus de 3000 ans av. J.-C.
Un peu plus tard, au IIe siècle av. J.-C., sous l'empire de Ts-In-She, les documents officiels étaient scellés d'une empreinte digitale et parfois palmaire car, à l'époque, ils avaient déjà compris l'unicité de ces dernières ; cette technique a d'ailleurs été utilisée par les Chinois pour les traités commerciaux jusqu'au XIXe siècle.
Elles sont ensuite utilisées à des fins de contrôle sur la population indienne, sur leur propre territoire, sous occupation britannique du XIXe au début du XXe siècle, à la demande de l'administrateur anglais William James Herschel 2nd Baronet (*fun fact*, c'est le fils de John Herschel 1st Baronet, l'astronome qui a découvert Uranus). Il publie un essai sur la question, une année avant sa mort en 1917 : *The Origin of Finger-Printing*.
Parallèlement, Henry Faulds est le premier dans le monde occidental à observer le caractère immuable des empreintes digitales d'un point de vue scientifique, et partage ses découvertes dans *Guide to Fingerprint Interpretation* en 1905.
Et enfin, les dermatoglyphes sont ainsi nommés dans les années 1920, par l'anatomiste Harold Cummins qui prouve du même coup la corrélation entre les empreintes digitales et les maladies congénitales, notamment à travers cette publication, « Revised Methods of Interpreting and Formulating Palmar Dermatoglyphics », dans l'*American Journal of Physical Anthropology* en 1926.
Depuis, la recherche sur les dermatoglyphes continue, on sait à présent que des particularités neurologiques telles que la bipolarité, la dépression, la schizophrénie, Asperger ou encore le syndrome de Down peuvent être clairement identifié·e·s sur des empreintes digitales et palmaires (souvenez-vous, nous avons vu p. 23 que les dermatoglyphes et le cerveau partagent la même origine ectodermique[1]).

MAIS CONCRÈTEMENT, C'EST QUOI ?

Commençons par l'étymologie : « dermatoglyphe » est formé des mots grecs *derma*, la « peau », et *gluphê*, « gravure ». En d'autres termes, il s'agit de stries parcourant nos paumes et nos doigts, qui forment une configuration tout à fait unique chez chaque être humain, un peu comme le pendant visible de notre ADN. En plus d'être propres à chacun, nos dermatoglyphes sont

1. L'ectoderme est le feuillet externe de l'embryon.

immuables : si nous nous blessons (brûlure ou coupure), ils se reforment à l'identique, et ce indéfiniment. Seule la putréfaction (glamour, mon amour...) en vient à bout.

ET QUEL EST LE RAPPORT AVEC LA CHIROLOGIE, MA PETITE DAME ?

Bien que mon système d'analyse ne se base pas spécifiquement, ni exclusivement, sur l'analyse des dermatoglyphes, il arrive qu'on puisse y puiser certaines formations intéressantes et révélatrices dans la main, principalement en fonction du mont sur lequel elles se trouvent. Ces formations se nomment tantôt « spires » », tantôt « volutes » (en général, on parle de « boucle », mais c'est une liberté que j'ai choisie de prendre), selon la forme qu'elles prennent. En revanche, je n'ai pas l'habitude d'intégrer l'analyse des pulpes digitales (soit le schéma formé par vos empreintes digitales) dans mes lectures ; je trouve les informations intrigantes, sans qu'elles ne me parlent plus que ça. Je souhaite quand même partager les notions dont je dispose à ce sujet avec vous, afin que vous vous construisiez votre avis, et qui sait, votre propre pratique.

LES DERMATOGLYPHES PALMAIRES

Les dermatoglyphes palmaires, en opposition aux dermatoglyphes digitaux, se trouvent sur la paume, et non sur le bout des doigts. Afin qu'ils aient un sens, ils doivent présenter une forme spécifique et peuvent être plus ou moins gros. Certains dermatoglyphes peuvent être clairement observés à l'œil nu. Cependant, pour les repérer de façon optimale, il est nécessaire de procéder au relevé de vos empreintes, ce que nous verrons dans le chapitre suivant.

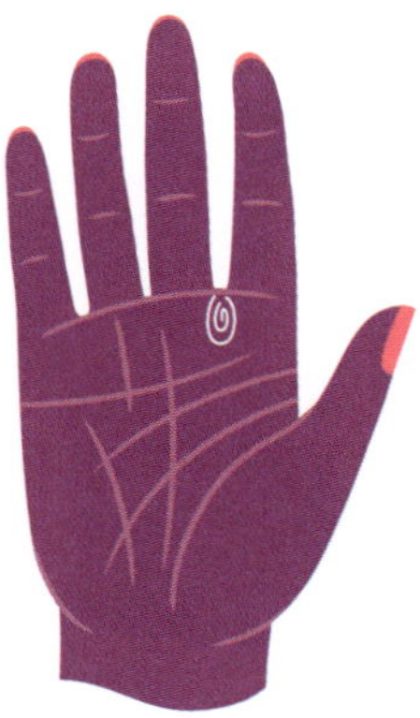

LA VOLUTE DU CHARISME

Emplacement et forme : située entre le doigt de Jupiter et celui de Saturne, elle forme une sorte de boucle dont l'arrondi se trouve vers la paume de la main.
Ce glyphe est associé à la confiance en soi, au magnétisme et au leadership.

Les personnes qui possèdent ce signe dans la main sont souvent empreintes d'une autorité naturelle, elles ont le pouvoir d'inspirer et/ou d'influencer les autres. Attention, petit rappel : il n'y a qu'un pas entre prestance et arrogance…
Les énergies jupitériennes et saturniennes se mélangent dans cette volute pour faire coopérer ambition et sens des responsabilités. Jupiter ayant soif d'expansion et Saturne n'étant pas le plus philanthrope, c'est un signe qui peut être révélateur d'une tendance à la manipulation, si son possesseur est mal intentionné, particulièrement si le sujet possède une main de type feu ou air et que les monts de Mars et de Jupiter sont dominants.
Sinon, c'est un petit talent bien utile pour s'affirmer et se faire une place dans ce monde.
C'est un signe très positif dans la main d'une personne de type eau, ou qui aurait un petit doigt d'Apollo ou de Mercure.

TIP

Avant de prendre une décision importante,
interrogez-vous, sondez vos intentions.
Vous apprêtez-vous à faire une chose éthique,
ou qui ne l'est pas ?
Quel type de personne avez-vous envie d'être ?

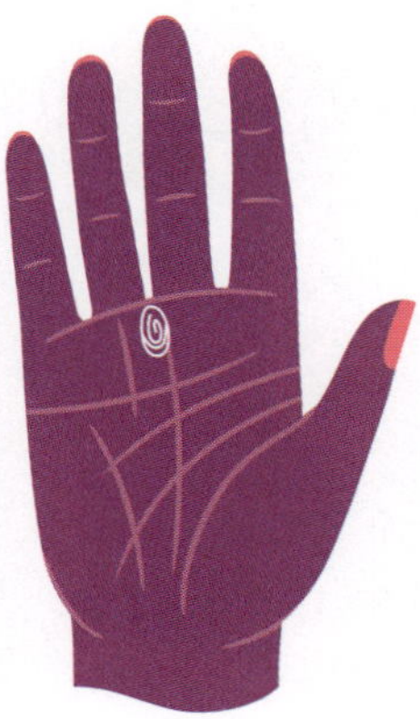

LA VOLUTE DE LA PRODUCTIVITÉ

Emplacement et forme : située entre Saturne et Apollo, elle forme une sorte de boucle dont l'arrondi se trouve vers la paume de la main.
Ce glyphe est associé au sérieux, au travail et à la sévérité, et présent chez environ 20 % de la population.

Les personnes possédant ce signe ont souvent une éthique de travail exemplaire, et prennent très, voire trop, à cœur, leurs responsabilités. Peu indulgentes envers elles-mêmes, elles bénéficient des énergies sombres d'Apollo et de Saturne, qui sont d'une part la peur constante d'être jugées par leurs pairs, et une rigidité méthodique les poussant à se dépasser toujours plus, comme si la perfection était envisageable.

Entendez ici « travail » au sens large, car ces dynamiques peuvent très bien se retrouver au sein du foyer, à travers le rôle de parent, d'enfant souhaitant contenter ses parents ou même dans le travail domestique.
Souvent sujettes à l'anxiété, pouvant souffrir aussi du syndrome de l'imposteur, ces personnes entretiennent un rapport très particulier au temps, comme si ne rien faire était une faille, et que le temps passé à ce qu'on nomme « procrastiner » était systématiquement digne de culpabilité.
Notre société capitaliste actuelle nous entretient plus que jamais dans cette spirale de la course à la productivité : faire toujours plus, plus vite, partout, tout le temps. Nous ne sommes pas ici, sur Terre, pour nous épuiser à la tâche. Il est essentiel d'essayer de prendre un maximum de recul sur ce sujet, et d'intégrer plus de joie et de lâcher-prise dans votre vie si vous vous sentez concerné·e.

◆◆◆ TIP ◆◆◆

Plus facile à dire qu'à faire, j'entends bien !
Moi, mon truc, c'est de regarder des vidéos de cochons d'Inde sur le Net, et ça me fait sourire.
Dégagez-vous plusieurs petits moments dans la journée pour vous faire sourire à votre tour, activez vos zygomatiques ! Même si vous vous forcez ! C'est prouvé, sourire améliore l'humeur. Faites-vous un câlin à vous-même, prenez-vous dans vos bras, relâchez la mâchoire dès que vous vous sentez pris dans ce tourbillon de pensées, prenez trois grandes inspirations. Vous êtes assez. Vous ne faites jamais « rien ». Vous existez, et ça, c'est déjà énorme ! Félicitez-vous ! (En vrai, ça, c'est valable pour tout le monde, que vous ayez cette volute ou pas.)

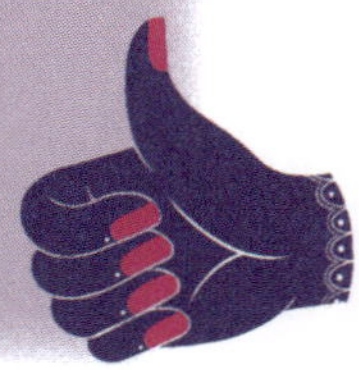

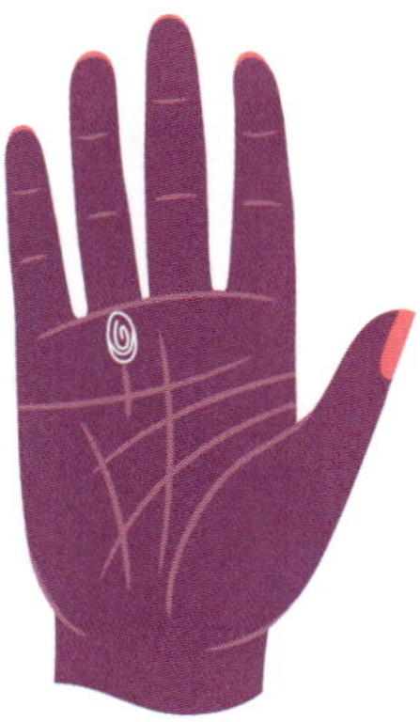

LA VOLUTE DE L'EGO

Emplacement et forme : située sur le mont d'Apollo, elle forme une sorte de boucle dont l'arrondi se trouve vers la paume de la main.
Ce glyphe est associé à l'ego, à la susceptibilité et au jugement

Les personnes qui ont ce signe sur la main sont habituellement très sensibles et peuvent expérimenter avec une

certaine récurrence le sentiment d'être incomprises. Souvent susceptibles, particulièrement lorsqu'elles se sentent attaquées sur leur « moi physique ». Elles peuvent avoir tendance à être très critiques, surtout lorsqu'il s'agit de l'apparence physique et/ou vestimentaire des autres. Cette tendance apparaît comme un réflexe défensif, une réponse à leurs propres insécurités.
On retrouve souvent ce signe chez des personnes souffrant de troubles du comportement alimentaire (TCA), notamment si le mont de Vénus est peu développé et que le doigt de Jupiter est long.
Long et tortueux est l'apprentissage de l'amour de soi, n'hésitez pas à vous faire accompagner par un professionnel de la santé mentale si vous pensez avoir un ou plusieurs TCA.

◆◆◆ TIP ◆◆◆

Pour vous garder de tout ressentiment et éviter de sombrer dans les tréfonds de l'agressivité passive, essayez de communiquer sans détour sur ce que vous ressentez ; faites part de vos besoins à vos proches.

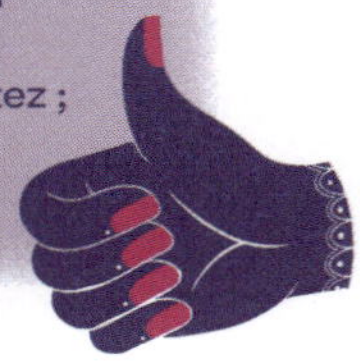

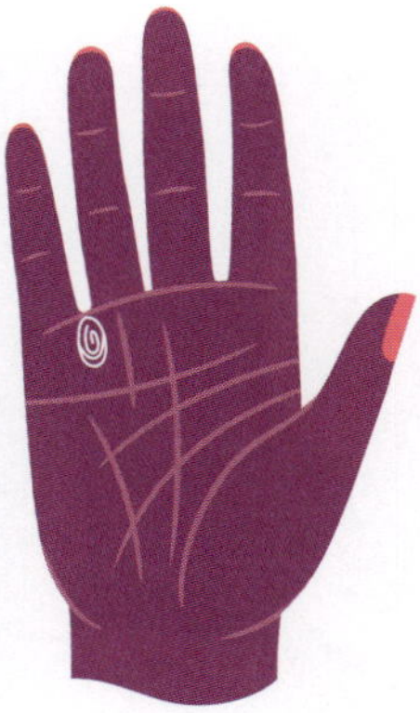

LA VOLUTE DE L'HUMOUR

Emplacement et forme : située entre Apollo et Mercure, elle forme une sorte de boucle dont l'arrondi se trouve vers la paume de la main.
Ce glyphe est associé à l'optimisme, à la joie de vivre et aux apparences.

Les personnes possédant ce signe sont en général connues pour leur entrain et leur bonne humeur contagieuse (même si, bien sûr, comme tout le monde, leur moral n'est pas toujours au beau fixe !).
Mieux que de symboliser un état d'esprit résilient, la volute de l'humour offre à qui la possède la chance de voir le verre à moitié plein plutôt qu'à moitié vide, et lui donne une réelle capacité à tirer le meilleur d'une situation désavantageuse.
L'amusement et la récréation sont aussi un besoin qu'elles savent assouvir.

Si ce signe est présent sur les deux mains, mieux vaut que leur travail les passionne, sinon il leur sera sans doute compliqué d'être performantes sur la durée. Imprégné des énergies de Mercure et d'Apollo, ce signe porte en lui l'essence de la créativité, de l'ingéniosité, mais aussi de la rapidité et de la versatilité. Le besoin de nouveauté, et celui de contenter une grande curiosité pour la vie, est très fort. En cela, une stimulation positive extérieure est donc recommandée.

Sans surprise, les porteurs de ce signe ont un sens de l'humour développé et, selon leurs monts dominants, celui-ci pourra être de nature comique, ironique, noir ou cynique, etc.

La petite part d'ombre insufflée par les énergies d'Apollo et de Mercure indique le port potentiel d'un masque et le fait de faire croire aux autres ce qu'ils ont envie de croire. L'archétype d'Apollo fait écho aux arts de la scène et du théâtre, il s'agit d'être en représentation, de jouer un rôle. Quand Mercure, archétype du commerce et de la communication, incarne de son côté l'idée de savoir jouer et mentir pour convaincre son auditoire.

Et qu'est-ce que ça sous-entend ? Que les personnes qui ont ce signe dans la main, en plus d'être parfois perçues comme légères et/ou superficielles, ont tendance à dissimuler leurs états d'âme, notamment leur mal-être, derrière un sourire omniprésent.

TIP

On se rappelle qu'il est normal de ne pas toujours avoir le moral, que les personnes qui nous aiment sont censées nous soutenir, et que c'est OK de dire que ça ne va pas
On peut sourire et pleurer en même temps. On peut éprouver de la gratitude et être frustré en même temps.
On peut trouver l'ironie de la vie sincèrement drôle et terriblement dure à la fois. C'est OK.
Demander de l'aide, c'est courageux, et il faut faire preuve de beaucoup de force pour se montrer vulnérable au grand jour !

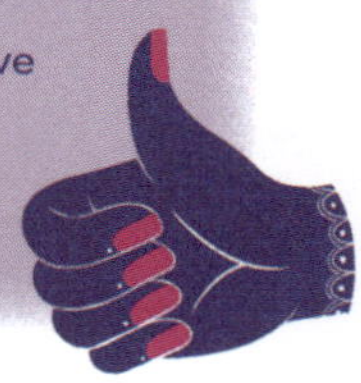

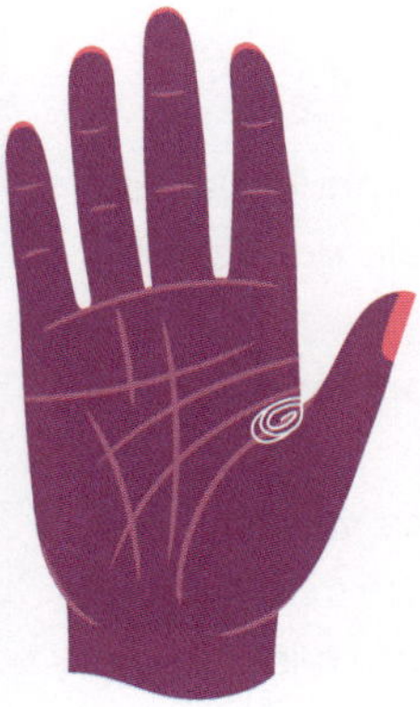

LA VOLUTE DU COURAGE

Emplacement et forme : située sur le mont de Mars négatif, elle forme une boucle qui va de l'extérieur de la paume vers l'intérieur, entre le commencement de la ligne de vie et l'implantation du pouce.
Ce glyphe est associé au courage, à la ténacité et à la ressource.

Nous avons vu précédemment que l'archétype de Mars négatif n'était pas le plus noble, même s'il est nécessaire à notre équilibre. C'est, je le rappelle, la zone de l'instinct et des pulsions, mais aussi du conflit et de l'agressivité.
La présence de ce signe dans la main d'une personne, surtout si elle a un mont de Mars négatif développé, vient aplanir les tendances conflictuelles qu'on peut y trouver. L'esprit de compétition se transforme en général en affrontement personnel, et il n'est pas rare que ces personnes soient attirées par des sports extrêmes ou le dépassement de soi.
Si au contraire le mont de Mars négatif est peu présent, ainsi que le mont de Mars positif, alors ce signe agit comme un booster et donne de la ressource.

◆◆◆ TIP ◆◆◆

Si vous avez ce signe mais que vous ne vous sentez pas particulièrement courageux·euse, rappelez-vous qu'il existe plusieurs formes de courage.
Aller au front n'est pas la seule, tout comme défendre la veuve et l'orphelin lors d'une bagarre épique où il faudrait jouer des poings. Non, non, non !
Et fort heureusement, d'ailleurs. Faire preuve de courage, cela peut aussi être oser s'affirmer et faire entendre sa voix, tout comme oser demander de l'aide.
Cherchez d'autres exemples, je le répète, il n'y a pas qu'une forme de courage !

LA VOLUTE DE VÉNUS

Emplacement et forme : située sur le mont de Vénus, elle prend généralement naissance à partir de la base du poignet, la pointe de la boucle donnant sur le côté du pouce.
Comme son nom l'indique, ce glyphe est associé à l'archétype vénusien.

Une volute sur le mont de Vénus renforce les caractéristiques vénusiennes, à savoir la sensualité, la recherche de la gratification des plaisirs physiques, d'esthétisme dans son environnement, et ajoute une petite pointe d'indolence.

◆◆◆ TIP ◆◆◆

Continuez à vous entourer de belles choses
et à voir la beauté partout dans ce monde,
vous nous faites du bien !

LA SPIRE DE VÉNUS

Emplacement et forme : signe situé sur le mont de Vénus, de forme concentrique. Il semble sortir de nulle part, c'est un signe très rare.
Ce glyphe est associé à l'excès, à l'expérimentation et à la plénitude.

Une spire sur le mont de Vénus suggère un rapport au corps et à la sexualité peu conventionnel. Selon les archétypes dominants, cela peut faire écho à deux extrêmes : soit un désir de jouissance profond des plaisirs de la vie, dont la sexualité, à travers une aspiration de connaissance et de compréhension de soi et de l'autre. Soit la recherche d'un amour intense, mais platonique, un amour universel qui peut s'exprimer à travers la dévotion de son être pour une cause plus grande que la sienne dans une démarche d'harmonie, correspondant à un profil d'ascète, par exemple.

TIP

Vous pouvez vous amuser à vous poser les questions suivantes : quelles sont les expérimentations sensuelles ou sexuelles auxquelles j'aimerais accorder du temps ? Dans quelles sphères associées à l'énergie vénusienne puis-je considérer que je fais preuve d'excès ? Dans quels moments associés aux énergies vénusiennes ai-je déjà expérimenté la plénitude ? Rappelez-vous qu'il n'y a pas de bonnes ou de mauvaises réponses. Ce sont des propositions qui vous invitent à vous connecter un peu plus à vous-même, à approfondir votre connaissance de vous-même. Pas de jugements !

LA VOLUTE DE LUNA

Emplacement et forme : située à n'importe quel endroit du mont de Luna, elle n'a pas vraiment de forme type à partir du moment où on identifie clairement la formation d'une boucle.
Ce glyphe est associé à l'intuition, à l'empathie et au son.
De tous les glyphes, c'est le plus variable dans sa formation, d'après ce que j'ai pu constater. Pour le découvrir, il faut avoir l'œil, car il est souvent bien caché et peut être tout petit.

C'est un signe qui vient renforcer les qualités empathiques de n'importe quel type de main. C'est même un signe qui ajoute de la chaleur humaine, sauf si le mont de Luna est dominant, auquel cas, son ou sa porteur·euse aura tendance à être davantage enclin·e à la mélancolie et à la rêverie d'évitement. En plus de, généralement, donc, renforcer l'empathie, ce signe booste l'imagination, l'intuition et la réceptivité.
Il semblerait que, avec le temps, ses détenteurs·rices se connectent davantage à la nature cyclique des éléments, ressentent plus fortement avec l'âge les fluctuations du temps et du monde naturel qui les entourent.
Les personnes ayant ce signe dans la main ont communément un rapport très particulier à la musique et peuvent parfois même jouer d'un ou de plusieurs instruments.

◆◆◆ TIP ◆◆◆

Vous ne faites pas encore de musique,
vous pensez que ce n'est pas fait pour vous ?
Essayez, pour voir ! Les instruments dits « intuitifs »
sont particulièrement recommandés dans ce cas de figure.
Il s'agit d'instruments dont on peut jouer sans avoir
aucune connaissance en solfège : resnseignez-vous
sur le kalimba ou le tongue drum,
et vous m'en direz des nouvelles !

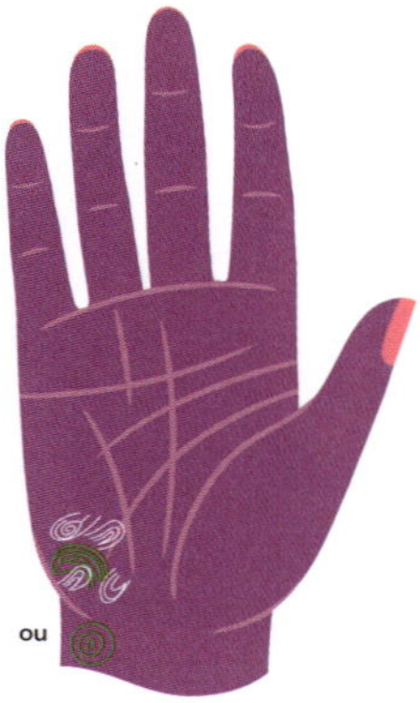

LA SPIRE DE LUNA

Emplacement et forme : située sur le mont de Luna, concentrique, elle semble surgir de nulle part.
Ce glyphe est associé à l'intuition, à la visualisation et à l'illusion.

Signe rare dans la main, il est de bon augure à condition d'accepter de se fier un minimum à son intuition. Il renforce les qualités mystiques du mont de Luna, et il n'est pas rare que les personnes qui le possèdent aient un don. On le trouve souvent dans les paumes des guides spirituel·le·s : leurs détenteur·rice·s peuvent sincèrement se sentir investi·e·s d'une mission. En revanche, iels ne possèdent pas toujours les qualités nécessaires pour être des leaders satisfaisants, à savoir la diplomatie, la bienveillance, le sens des responsabilités ou encore l'honnêteté. Attention, spire de Luna et leadership ne sont pas antinomiques, simplement, ce signe ajoute une forte dose d'imagination à son ou sa propriétaire, aussi arrive-t-il que la barrière entre la réalité et l'illusion soit si mince qu'iel poursuive des chimères, ou que, tout simplement, il y ait un trop grand décalage entre ce qui est et ce qu'on aimerait qui soit.
Sur une note plus réjouissante, les personnes dotées de ce signe sont généralement très douées pour la transmission du savoir et font de bons pédagogues.

◆◆◆ TIP ◆◆◆

Couplé à un triangle de l'écrivain,
c'est un très bon signe si l'écriture vous attire.
Persévérez !

EMPREINTES DIGITALES

Il existe plusieurs systèmes de classification pour les empreintes digitales dans le monde de l'analyse palmaire.
Mais d'abord, il faut savoir que l'on identifie huit types d'empreintes digitales, selon des critères précis.
Il est souvent très rare de posséder sur les dix doigts le même type d'empreinte. On remarque d'ailleurs qu'il y a en général un ou deux types d'empreintes qui sortent du lot. Dans ce cas, on doit identifier le doigt concerné, et les propriétés attribuées au type d'empreinte s'appliqueront à l'archétype du doigt (Jupiter, Saturne, Apollo ou Mercure ; si c'est sur le pouce, qui représente l'essence de notre être, on peut alors considérer qu'il s'agit d'une ligne directrice dans notre vie).

LES BOUCLES RADIALES, ULNAIRES ET DOUBLES

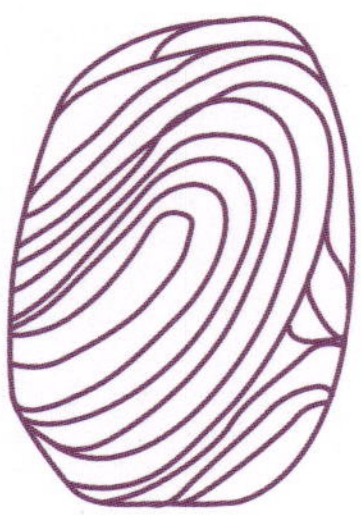

VOLUTE RADIALE

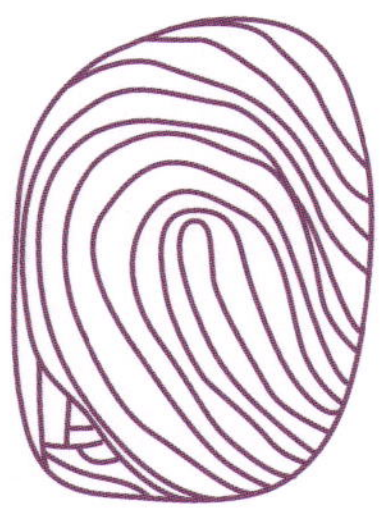

VOLUTE ULNAIRE

DOUBLE VOLUTE

Les volutes radiales et ulnaires sont les plus communément présentes chez l'ensemble de la population, il est donc peu probable qu'elles n'apparaissent que sur un ou deux de vos doigts. À ma connaissance, il n'y a pas d'interprétation spécifique pour ce type d'empreinte. Il n'y a pas de mal à être dans la norme, je n'ai que ce type d'empreinte sur les doigts et je me porte très bien. Comme c'est l'empreinte digitale que l'on retrouve le plus chez l'espèce humaine, on la dit « boucle de la coopération ».

Une volute double suggère une certaine forme de dualité, pouvant s'exprimer de plusieurs façons. Elle peut suggérer une confusion interne, traduite par des difficultés à faire des choix ou le sentiment de toujours faire le mauvais. Cela peut se distinguer par la tendance à se faire systématiquement l'avocat·e du diable dans un domaine précis (en fonction du doigt sur lequel elle apparaît). Et enfin, il peut en résulter un sentiment général d'insatisfaction par rapport à la sphère concernée (encore une fois, en fonction du doigt sur lequel ce type d'empreinte apparaît).

LES SPIRES, LES SPIRALES ET LA « PLUME DE PAON »

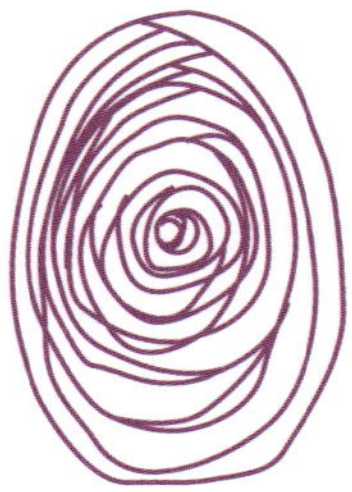

SPIRE

SPIRALE

PAON

Les spires et les spirales révèlent un caractère individualiste et déterminé, tandis que le glyphe en forme de « plume de paon » doterait son ou sa porteur·euse d'un talent particulier, dans le domaine associé au doigt sur lequel il se trouve.

LES ARCHES ET LES ARCHES TRIRADIUS, OU ARCHES TENDUES

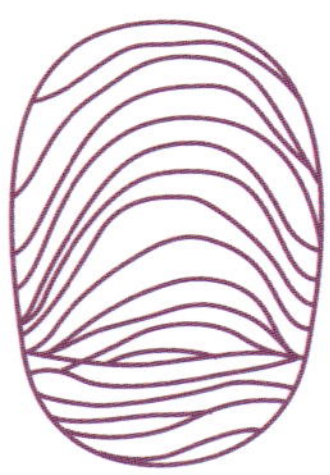

ARCHE

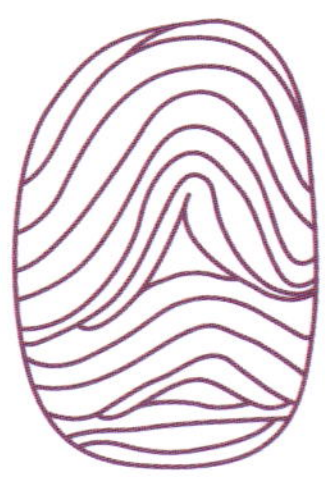

ARCHE TRIRADIUS

Les simples arches confèrent un sens pratique très développé, tandis que les arches triradius mettent en lumière l'individualité d'une personne. Celles qui possèdent une arche triradius nourrissent souvent des idéaux et ont une fâcheuse tendance à avoir des opinions très arrêtées et le désir de rallier tout le monde à leur cause, ou du moins d'afficher leur vérité comme la seule étant valable.

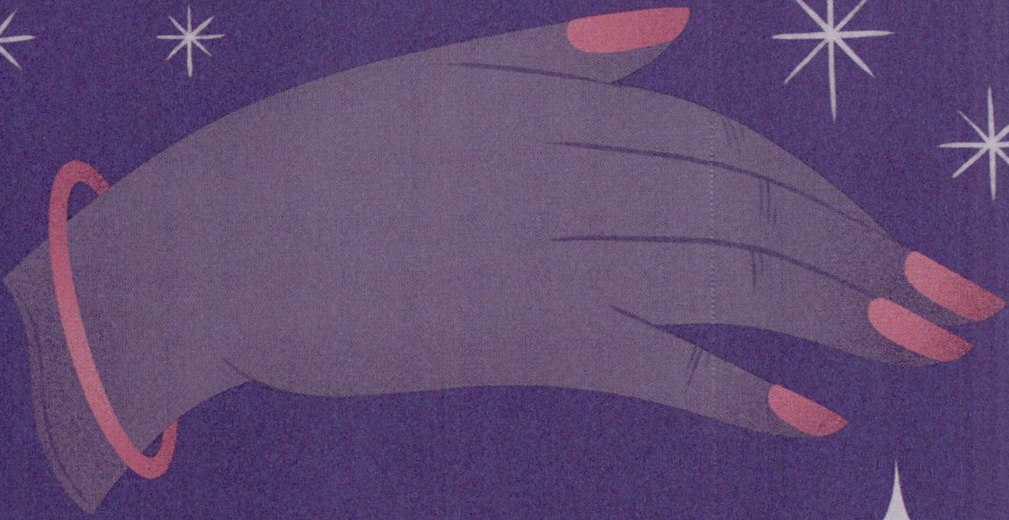

• Chapitre VIII •

GOODIES

Voyez ce chapitre comme une récréation après la chirologie pure et dure. Il y sera question d'apprendre de nouvelles choses sur les mains, mais de façon ludique. Nous l'avons dit et redit, notre esprit et nos mains sont lié·e·s, alors il faut les chouchouter.

TATOUAGES ET AMULETTES

Peut-être avez-vous toujours voulu parer vos doigts d'autres choses que de vernis à ongles colorés ou de jolies bagues : un petit tatouage éphémère – ou pas –, ça vous tente ?

Dans ce guide, vous trouverez des exemples « d'amulettes » à tatouer en fonction des énergies que vous souhaitez booster, basés sur la grille de lecture chirologique. Inventez le symbole qui vous correspond en fonction de ce que les mots-clés vous inspirent ! Vous pouvez même vous amuser à dresser une liste.

♥	MERCURE	APOLLO	SATURNE	JUPITER
PHALANGE ONGLÉE	ÉTOILE FILANTE / FEU D'ARTIFICE / AMPOULE… … ou tout ce qui vous rappelle la **vivacité d'esprit** et la fulgurance. Tout symbole susceptible de stimuler vos **idées**.	DIAMANT / ÉTOILE / #1 / COURONNE DE LAURIER… … ou tout ce qui vous évoque la **brillance**, la splendeur, la **grandeur** et surtout votre **singularité**.	SYMBOLE DE L'INFINI / OUROBOROS… … ou tout ce qui se rapporte au temps qui passe, aux **leçons** de vie, à la **sagesse** et à l'**apprentissage** en général.	SIGNE DE FOI / 3E ŒIL / AILES D'ANGE… … ou tout ce qui vous fait penser à vos **idéaux** ou à votre **spiritualité**
PHALANGE MÉDIANE	DEVISE / DENIERS / BAMBOU… … ou tout ce qui vous rappelle l'**abondance** et l'**opulence financière.**	SOLEIL / LYRE / PINCEAU / PALETTE… … ou tout ce qui représente pour vous la **créativité.**	PLANÈTE SATURNE / CARRÉ / TRIANGLE ÉQUILATÉRAL… … ou tout ce qui vous fait penser à des **qualités organisationnelles** et au sens des **responsabilités.**	ŒIL / LAMPE TORCHE / LONGUE-VUE… … ou tout ce qui pourrait **stimuler vos ambitions, votre vision.**
PHALANGE BASSE	SERPENT / VÉNUS + VÉNUS / MARS + VÉNUS / MARS + MARS… … ou tout ce qui vous évoque la **sensualité** et/ou la **sexualité.**	CŒUR / EX-VOTO / MAINS ENLACÉES… … ou tout ce qui invite pour vous à l'**amour** et à l'**adelphité.**	CLÉ / DOUDOU… … ou tout ce qui vous inspire la **sécurité** et le **confort.**	FEU / BARBELÉ / DAGUE… … ou tout ce qui vous inspire la **défense**, les **limites** et votre **intégrité physique.**

13

BAGUES ET CHIROLOGIE

En principe, les bijoux servent à orner notre corps et à les rendre plus beaux. Ils possèdent aussi parfois une valeur sentimentale importante à nos yeux, ou ils peuvent juste nous mettre de bonne humeur.

Cependant, selon l'intention qu'on met dans un bijou et l'attention qu'on lui porte, il peut devenir un peu plus que cela pour nous, à condition que l'on ait envie d'y croire.

QU'EST-CE QU'UNE BAGUE ?

D'un point de vue magique, c'est une amulette de pouvoir, un bijou associé au temps et à la complétude.
Comme l'ouroboros, elle représente un cycle d'évolution refermé sur lui-même, elle porte l'idée d'autofécondation.
L'ouroboros est représenté comme un serpent ou un dragon qui se mord la queue.
En alchimie, le cercle représente la forme parfaite.

Certaines personnes pensent donc que l'emplacement d'un anneau sur un doigt particulier peut nous permettre d'absorber des énergies de l'archétype correspondant.

DOIGTS ET ÉNERGIES ASSOCIÉES

DOIGT	ÉNERGIES
JUPITER	ambition, leadership, action, abondance, autorité, spiritualité
SATURNE	connaissance, sagesse, discernement, stabilité
APOLLO	créativité, expression individuelle, relationnel, charisme, joie
MERCURE	intuition, éloquence, communication, persuasion
POUCE	sexualité, volupté, paix, ouverture d'esprit

CHOISIR LA « BONNE » MAIN POUR SA BAGUE

Il n'y a pas de règle, vous faites comme vous le souhaitez. On considère cependant en chirologie que le message n'est pas le même selon qu'on porte ses bagues sur la main passive ou active.

JE PORTE MES BAGUES SUR LA MAIN PASSIVE SI :

→ je veux recevoir les énergies et souhaite qu'elles agissent sur mon monde intérieur ;
→ je m'en imprègne pour intégrer les compétences qui leur sont associées ;
→ je veux me mettre dans un *mood* particulier.

JE PORTE MES BAGUES SUR LA MAIN ACTIVE SI :

→ je veux être actif·ve et souhaite que les énergies agissent sur mon monde extérieur ;
→ je désire partager une de mes compétence ;
→ je souhaite me protéger d'influences énergétiques extérieures.

PIERRES PRÉCIEUSES *OR NOT* PIERRES PRÉCIEUSES, TELLE EST LA QUESTION

Il n'y a pas de réponse toute faite, une chose meilleure à faire qu'une autre ; encore une fois, cela dépend de l'importance que vous prêtez à la lithothérapie et de l'affinité que vous pouvez ressentir avec certaines pierres.
Dans le tableau en page suivante, vous allez découvrir une liste de pierres précieuses et semi-précieuses associées aux différents archétypes.
Si cela vous intéresse, je vous conseille vivement de vous renseigner davantage sur la lithothérapie, tout en vous priant d'être conscient·e de plusieurs choses à ce sujet.

♦ Les cristaux naturels sont une ressource épuisable. Ils proviennent de la terre et ont mis des milliers d'années à se former.
♦ Les méthodes d'extraction sont très loin d'être toutes respectueuses de l'environnement et contribuent à la pollution massive des sols.
♦ Les personnes travaillant dans les mines sont pour la plupart des populations pauvres, racisées et exploitées par le capitalisme. Leurs conditions de travail sont extrêmement dangereuses et elles sont évidemment sous-payées.

- Si vous choisissez de vous offrir une pierre avec un cristal naturel, renseignez-vous sur sa provenance. En principe, les pierres/gemmes extraites aux USA sont les plus éthiques, et aussi les plus chères.
- Privilégiez les achats de seconde main.

ARCHÉTYPE	PIERRES ET AUTRES
JUPITER	citrine, saphir jaune, smithsonite, péridot
SATURNE	tourmaline, agate mousse, œil de tigre
APOLLO	or, cornaline, amétrine
MERCURE	disthène, cordiérite, azurite

Vous pouvez aussi choisir vos pierres en fonction de leurs propriétés, par exemple une pierre de lune, censée booster l'intuition, se portera volontiers sur le doigt de Mercure, etc.

ET LE RÔLE DES COULEURS, ALORS ?

Personnellement, j'adore pratiquer la chromothérapie, selon laquelle les couleurs auraient une influence sur nous.
Par exemple, quand je fais des lectures événementielles, j'aime être habillée dans des tons neutres et naturels, déjà parce que ce sont des tons qui m'apaisent, et ensuite parce que le focus n'est pas sur moi. Ma couleur préférée, c'est le rose, en porter me met de bonne humeur, tout comme porter ou voir la couleur orange…
Évidemment, les goûts et les couleurs… vous savez ce qu'on en dit.

Quoi qu'il en soit, voici la liste des couleurs et de leurs effets supposés sur nous, comme le plus communément présenté.
D'ailleurs sachez qu'en chirologie védique on encourage les consultant à porter des bagues en fonction des énergies qu'ils veulent manifester, et l'importance ne se situe pas dans la pierre, mais dans sa couleur ! Bien souvent, il ne s'agit d'ailleurs pas de pierres précieuses ou semi-précieuses, mais de verre coloré…

COULEUR	ÉNERGIES
ROSE	amour, amitié, réconfort, empathie
VIOLET	guérison, pouvoir spirituel, connaissance
BLANC	paix, divination, quiétude, guérison
NOIR	protection, libido
MARRON	stabilité, ancrage, pragmatisme
ROUGE	sexualité, attraction, défense, fertilité, combativité, assertivité, ambition
ORANGE	créativité, justice, joie, opportunité
JAUNE	mémoire, intelligence, positivité, art
VERT	chance, espoir, argent, succès, croissance
BLEU	protection, concentration, vérité, sérénité, pardon

COMMENT SE CONNECTER À SA BAGUE ?

Voici une idée de rituel qui vous aidera à vous connecter à votre bijou magique ! Répétez l'opération individuellement pour chacune de vos bagues.

1 ♦ **Purifiez-la** en la déposant dans une coupelle remplie de gros sel gemme, en faisant couler de l'eau par-dessus, en la faisant passer au-dessus de la fumée d'encens, en l'exposant aux rayons de la pleine lune.
2 ♦ **Créez le contact** : prenez-la en main, serrez-la contre votre cœur, contemplez-la et manifestez de la gratitude à son égard.
3 ♦ **Visualisez la création** d'un lien entre vous deux.
4 ♦ **Posez votre intention**, définissez une affirmation positive et enfilez-la.
5 ♦ **Touchez régulièrement** votre bague en répétant votre affirmation positive.
6 ♦ **N'oubliez pas** de la purifier de temps à autre.

S'OCCUPER DE SES MAINS AU QUOTIDIEN

Dans cette section, vous trouverez des petits trucs et astuces tout·e·s simples pour porter encore un petit peu plus d'attention à vos mains !

JE M'OCCUPE DE MES MAINS EN CINQ ÉTAPES

1 ♦ **Décharger :** tous les jours, avant de franchir le seuil de ma porte, je secoue très fort mes mains sur le palier. Je me débarrasse ainsi des énergies accumulées lors de la journée et de celles qui ne m'appartiennent pas. Je laisse tout dehors, bye-bye.
Et puis je joins les mains très fort en prière et me remercie d'avoir encore fait face à une nouvelle journée. Bonus : j'énumère trois choses pour lesquelles j'éprouve de la gratitude aujourd'hui.

2 ♦ **Émollier :** c'est l'action de relâcher et d'amollir les tissus. Une fois par semaine, je me prépare un bain de mains.
Dans un saladier ou un bac d'eau tiède, je verse 1 cuillerée à soupe de sel de mer, 1 cuillerée à café de bicarbonate de soude alimentaire, 1 filet d'huile d'olive, 1 demi-cuillerée à café de miel et 3 gouttes d'huile essentielle de citron jaune pour ses vertus antibactériennes.
Attention, en plus de toujours demander l'avis d'un professionnel de la santé avant d'utiliser des huiles essentielles, rappelez-vous que tous les agrumes sont photosensibilisants, ce qui signifie que vous ne devez pas exposer les parties touchées au soleil. C'est donc un soin à effectuer de préférence le soir.
C'est une routine idéale pour le repos musculaire des mains et pour apaiser les tensions.
Je pense à bien me laver les mains et à me brosser les ongles avant de patauger dans mon bain.

3 ♦ **Hydrater :** c'est l'action d'introduire de l'eau. Deux fois par mois, je m'applique un masque à l'aloe vera pur, de la pointe des doigts aux poignets. L'aloe vera est connu pour ses vertus cicatrisantes et hydratantes, ainsi, pour les mains, c'est un allié de choix.
Je le laisse posé 10 minutes, et je retire l'excédent avec un coton imbibé d'eau.
Je peux si je le désire parfaire ce masque avec une eau florale en brumisateur.
Je finis mon soin avec une crème pour sceller l'hydratation.

4 ♦ **Nourrir :** c'est l'action d'apporter un corps gras à la peau. Une fois par mois, je dors avec une paire de gants après m'être enduit les mains de beurre de karité. Le lendemain, je me réveille avec les mains toutes douces !

AU QUOTIDIEN

- J'évite à tout prix d'avoir les mains mouillées ou humides.
- Je m'offre une crème spécifiquement conçue pour leur soin, qui contient un fort taux d'urée.
- Le soir, j'ai une petite fiole d'huile végétale sur ma table de chevet, et je me masse les cuticules avant de dormir. En chirologie, on considère que nos ongles sont les boucliers de notre système nerveux, alors autant en prendre soin.
- Je me masse les doigts et les mains, n'importe quand et n'importe où, dès que j'y pense.
- En plus d'aider à la circulation sanguine et d'agir sur la bien-portance générale de la main, l'automassage est un acte de *radical self-love*, qui favorise la détente et la confiance en soi, tout en atténuant l'anxiété. On peut aussi dire que le massage aide à développer une conscience plus précise de son corps !

LABYRINTHE DE DOIGT

Les labyrinthes ont une histoire vieille de plus de quatre mille ans. Il semblerait en effet qu'ils soient utilisés depuis l'Antiquité pour leurs vertus relaxantes et méditatives. Présents à travers de nombreuses cultures, ils sont souvent associés à des rites religieux (nous pouvons d'ailleurs citer le labyrinthe de la cathédrale de Chartres, construits en 1200), et « le parcours de ce chemin pourrait être considéré comme la métaphore d'un voyage spirituel, un chemin symbolique, méditatif ou initiatique pour se retrouver, aller au centre de soi-même au centre de Dieu[1] ».
Est-ce qu'on ne pourrait pas un peu comparer ce voyage à celui qu'on a entrepris dans nos mains ?

QU'EST-CE QU'UN LABYRINTHE ?

On confond très souvent les deux injustement, mais le labyrinthe n'est pas un dédale. En effet, le dédale (comme celui dans lequel le minotaure est enfermé) est une construction faite de culs-de-sac pour que l'on s'y égare facilement. Le labyrinthe, lui, a une forme unicursale, c'est une spirale ayant une course unique, non obstruée, et disposant d'un seul début et d'une seule fin.

1. John et Odette Ketley-Laporte, *Chartres, le labyrinthe déchiffré*, 1997.

QU'EST-CE QU'UN LABYRINTHE DE DOIGT ?

Un labyrinthe de doigt est similaire à un labyrinthe grandeur nature, sauf que, évidemment, il est plus petit, et qu'il est impossible de marcher à l'intérieur puisqu'il est en papier. Il a néanmoins l'avantage d'être portatif.
Le but est de tracer sa course du bout du doigt, de l'extérieur vers le centre. Il existe des labyrinthes de doigt de diverses formes et de différents niveaux de complexité.

L'utilisation du labyrinthe de doigt peut nous aider à nous relaxer, à nous sentir mieux quand on est d'humeur chagrine ou anxieuse. Il peut nous apaiser lors de situations de stress, et aussi favoriser l'amélioration de notre niveau de concentration.
En effet, c'est une activité de pleine conscience pouvant conduire à une sensation hypnotique, liée à la contemplation profonde de formes géométriques, ce qui n'est pas sans rappeler les mandalas.
Parcourir le labyrinthe est de la méditation à part entière, l'objectif étant de permettre au mental de s'évader.

Il est particulièrement intéressant de faire cet exercice avec sa main passive, bien que je recommande toujours d'utiliser les deux mains par souci d'équilibre.

COMMENT PROCÉDER À UNE MÉDITATION AYANT UNE APPELLATION AUSSI COCASSE QUE « LA MÉDITATION DU LABYRINTHE DE DOIGT » ?

1 ◆ Munissez-vous de votre labyrinthe de doigt. Asseyez-vous confortablement, observez vos sensations. Secouez vos mains très fort en relâchant les poignets. Soulevez vos épaules plusieurs fois et relâchez-les, relâchez votre mâchoire, détendez les muscles de votre visage.

2 ♦ Prenez trois grandes inspirations et concentrez-vous sur l'entrée du labyrinthe.

3 ♦ Placez votre doigt de Jupiter à l'entrée du labyrinthe et concentrez-vous.

4 ♦ Parcourez le labyrinthe en restant concentré·e sur ce que vous faites, ne levez pas votre doigt, accueillez les pensées qui arrivent sans les juger, et continuez votre chemin, toujours concentré·e sur ce dernier.

5 ♦ Une fois au centre, marquez une pause, respirez profondément, prenez un moment pour observer vos sensations.

6 ♦ Sortez du labyrinthe en faisant le chemin inverse avec le même doigt.

7 ♦ Soulevez votre doigt du labyrinthe, respirez et observez vos sensations.

8 ♦ Vous pouvez recommencer avec le doigt de l'autre main.

TIRAGE DE CARTES

Peut-être que dans votre boîte à outils doudou et magique, vous avez déjà un jeu d'oracle ou de tarot. Ou peut-être que vous y songiez et que cette proposition va vous aider à sauter le pas ?

Nul besoin d'avoir des capacités extralucides pour apprécier de tirer les cartes de temps à autre. Tout le monde peut le faire, si, si !

Personnellement, je les envisage comme des copines qui m'aident à mettre mes interrogations en perspective et à m'apporter du soutien quand j'en ressens le besoin.
Les cartes n'ont pas de pouvoir en soi et ne font pas la pluie et le beau temps. Comme avec la ligne de vie en chiro, rassurez-vous, si vous piochez la carte de la mort, ça ne veut pas dire que la grande faucheuse va frapper à votre porte !
Les cartes détiennent une symbolique vous renvoyant à votre imaginaire personnel, mais vous pouvez aussi utiliser les petits livrets fournis dans la plupart des jeux.

Comme beaucoup de personnes qui tirent les cartes de façon non divinatoire ; j'estime que j'attire énergétiquement les cartes dont j'ai besoin. Cela dit, quand je suis insatisfaite d'un tirage, je n'éprouve aucune honte ou gêne à dire que je ne me reconnais pas dedans ; en revanche, la réflexion que cela m'apporte est toujours très enrichissante.

Vous ne trouverez pas ici d'explications concernant les cartes de tarot, vous êtes libre de faire vos propres interprétations. Je choisis néanmoins de partager avec vous deux propositions de lecture qui peuvent clôturer une lecture chirologique.

LE TIRAGE DES QUATRE ÉLÉMENTS

1 2 3 4

Le tirage des quatre éléments est un classique. Nous avons commencé notre périple par la découverte des quatre types de mains en fonction des éléments, finir par ce tirage est un petit clin d'œil.

Piochez quatre cartes. Chacune symbolise un élément.

1 ♦ Le feu : représente ce que je dois jeter au feu. Qu'est ce qui m'alourdit en ce moment ? De quoi ai-je besoin de me débarrasser ?
2 ♦ L'air : représente ce que j'ai besoin d'aérer. Quel élément de ma vie pourrais-je mettre en perspective ?
3 ♦ La terre : représente ce dans quoi je dois m'ancrer. Qu'est-ce qu'il serait bon que je cultive chez moi en ce moment ?
4 ♦ L'eau : représente ce que je dois laisser couler. Quelle est la chose à laquelle je m'accroche tant ?

LE TIRAGE CHIROLOGIQUE

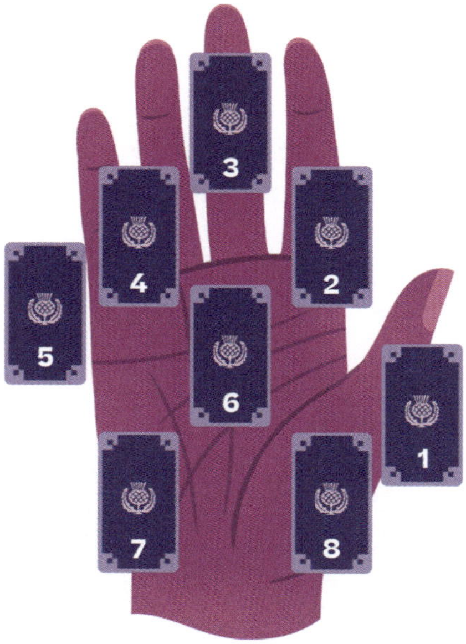

Un peu moins léger que le tirage précédent, je vous propose un tirage de *shadow work* pour appréhender et travailler avec notre part d'ombre. Assurez-vous d'être dans de bonnes dispositions pour le faire, sinon, laissez-vous du temps, la proposition ne s'envolera pas du livre comme par magie.

Piochez huit cartes. Chacune représente un archétype chirologique + le pouce.

1 ♦ Le pouce : de quelle manière ai-je tendance à m'autosaboter ?
2 ♦ Jupiter : de quelle façon mon besoin de contrôle se manifeste-t-il ?
3 ♦ Saturne : dans quelle mesure ma plus grande crainte m'enferme-t-elle dans le passé ?
4 ♦ Apollo : quel est l'élément qui me freine dans l'expression de mon individualité/de ma créativité ?
5 ♦ Mercure : quelle est la chose que je tais et que j'ai besoin d'exprimer aujourd'hui ?
6 ♦ Mars : derrière quoi se cache ma colère latente ?
7 ♦ Luna : quel est ce à quoi je rêve et que j'aspire à vivre ?
8 ♦ Vénus : comment parvenir à mieux habiter mon corps ?

VOUS AVEZ VOTRE CARTE EN MAINS

**CETTE PARTIE VOUS APPARTIENT !
NOTEZ-Y LES OBSERVATIONS QUE VOUS FEREZ
TOUT AU LONG DE VOTRE LECTURE.**

Cher·ère explorateur·rice, merci de m'avoir rejointe dans cette aventure ! Notre épopée touche à sa fin, et le moment tant attendu de collecter tous les trésors que renferme votre carte chirologique est enfin arrivé.

Avant de faire ce bilan, prenez un instant pour vous féliciter de vous être consacré du temps, d'avoir tenté quelque chose de nouveau et d'être sorti·e de votre zone de confort.

Vous savez à présent que votre carte, vous l'avez dans vos mains ; il ne reste plus qu'à vous faire confiance dans sa lecture. Je suis honorée d'avoir été votre intermédiaire dans l'approche de cet art, j'ai le sentiment d'avoir passé le flambeau, vous avez les clés.

Cependant, je réitère : il n'y a pas de vérités absolues dans ce livre.

→ Vous êtes libre de vous attribuer les suggestions présentées ici, et vous êtes bien évidemment libre de n'en avoir que faire !
Avec les tips, j'ai essayé de donner de petits conseils qui pourront, je l'espère, être utiles à certain·e·s, mais ce ne sont pas des injonctions.

→ Vous avez le droit de ne rien avoir envie de faire, ou de trouver que ce qui vous est proposé ne vous correspond pas, c'est OK, et vous n'êtes absolument pas à blâmer pour ça.

→ Vous n'êtes pas une machine à réparer, ou une voiture à tuner.
Nous évoluons dans une société qui nous pousse à croire que quelque chose cloche foncièrement chez nous, qu'il y a toujours un truc à améliorer, un manque à combler, et que finalement, tant que nous ne sommes pas ceci ou cela, tant que nous ne correspondons pas à la projection de telle ou telle personne, de telle ou telle institution, alors nous ne méritons pas d'être aimé·e·s et/ou respecté·e·s.

→ Nous méritons tous·tes l'amour inconditionnel, ou du moins ce qui s'en rapproche, et nous méritons tous·tes le respect.

→ Nous ne sommes ni nos professions, ni nos accomplissements, pas plus que nous ne sommes nos peurs ou nos doutes.

*** MIC DROP ***

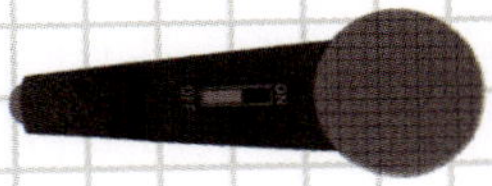

MON TERRITOIRE

TYPE DE MAIN ET TYPE DE LIGNES ÉLÉMENTAIRES

Choisissez une couleur qui vous représente, vous et votre main. N'hésitez pas à noter les mots-clés associés à votre énergie. Dans une autre couleur, vous pouvez inscrire les mots-clés associés aux autres éléments, afin de constituer votre récap global de chirologie !

	TERRE	EAU	FEU	AIR
J'AI UNE MAIN DE TYPE				
J'AI DES LIGNES DE TYPE				

MA HIÉRARCHIE DE MONTS

Ce tableau va vous aider à identifier tous vos monts, et à comprendre en un coup d'œil quelles sont les énergies qui vous habitent le plus. N'hésitez pas à ajouter les mots-clés qui vous parlent dans chaque case, afin de vous approprier encore plus la pratique chirologique !

	JUPITER LE/LA GUIDE	SATURNE LE/LA SAGE	APOLLO L'ARTISTE	MERCURE LE/LA COMMUNICATEUR·RICE
MES MONTS DOMINANTS				
MES MONTS ÉQUILIBRÉS				
MES MONTS LES MOINS DÉVELOPPÉS				

	MARS LE/LA GUERRIER·IÈRE	LUNA LE/LA VISIONNAIRE	VÉNUS L'AIMANT·E
MES MONTS DOMINANTS			
MES MONTS ÉQUILIBRÉS			
MES MONTS LES MOINS DÉVELOPPÉS			

MES MODIFICATEURS

Si vous avez encore des doutes quant à vos monts dominants, ce tableau des caractéristiques ayant une influence sur nos archétypes chirologiques va vous accompagner dans votre analyse palmaire. Souvenez-vous, vous êtes un·e explorateur·rice, observez, relevez et faites-vous confiance ! C'est un exercice que vous pouvez répéter six mois après votre première lecture, pour voir si des éléments ont évolué !

MONTS	JUPITER	SATURNE	APOLLO	MERCURE
Caractéristiques de l'archétype renforcées	◆ main feu ◆ anneau de Salomon ◆ ligne de tête longue ◆ ligne de destin continue ◆ ongles longs et larges ◆ carré sur le mont de Jupiter	◆ main terre ou air ◆ ligne de tête droite ◆ ligne de vie proche de l'implantation du pouce ◆ lignes de type air ou terre	◆ main feu, ◆ volute de l'humour ◆ grande et claire ligne de destin ◆ au moins une ligne d'Apollo ◆ branches ascendantes sur la ligne de vie ◆ lignes de type air ou feu ◆ ligne de tête longue et courbe ◆ étoile sur le mont d'Apollo	◆ main air, ligne de communication ◆ ligne de tête longue ◆ ligne de tête finissant en branches/ fourches ◆ stigmate du ou de la guérisseur·euse ◆ petits ongles, doigts bien droits

MONTS	MARS	LUNA	VÉNUS
Caractéristiques de l'archétype renforcées	♦ main terre ou feu ♦ pouce long et large ♦ grille sur le mont de Vénus ♦ ligne simienne ♦ étoile au centre de la paume ♦ peu de lignes dans les mains	♦ main eau ♦ pulpes digitales charnues ♦ ligne de tête finissant sur le mont de Luna ♦ ligne de tête à plusieurs branches ♦ ceinture de Vénus, spire ou étoile sur le mont de Luna ♦ ligne de destin débutant sur le mont de Luna	♦ main terre ♦ ligne simienne ♦ petit pouce ♦ pulpes digitales charnues ♦ ceinture de Vénus ♦ grille sur le mont de Vénus ♦ longue ligne de vie

JE NOTE ICI TOUS LES TIPS ASSOCIÉS À MON PROFIL CHIROLOGIQUE :

–
–
–
–
–
–
–
–
–
–
–
–
–
–
–

◆ REMERCIEMENTS ◆

À mes filles, Kélis et Naïa, qui ont toujours été le déclencheur de mes nouvelles aventures.

À Christophe, mon compagnon qui ne comprend pas vraiment ce que je fais, mais qui me soutient toujours.

À Marion Olharan-Lagan qui a gentiment traduit toutes les citations de mes autrices favorites.

À mon Dodobyby, Mathilde Fachan, meilleure supportrice de l'année !

À Estelle, illustratrice de talent qui a réussi à traduire ma vision en images.

À mes éditrices, et tout particulièrement à Lama qui est absolument zéniale.

À Carole Smile, YOU PUT ME ON THE MAP !

À mes sœurs dans la paix, à mes adelphes, à tous·tes mes insta friends !

♦ BIBLIOGRAPHIE ♦

William Gurney Benham, *The Laws of Scientific Hand Reading*, 1901.

Adrien Desbarolles, *Les Mystères de la main révélés et expliqués*, 1962.

Carl Gustav Jung, *The Archetypes and the Collective Unconscious*, 1959.

Giovanni Maciocia, *Les Principes fondamentaux de la médecine chinoise*, 1992.

Ursula von Mangoldt, *La Main de votre enfant*, 1957.

Lori Reid, *Vos mains, miroir de votre santé*, 2003.

Helene Saucedo, *Handful of Stars, a Palmistry Guidebook and Hand Printing Kit*, 2019.

Ghanshyam Singh Birla, *Destiny in the Palm of Your Hands*, 1972.

Julius Spier, *The Hands of Children, an Introduction to Psycho-Chirology*, 1944.

Tuan Anh Tran, *Le Système des cinq mouvements en acupuncture*, 2008.

Direction : Jean-Louis Hocq
Direction éditoriale : Marion Guillemet-Bigeard
Édition : Lama Younès-Corm
Correction : Céline Dérouet
Conception de la couverture et de la maquette intérieure : Estelle Dion (@aurage)
Mise en pages : Nord Compo
Fabrication : Laurence Duboscq

ISBN : 978-2-263-17933-4
Code éditeur : L17933
Dépôt légal : octobre 2022

Imprimé en France par CLERC

Retrouvez-nous sur https://www.lisez.com/solar/9
Solar, un département d'Édi8
92, avenue de France, 75013 PARIS

FSC www.fsc.org
MIXTE
Papier issu de sources responsables
FSC® C003309

L'éditeur de cet ouvrage s'engage dans une démarche
de certification FSC® qui contribue à la préservation
des forêts pour les générations futures.

Pour en savoir plus :
www.editis.com/engagement-rse/

VOTRE CARTE EN MAINS !

DÉPLIEZ LE POSTER, DÉCOUVREZ LA SINGULARITÉ ET LA BEAUTÉ DE VOS LIGNES EN RELEVANT VOS EMPREINTES PALMAIRES.

POUR CE FAIRE, VOUS POUVEZ VOUS RÉFÉRER AU CHAPITRE 1, « COMMENT UTILISER CE LIVRE ? », ET LIRE ATTENTIVEMENT LA PARTIE « RELEVER VOS EMPREINTES ».

À VOUS DE JOUER, VOTRE EXPLORATION NE FAIT QUE COMMENCER !